北京市教育科学"十三五"规
2020 年优先关注课题"基于信息网络技术的
(CHEA2020024) 项目成果

教育数字化转型与
未来学校建设

李葆萍◎著

人民邮电出版社
北 京

图书在版编目（CIP）数据

教育数字化转型与未来学校建设 / 李葆萍著.
北京 ：人民邮电出版社，2025. -- ISBN 978-7-115
-65261-4

Ⅰ．G43

中国国家版本馆 CIP 数据核字第 2024HY5570 号

本 书 说 明

本书是北京市教育科学"十三五"规划 2020 年优先关注课题"基于信息网络技术的未来
学校研究"（CHEA2020024）项目成果。

◆ 著　　　　李葆萍
　　责任编辑　牟桂玲
　　责任印制　焦志炜

◆ 人民邮电出版社出版发行　　北京市丰台区成寿寺路 11 号
　　邮编　100164　　电子邮件　315@ptpress.com.cn
　　网址　https://www.ptpress.com.cn
　　北京七彩京通数码快印有限公司印刷

◆ 开本：700×1000　1/16
　　印张：17　　　　　　　　　　2025 年 3 月第 1 版
　　字数：313 千字　　　　　　　2025 年 10 月北京第 3 次印刷

定价：99.80 元

读者服务热线：(010)81055410　印装质量热线：(010)81055316
反盗版热线：(010)81055315

内容提要 ○—————

　　本书旨在探索教育数字化转型背景下，如何借助信息技术建设未来学校，以适应未来人才培养的需求。

　　基于深度的政策解读、扎实的实践调研和丰富的案例分析，本书主要从 6 个维度探索和构建了未来学校建设体系：一是信息技术与未来学校建设，在探讨信息技术对未来学校建设的作用和应用趋势的基础上，介绍了世界各国（地区）的教育转型规划，分析了未来学校建设的创新案例与可行路径；二是信息时代的学习转型，从信息时代带来的学习挑战和机遇出发，围绕学习制度设计、学习内容重建、学习场景创新和教育评价转型等方面展开了深入的分析；三是未来学校的教师，重点探讨了未来教师应具备的专业能力、数字素养和数字化教学素养，以及未来学校教师专业发展体系的建设；四是未来学校的数字化空间体系，重点探讨了未来学校在学习环境设计上的思路框架、核心设备和技术，并介绍了学习空间改造的典型案例；五是未来学校的数字化治理体系，从未来学校治理面临的挑战出发，阐述了具有关键作用的应对措施，包括学习型组织的构建和治理体系的数字化实施；六是未来学校的规划和设计，不仅提供了方法论层次的视角，而且提出了具有实操性的建设内容和实施策略，并以一所成功办学的学校为例介绍了未来学校规化和设计所面临的挑战和实践经验。

　　本书适合对教育数字化转型和未来学校建设感兴趣的教育研究者、教育管理者、一线教师，以及学校建筑设计、信息技术网络建设、教育技术产品开发等相关领域的从业者阅读。

前言

当今世界各国（地区）都在积极推动教育体系创新，探索面向未来的学校新样态和建设路径，以培养在未来社会中有核心竞争力的高素质公民。习近平总书记提出发展新质生产力的重大任务，也意味着我国的学校教育要致力于培养新质人才，以服务于国家的战略目标和个体的全面发展。现代学校教育体系从诞生之日起就承担着人类知识传承和理性培养的使命。如今，机器生产带来了信息科技革命，人类不仅拥有了可替代体力的生产工具，还正在无限接近可替代脑力的工具。这是人类历史上前所未有的，它冲击了人类关于知识观、学习观甚至是生命观、世界观的哲学思考。当前学校教育体系构建的基石正在瓦解，未来学校的设计逻辑有可能面临颠覆性的改变。

观察已有的关于未来学校的理论和实践可知，信息技术是其中最有表现力的要素，甚至在某些视角下，信息技术在教育中的应用几乎可以和未来学校建设画等号。然而在实践中，也不乏对信息技术改变教育形态、提升学习质量所产生效果的质疑。面对不同的观点，笔者认为，我们正处于新旧时代交替之际，工业时代形成的强大而稳定的学校教育体系依然在国家人才培养中发挥着不可替代的作用，而新的体系还远未确立，需要在各个方面不断地探索、试错并最终选择出适合未来时代的学校样态。信息技术作为一种普适性的技术，可以在整个学校建设体系中多点发力，成为撬动学校改变的支点；加之信息技术本身以指数级的速度进化，如生成式人工智能技术的迭代，在一定程度上加速了现有学校教育体系中固有矛盾的爆发，为我们打破旧的体系并建设新样态提供了很好的社会实验环境。

基于上述观点，本书梳理了信息技术在学校教育体系中的地位、作用及它们之间更本质的联系，试图通过一些偶发的现象寻找背后的必然逻辑，从单独的要素分析抽取整体的系统关联，从而为建立信息时代视角下的学校教育理论和实践做出贡献。本书吸纳了当前国内外有关未来学校、智慧教育、学习科学、管理学等方面的研究成果，结合团队多年来在未来学校领域的研究和实践，力图全面、准确地表达团队对未来学校的学习观、课程观、师生发展、空间设计、治理体系的自洽和贯一的理解，期待可以和各位教育专家、学者，一线的教育工作者以及对未来学校有兴趣的同人相互交流，得到大家的帮助和指正。

在本书的写作过程中，我得到了团队成员的大力支持，其中，黄诘雅主要完成了本书第二章的资料收集、整理、相关案例加工、图片处理及第四章部分图片处理；杨翘楚主要完成了第三章的资料收集、整理、相关案例分析及图片处理；冯雨涵主要完成了第四章的资料收集、整理和部分图片处理；许婷婷主要完成了第五章和第六章的资料整理和加工，并参与了第一章相关调研和数据分析工作。本书还得到江西省九江市、广东省深圳市南山区及深圳市罗湖未来学校等实验区和实验校的大力支持。在本书的写作过程中，人民邮电出版社的蒋艳、李莎女士不断地提出修改优化意见，牟桂玲编辑高效而细致地进行各种工作指导。在此谨向大家表示最衷心的感谢。尽管笔者投入全力，但由于国内外未来学校领域发展一日千里，笔者自身眼界和水平有限，书中难免存在不足之处，恳请读者朋友多多谅解，并提出宝贵的改进意见。

李葆萍

目录

第一章　　信息技术与未来学校建设

第一节　信息技术支持下的未来学校的办学探索　　　　1
一、费城未来学校　　　　2
二、Altschool　　　　4
三、亲历者眼中的未来学校　　　　5
四、未来学校建设的共识和挑战　　　　12

第二节　信息时代世界各国（地区）的教育转型规划　　　　14
一、中国的教育数字化转型系列规划　　　　14
二、美国国家教育技术计划　　　　18
三、新加坡技术变革学习教育规划　　　　19
四、欧盟数字教育行动计划　　　　22

第三节　未来学校的创新案例和建设路径分析　　　　23
一、国内外的未来学校创新案例　　　　23
二、大规模线上学习的启示　　　　29
三、信息技术赋能未来学校建设的路径　　　　32

第二章　　信息时代的学习转型

第一节　信息时代带来的学习挑战和机遇　　　　35
一、信息技术促进社会加速发展　　　　35

二、信息技术带来科学研究范式的变化   37

三、信息技术推动技术向善成为重要的教育议题   38

第二节　技术支持下的未来学校学习制度设计   39

一、学习目标设计——从知识获取到核心素养发展   40

二、学习环境设计——从认知自主到认知外包设计   43

三、学习激励设计——从外在推动走向自我驱动   48

四、学习价值观设计——从技术中立到追求技术向善   52

第三节　技术加速学习内容重建   53

一、学习内容表现形式的变化   53

二、学习内容体系的变化   59

第四节　技术赋能学习场景创新   65

一、人工智能技术赋能智能化、个性化学习   65

二、人工智能导师   67

三、信息技术支持的全纳教育   68

四、信息技术促进社会情感学习   69

第五节　技术驱动教育评价转型   70

一、以学生全面发展的评价内容推动育人观念转变   70

二、智能技术支持的表现性评价推进高阶能力培养   71

三、保持课程、教学和评价一致性推动教与学模式的转型   75

四、基于评估结果提供个人发展规划指导   78

第三章　未来学校的教师

第一节　未来教师的专业能力要求   79

一、未来教师面临的工作新情境   80

二、国内外重要的教师信息化教学能力标准   81

第二节　未来教师的数字素养   90

一、数字媒体素养   90

二、新兴技术应用能力   93

三、教师数据素养   96

四、教师数字化学习空间素养   105

第三节　未来教师的数字化教学素养   108

一、数字化课堂编排能力   108

二、人机协同的教学能力   113

三、数据驱动的精准教学   115

四、以能力发展为导向的教学能力   119

五、教师数字化情感育人能力   123

第四节　未来学校教师专业发展体系   125

一、教师的数字化教育信念   126

二、完善学校教师专业发展体系   127

三、技术支持的教师实践体系   128

第四章　未来学校的数字化空间体系

第一节　信息技术与未来学校环境   131

一、未来学校学习空间   131

二、学习空间对学习的影响   133

三、走向数字孪生的学习空间   136

第二节　未来学校学习环境设计   139

一、学习空间设计的 PST 框架   140

二、物理学习空间设计   143

三、数字化学习空间设计   164

第三节　未来学校学习环境的核心设备和技术　171

　一、高速网络　171

　二、物联网　171

　三、普适性智能终端　172

　四、云计算技术　173

　五、人工智能　174

　六、教育机器人　178

　七、VR 与 AR 技术　179

　八、自然用户界面　181

　九、学习分析　182

　十、知识图谱　183

第四节　未来学校学习空间改造案例　184

　一、改造需求分析　184

　二、整体设计思路　185

　三、智慧教室设计方案　186

　四、研习教室设计方案　189

第五章　未来学校的数字化治理体系

第一节　未来学校治理面临的挑战和应对　192

　一、未来学校办学形态的不确定性挑战　192

　二、未来学校办学形态的复杂性挑战　194

　三、未来学校治理体系的转变　195

第二节　构建未来学校的学习型组织　196

　一、未来学校学习型组织结构变革　197

　二、未来学校组织文化变革　202

　三、未来学校组织业务流程变革　204

第三节　未来学校治理体系的数字化实施　205

一、数字化赋能未来学校构建宏观治理生态　205

二、数字化赋能未来学校微观治理流程再造　209

三、未来学校数字技术治理机制　211

四、未来学校中校长和教师的数字化领导力　214

第六章　未来学校的规划和设计

第一节　未来学校规划和设计的近未来视角　219

一、未来学校在规划和设计中需要处理的关系　220

二、未来学校规划和设计的方法论　221

三、未来学校规划和设计的基本流程　224

第二节　未来学校规划和设计的主要工作内容　225

一、学校需求调研　225

二、未来学校办学要素规划和设计　230

三、设计方案的评审论证　237

第三节　未来学校设计和规划的实施策略　239

一、多元利益主体参与策略　239

二、外部智力资源引入策略　240

三、阶段性建设策略　241

第四节　未来学校规划设计案例　242

一、理念提炼阶段　243

二、整体规划阶段　244

三、专家论证和后期建设　249

四、办学情况　249

参考文献　256

第一章

信息技术与未来学校建设

学校是由专职人员和专门机构有目的、有系统、有组织、有计划地实施教育活动的专门场所。学校并非伴随着人类的教育现象而自然出现。原始的教育活动表现为融于生产生活场景中的言传身教，此时学校还未分化成一个专门的场所或机构。随着生产力水平的提高，社会物质财富逐渐累积，有些人可以从体力劳动中脱离出来，专门从事知识传播和创造的活动，学校教育的雏形才逐渐孕育产生。迄今为止，人类社会经历了5次大规模的生产力革命：约100万年前人类掌握了生火的技术，进入物种快速进化的阶段；约1万年前人类掌握了磨制石器的技术，进入新石器时代；约2500年前人类掌握了农耕的技术，进入农业社会；约300年前人类改良了蒸汽机，进入工业社会；约80年前人类发明了电子计算机，进入了信息时代。

伴随着工业革命的进程，要维持大规模生产就必须要有大量掌握了机器操作知识和技能的劳动者，这催生了现代意义上的学校教育，人类教育活动进入自觉的历史时期，此时学校成为整个社会体系中不可或缺的组成部分。学校教育承担着为社会培养符合时代需求之人才的使命，这也就意味着学校的发展要和社会形态保持一致，学校教育要符合社会生产力发展要求。当前，人类社会已经进入21世纪的第3个十年，以计算机、互联网为代表的信息技术的发展奠定了社会诸领域从数字化、网络化向智能化加速跃迁的基础。如何培养可以适应智能时代社会生产、生活方式的公民成为全球性的社会命题。学校作为人类社会知识、技能和文化继承、传播、训练、发展的重要机构，无论是在表现形态还是在教育内容和方式上都面临着前所未有的变化，以"未来学校"为标志的术语形象地反映了学校教育的使命和挑战。

第一节　信息技术支持下的未来学校的办学探索

信息技术是当今世界最为先进的生产力，它给各个行业带来了颠覆性的改变。事实上，早在20世纪60年代末就出现了早期的计算机辅助教学系统，计算机扮演了教师的角色，为学生提供练习和反馈。时至今日，在探索适应未来社会的学校时，信息技术更被视为一股不可或缺的推动力量。全方位地打造新型的学校，其中少不了高科技企业的努力。本节将以两所学校作为示例，阐述信息技术支持下的未来学校的样态及其运行情况。

一、费城未来学校

美国费城未来学校被普遍认为是世界上第一所以"未来"命名的学校。这是一所由美国费城学区和微软公司合作建立的公立学校，旨在利用信息技术，超越传统学校模式，实现教学过程和现代技术的深度整合。设计者期望在费城未来学校里，学生以符合 21 世纪工作要求的方式进行学习，弥合从学校到社会的差距，这样，学校就能为大学或市场输送合乎时代要求的毕业生。微软公司为学校提供了学校设计理念、师生发展指南、信息化课程体系和技术装备等方面的支持。经过 3 年的筹备和建设，2006 年费城未来学校开始实际招生。费城未来学校与传统学校的区别主要体现在学习环境和学习方式上。[1]

1. 学习环境设计

微软公司对费城未来学校的信息化方面做了整体的设计，以支持学生开展泛在的学习活动。学校为学生提供笔记本计算机等便携式终端，并实现了无线网络校园全覆盖，从而保证学生可以在任何时间、任何地点接入网络获取学习资源、开展学习活动。学校建筑中安装了各类环境传感器以检测空气质量、教室内的灯光开关状态等，这些系统可以将学校能量使用等情况通过可视化的方式展示，让学生亲身体验学校所倡导的绿色、环保等理念在实际生活中的表现，使得科技和教育的目标紧密结合。费城未来学校还设置了当时传统学校没有的"学生成就中心"和"信息技术与网络设计实验室"等特色学习空间，专供学生熟悉未来就业市场和开展自主创新研究活动使用。

学校在物理空间设计方面考虑不同学习活动的需求，通过可移动和重组的家具以及符合空间使用目的的现代化内部配置等创设出具有合作性、反思性、鼓励性的学习空间。考虑到空间复用性，未来学校设计出一个兼具多种功能的空间，该空间配有多向多重活动墙，其中的家具轻便且容易搬动，这样就随时可以把一个大空间分割成多间报告厅、讨论室或教室，比如报告厅的后方有两个圆形的座位区，可以分别旋转 180°，隔离成两个小型阶梯教室。多功能空间省却了礼堂、自助餐厅、报告厅等一系列空间的单独建造，增加了空间在不同时段的利用率。考虑到与社区的互动和开放性，学校毗邻公园而建，学生可以前往公园寻找学习和思考的场所，社区也可以使用学校的资源来学习和培训。

2. 学习方式设计

考虑到计算机和网络已经成为现实工作中基本的设备和条件，费城未来学校意图创设"无纸化课堂"，让学生适应未来的工作环境。学校为每个学生配备了笔记本计算机，并为课堂配备了智能黑板，笔记本计算机、投影和智能黑板可以整合在一起，方便教师和学生在智能黑板上展示和分享，如图1-1所示。

学校依托微软公司开发的1700多个主题资源以及互联网的资源，为学生提供了丰富的数字化学习资源，还建立了数字学习中心（见图1-2），引入即时更新的数字化媒体。当然，无纸化课堂并不完全排斥纸质资源的使用，在纸质资源更有优势的情况下，还是会使用纸质资源。学校也购买了少量图书，为选修高级课程的学生提供辅助。

费城未来学校主张学生养成随身携带笔记本计算机的习惯，允许学生将笔记本计算机带出校园，学生可以去教室和数字学习中心学习，也可以去餐厅学习，甚至可以去公园或者博物馆学习，这打破了学生对于学习时间和地点的依赖。学生在校内学习时随时可以得到校内媒体专家的帮助和支持。通过家校的连接系统，家长可以在家中利用笔记本计算机了解教师在互动智能板上布置的作业，以便对学生加以

图1-1 费城未来学校教室

图1-2 费城未来学校数字学习中心

督促。学校允许每个学生有不同的学习进度安排。学生进入学校后，可以根据自己的日程安排预约教师，而非按照固定的课表学习。在每个学生的笔记本计算机里安装有评估其学习进度的软件，学生可以根据实际的学习情况获得与之相匹配的学习任务和资源。教师也可以通过数字化的批阅系统实时了解学生的学习情况，对其进行个别化的指导和帮助。

3. 学校运行和发展

由于费城学区与微软公司在合作上存在分歧，加上生源和学校管理问题，费城未来学校先进的基础设施与空间形态的优势并没有得到发挥。比如，费城未来学校中大多数学生来自低收入家庭，很多学生来到学校之后初次接触计算机，需要专门开课教授他们基本的计算机使用知识和信息辨别方法。学校期望这些学生在计算机上完成全部的学习、讨论、练习，但他们很难适应无纸化学习，最终并不能通过计算机完成标准化考试。学生也并没有按照之前设想的方式使用学校配备的计算机，而是在用坏之后，由于没有钱来修理，就把它们扔在了学校的设备间。学校建立的自主学生评价标准很难与学区学生评价标准相匹配 [2]。最终由于网络故障、设备缺少维护、师生缺乏应用能力、管理团队不稳定、学生学业晋升困难等种种问题，费城未来学校期待的教育效果大打折扣，学校在成立 3 年之后以失败告终。

二、Altschool

2013 年，谷歌前高管马克斯·温蒂拉创建了 Altschool。Altschool 自称为"微型学校"，学生和教师都很少，整层楼被分割为几个独立的教室，没有传统的校长办公室，甚至没有校长，只有一群平级的教师，没有更高的行政职位，行政指令由位于旧金山南市场的总部发出。Altschool 试图把服装行业里的"高级定制"概念带入教育行业，运用大数据和算法发现每个学生的特性，通过因材施教的个性化教学模式让所有学生充分发挥潜能，让学生学得更快，将知识掌握得更好。

1. 办学特色

Altschool 的课程设置基本与政府所制定的教学标准相符，即每一个学生通过课程最后的考核才能升学，但在课程实施方面，学校根据学生自身的能力、兴趣点和文化背景，为每一个学生设置不同的课程，进行有针对性的教育。Altschool 实施了混龄教学，不同年龄的孩子坐在同一个教室里学习，教室的陈列更接近于科技企业的工作室：有长沙发、书架、液晶电视，甚至还有厨房。学生人手一个平板计算机或笔记本计算机，各自独立完成动态课表中的学习活动，如图 1-3 所示。

图 1-3　Altschool 前纽约校区学习场景

学习活动根据学生的兴趣和专长量身定制，可以在网络上进行，也可以在现实中开展，每一个学生的任务清单上不仅有像数学及语文这样的纯知识学习任务，还有社交及情绪控制能力学习任务。学校自行开发的学习管理系统实时收集学生的学习数据，记录每一个学生每天的成长历程，甚至细分到每小时，从而帮助教师更好地支持学生学习，同时供技术开发人员改进软件设计。

2. 学校运行和发展

Altschool 吸引了超过 1.7 亿美元的资本注入，包括 Facebook 创始人兼首席执行官马克·扎克伯格的 1 亿美元投资，并在纽约、旧金山和帕罗奥图开办了 6 所微型实验学校，每个学校有不同年龄的 35 ~ 120 名学生。2019 年 6 月，Altschool 宣布关闭实验学校，专注开发学习管理系统。2021 年 2 月，Altschool 将技术平台出售，进一步缩小业务范围，变成了一家教育咨询服务公司。Altschool 这一曾经备受资本追捧、想要用科技颠覆教育的创新教育机构，经营了近 8 年的时间，最终悄无声息地退出了公众视线。

三、亲历者眼中的未来学校

从上述两个未来学校的探索案例中可以看到，信息技术在创新学校教育形式中被寄予厚望，然而信息技术实际作用的发挥又常会受现实中学校教育系统各个要素的影响和制约，设计和运行未来学校必须立足于现实的学校办学情境。2020 年年初，我国开启了大规模的线上教学活动，此后近 3 年，全国范围内实行线上线下混合式学习。2022 年 4 月，教育部印发《义务教育课程方案和课程标准（2022 年版）》（即新课标），拉开了以培养核心素养为立意的课程教学改革行动的序幕。这些都促成了"未来学校"相关理念在全国范围内的探索和实践，使得教学一线对于"未来学校"这个概念有了直观的体会。了解学校建设的亲历者的想法，对于理解未来学校有很大的启发。2020—2023 年，笔者走访了北京、南京、深圳、九江、天津等多个地区的多所中小学校和区域教育管理部门，与相关人员就未来学校的创新和转型进行了深入的讨论和交流。

1. 校长眼中的未来学校

校长是一所学校的引领者，校长的办学理念和思路对于学校的办学实践具有深刻的影响。调研资料显示，校长有关未来学校的变化和设想具体包括以下几方面。

①未来学校必须指向学生的成长。未来学校的环境、课程、教学都应服务于学生挖掘自身潜力、寻找发展兴趣，依循个体认知规律与成长诉求自主开展深度且全面的学习，从而具备开展幸福生活的能力。例如，南京市某实验小学胡校长将学校的办学理念定义为"心有根，创无限"，将学校的办学愿景定义为"乐享生命的童创之谷"，为学生提供接触自然的机会；南京市某小学葛校长表示"未来学校必须指向每个儿童的成长，儿童可以自主、可选择地进行学习"；深圳市某小学吴校长认为"未来学校的课程应丰富、可选择，我们应创建适合未来学生发展的课程体系来助力学生的全面发展"。

②未来学校应以"知行合一"的理念使学生在实践中体会知识、学习技能。未来学校与工业时代的传统学校不同，"学习驱动的逻辑"是未来学校学习的要义，学生通过与社会真实情境频繁互动来获取未来社会所需要的素养与能力。例如，深圳市某集团学校汪校长认为"未来的学校建设应从学校文化、空间布局、课程建设等方面加强学生协作探究、项目式实践，尊重学生的发展特性与教育规律"。

③未来学校必须拥有一颗智慧的大脑。智慧的大脑表现在应有先进的数字化环境，教师和学生都具备得心应手的工具与平台，如无线网全覆盖、虚拟演播室系统等；空间灵活、开放，能够适应新课标所提出的跨学科、项目式学习的要求；区域智慧教育平台可以覆盖教育管理各业务，实现业务协同和数据汇聚、沉淀、共享。

在未来学校的校园里面，教师可以利用智能化的工具更加高效、便捷地上课，学生可以根据自己的兴趣与学习情况个性化、自主地开展学习，家长也可随时随地掌握孩子的学习动态。例如，南京市某小学张校长认为"未来学校应具备现代化的物理空间、互联互通的网络空间、无感采集数据等特征"；九江市某小学校长表示"智慧教育建设必须拥有智慧的校园，在智慧教育平台上，各种应用之间可协同，教育教学管理的各项业务的数据自动同步"；九江市某中学校长表示"我们学校采用的网上阅卷方式获得了老师的高度认可，对于提高整体的教育质量非常有帮助"。

2. 教师眼中的未来学校

教师是教学活动的实施者，是和学生接触最直接、互动最频繁、联系最密切的人，教师有关未来学校，尤其是教学活动方面的观念对于完善学校的设计和规划非常有价值。整理相关观点如下。

①未来学校的课堂教学是虚实融合、强调学习情境体验的。未来的课堂教学强调情境、实践、综合性，离不开数字化、智能化技术的辅助与支持，以此激发学生学习的积极性，为学生的探究提供环境与条件，引导学生进行深度学习。如"以语文教学为例，诗句中表现出来的意境可借助 3D 动漫的方式展现，或者就像学生建议的，把文学的移步换景和高科技的动画相结合，增强学生的学习情境体验，使学生能够更好地理解学习内容"。

②未来学校的教学空间应是学科专业化的。《义务教育课程方案（2022 年版）》中明确提出深化教学改革，强化学科实践，推动育人方式变革。落实到学习环境设计方面，就要聚焦学校微观空间，重构学科专用教室，方便在专用教室的思维场域中将核心概念植入真实问题情境，通过构造各种模型实现对核心概念的再创造 [3]，帮助学生理解、体验与领悟。如"希望学校能建设一个富媒体的国学教室，学生可以开展国学学习实践"。

③未来学校的学生评价应多维、全面、精准，以帮助学生全面成长。《深化新时代教育评价改革总体方案》中提出要对学生的成长强化过程评价，探索增值评价，健全综合评价。目前许多学校利用智能平台探索学生综合素质评价的应用，希望能够对学生的成长给予及时的反馈与干预。如"希望以后能够为学生建立电子成长档案，可以由多主体对孩子进行评价，从德、智、体、美、劳 5 个维度，再加上学生的特色、特长发展的维度，构成对学生全面的评价"。

④未来学校中教师可利用技术支持自身的教学专业发展。未来学校可以转变教师的角色，促使教师完成从主导者向设计者的转变，以设计出适应学生发展需求的

教学活动，为学生提供适切的学习支架，同时帮助教师正确认识自身的教学水平以及发展的路径。如"需要利用数字化、智能化的技术手段及时地对教师的教学行为做出客观且科学的评价，以便为我们教师提供有效的教学建议，形成教师个人研修的资料库，记录下教师的成长轨迹，促进教师的自主研修"。

⑤未来学校的业务治理应是线上流转、数据驱动的。数字化的技术使学校的管理更加高效、科学，如办公自动化、学籍管理、物业系统、宿管系统、门禁系统等校务管理平台，成绩管理、考务管理、教学管理、学生管理、教师管理等教务管理平台都在近几年陆续引入各所学校，这代表着未来学校数字化治理的方向。如"希望未来出差、请假、物品采购等事情都可以在线上办理，省去线下提供各种纸质的材料、找各位领导签字等的麻烦"。

3. 学生和家长眼中的未来学校

学生是未来学校的培育对象，也是学习的主体。综合起来，学生对于未来学校有以下观点。

①在未来学校中，可以自定步调、自主学习。学习的进度可以由学生按照自己的计划来掌控，如北京市某中学的学生表示"线上学习可以随时暂停和录屏等，如果有不懂的地方可以反复听"；"学校的老师录一些视频让学生自主预习，指导学生收集学习资源、积极进行思考，有利于自己的学习"。教师课堂教学的难度应根据学生的水平分层，如有小学低年级学生表示"现在课堂上英语的内容太简单了，我已经学到四年级教材的第三单元了"；"学校留的作业偏基础，我会在老师讲的内容基础上拔高一个层次，找一些和知识点相关的题目去练习"。

②学习可随时随地发生。学生可根据自己的状态与意愿，借助现代设备与技术，在任何时间、地点进行学习，如"带一个手机或者笔记本计算机，就可以随时随地听老师讲课"。学校应构建线上线下融合的学习空间，构建适合"数字土著"一代学生的学习方式，如"老师通过线上的形式面向学生开展收作业、上课考勤、数据统计等方面的工作更加便捷，而且网上丰富的资源会使学生的自主思考能力得到提高，同伴之间学习资源的分享能促进彼此学习进步，与老师的交流也比线下更加灵活"等。学习状态、成果的反馈应及时有效，以便学生能够有效地调整学习路径，如"线上一对一解答比较方便"。

③学习应具有密切的师生、生生互动。学习不能闭门造车，学生通过与教师沟通、与同伴交流构建学习共同体，更能提高学习的效率。如"同学之间组成学习共同体，大家一起交流学习状态、分享学习经验，有助于自我反思与后期的自我改

进，实现取长补短、互相学习"。

家长是未来学校育人的重要参与者，与学校开展协同育人，家长对未来学校的看法对于未来学校的建设也非常重要。

①课堂教学应考虑每个学生不同的接受能力。由于学生的资质禀赋、自主自觉的能力不同，面对不同的学生，学校应具有不同的预案和策略，有针对性地激发出学生的发展潜力。如"学校必须考虑孩子对于学习进度的接受能力"。北京实验二小的家长认为，"不同的孩子有不同的学习节奏，是不一样的"。线上学习成为未来学习的重要趋势，社会和学校应建立线上线下互为补充的学习环境。如"未来教育中，线上学习肯定必不可少，我们应连通线下线上，线下解决不了的问题，可以在线上课程中查漏补缺"。

②未来学校应开展全面育人的教育。不同于工业社会更需要知识积累型人才，信息化社会的人才需要综合运用各种知识和技能来应对、解决复杂多变的问题，学校的教育也应从智育为主转向全面育人。家长也意识到孩子并不是一味刷题得高分就能适应未来社会，因而非常支持学校开设劳动、体育等课程，如"平常家长都是抓成绩——孩子的语、数、英成绩，学校给孩子布置了'做一道菜'的作业，增强了孩子承担家务、体谅父母的意识，我觉得挺高兴"。学校要将知识的学习与现实问题的解决相联系，如"教育要时时刻刻回归到现实生活中，使学生将学习融入生活，在生活中以潜移默化的方式开展学习"。学校应为学生提供充分的社会性互动的机会。学习并不是单一个体就可以完成的，家长特别重视师生互动、生生互动对孩子成长的重要性，如"孩子应有正常的社会化的交往，孩子通过与同伴沟通交流，学会与同龄人、老师相处的技能非常重要"。

③未来学校应培育学生自主规划学习与生活的能力。未来社会要求每个社会成员为适应社会发展和实现个体发展的需要而将学习贯穿一生，具备终身学习的能力。学校应培养学生主动学习的能力，帮助学生实现可持续发展。如"家长和学校都应该培养孩子自己安排生活的能力"；"学校提倡的对己负责的理念非常好，孩子打印课表、做学习计划都不用家长操心，发现问题会及时联系老师进行解决，孩子的学习效果一直都非常好"。

④家校互动是确保学生全面发展的重要渠道。家庭与学校在学生发展的过程中扮演了不同的角色，家庭应重视学生的性格养成，学校通过专业的教学促进学生的学业学习，两者应相辅相成，共同促进学生的成长。如"我与老师通过微信、电话沟通频繁，能够比较全面地了解孩子在学校的日常表现"；"孩子学习习惯的培养是家长需要关注的，但知识的学习确实是专业、专门的老师教得更好一点儿"；

"学校应在学习方式的培养方面提供资源、专题指导"。

4. 管理者眼中的未来学校

区域教育管理者总揽区域教育全局，承担着落实国家教育改革的政策与精神的任务，对于未来学校建设的看法更具系统性，也是未来学校的政策指导方向的传达者。其主要观点如下。

①未来学校治理将向数据驱动的精细化、精准化范式转型。未来学校要实现智慧教育，离不开数据要素作用的发挥。业务数据、教育教学全流程数据的采集、汇聚、分析、应用等是学校数字化建设的关键所在，对学情诊断、心理健康干预、精准决策等方面的智慧化大有裨益。如"通过无感采集学生学习全过程数据，特别是通过线上线下融合学习的方式，获取学生成长的一手资料，以此对学生进行个性化的评价"。某地基础教育处处长指出，"储备的心理健康数据为后续干预工作奠定了良好的基础，但我们目前缺的是过程性的学习教育教学数据，还缺乏采集的渠道，后续在'互联网+教育'方案中会将数据统筹作为重点问题，以服务于我们整体的教育决策"。

②未来学校的课堂教学应紧密结合现实情境以提升教学效果。要提高学生解决现实问题的能力，课堂教学就不能局限于知识点的学习、核心概念的理解，还应将现实实践案例融合到日常的教育教学工作中。如"将疫情期间全国抗击疫情的典型案例融入学生的爱国主义教育、思想道德教育中，在提升学生思想觉悟、引导未来职业规划等方面取得了不错的效果。北京劳动教育基地支持学校开展综合实践活动，得到了学生和家长的广泛认可"。

③利用技术赋能重塑学校教育生态。未来学校的建设并不是利用技术在传统的资源组织模式、建设模型上做增量，而应将数字化技术赋能作为学校建设新的生长点，通过更新理念、思考重塑教育机构，提高教育管理、教学的效率，实现真正的因材施教与个性化发展。如"线上教学如何跟线下课堂教学更好地相互支撑，构建个性化、智能化的智慧课堂，是学校教学管理方面需要认真思考的领域"。利用技术实现校际资源的流转与共享，促进教育优质均衡发展，实现教育公平。通过优秀教师录制课程资源共享、"双师"教学、网络研修等方式，促进区域内部教育优质资源的均衡配置。如"我们应充分发挥教育优质校的优势，疫情期间，其他学校的老师可以利用录制的课程资源进行现场教学，多校共同推动学生的学科学习，取得了非常好的效果"。

④学校应向社会开放，协调多元力量共同办学。学校应打破"围墙"，与社会

企业、高校合作以共同转变教育理念，提供真正围绕学生发展成长的教育服务。如"学校应跟企业合作开发能够促进学生自主学习的智能化教学引擎，学校为企业提供试验田，企业基于师生的使用情况不断促进产品展开符合教育规律的迭代升级，双方共同研发和生产具有发展前景的产品"。

⑤家庭教育必须成为未来教育过程中不可或缺的一环。家庭要重视学生学习习惯的养成、心理健康等方面。如"将家庭应用场景放入未来教育生态中，通过平台养成学生打卡习惯，促进家校互动等，让家庭和学校在学生学习的过程中发挥双重的作用"。

5. 企业眼中的未来学校

企业作为社会力量，是学校教育的有力合作者与支持者，企业所具备的技术力量与服务能力能够更好地促进学校的发展。企业对于未来学校的观点也非常重要，主要如下。

①学校、企业、政府应协同为学生提供教育服务，实现全社会育人。学校提出教学场景的需求，企业凭借强大的云服务能力、高超的算力水平提供专业智慧教育服务，政府通过购买教育系统、教育资源等促进教育高质量发展。如"利用多年沉淀的云能力，联合其他专业的教育服务合作伙伴企业，构建教育服务开放平台，共同赋能教师和学生"；"教育主管部门能够看到数字化建设的趋势，政府可以租代建，而非自建系统或者单独采买服务器等基础设施，通过采购企业的数字化服务确保服务体验不断迭代优化"；"未来教育是从线下到线上、从校内到校外、从学校到企业，通过多场景相互融合、相互补充，以学生为中心形成全社会育人的氛围"。

②治理的数字化和智能化是未来学校管理的基本特征。通过组织在线、沟通在线、协同在线、业务在线和生态在线，构建学校业务的在线闭环；通过积累的业务数据减轻事务性工作的压力，实现业务数字化，辅助师生的教和学以及学校治理，帮助学校提高绩效管理的效果。如"智慧教育生态的构成包括软硬一体、家校协同、局端协同、局校协同等，有了在线、有了数字，教育就可以逐渐实现智慧化"；"阅卷等工作可以通过人工智能（Artificial Intelligence，AI）技术来分担，减轻教师负担，一些语音技术可以通过人机交互的方式促进学生自主学习，机器会给学生评分，指导学生开展学习"；"在线教育服务、在线学习服务师、学情分析师等类似岗位的出现使教育的分工越发精细化，教育逐渐从个人作坊式或者个体户式变成团体协作式"。

③要利用技术的赋能作用为教育减负增效，使学习更加简单、教育更加专业。利用数据驱动实现因材施教，以满足个性化发展需要。教育应面向学生，基于千人千面的特性，利用沉淀的教育数据、AI 教师等为每个学生提供不同的学习服务。如"教师和学生才是核心主体，正确运用平台才能发挥技术提升和赋能的价值"；"平台通过对用户行为数据的收集和分析以及用户调研，演化出学生随身的 AI 教师，其除了能够给学生讲解功课知识点，提供各种针对性练习，还可以根据学生的学习习惯和能力为学生提供指导性的教育服务，帮助学生养成良好的学习习惯，不断地提升他们的学习效率和成绩"；"应重视激励措施和正向反馈的重要性，让学生能够在自适应学习系统里实现正向循环"。

④教师的数字化能力是影响未来教育效果的重要因素。随着技术与学校教学的深度融合，教师作为教学主体，应具备利用、驾驭最新的手段和工具来推动课堂创新的能力，如"未来应继续提供数字化技术应用的培训"；"现在还有很多教师的信息技术能力很弱，对网上授课不是很熟练，不能很好地运用平台工具，导致线上教学效果不佳"；"以线上教学为例，如何组织课堂，包括促进互动、发言，如何给低年龄段的孩子讲课、组织课间操等都是教师必须要掌握的技能，只有这样才能发挥出技术对于教育的赋能优势"。

四、未来学校建设的共识和挑战

从上述有关未来学校的办学实践探索及不同群体对未来学校的看法和期待来看，尽管办学的环境不同、办学规模不同、教学组织方式不同、对教育的理解和视角不同，但对于未来学校建设依旧存在很多共识。费城未来学校和 Altschool 的真实运行情况也显示了从当前的学校教育体系向新的体系转型过程中理想和现实的巨大落差，这正是建设未来学校必须正视的挑战。

1. 未来学校的建设目标指向为未来社会储备人才

有些学校将教育质量提升的目标实现寄托在建设先进的智慧教室、使用智能机器人上面，但设备的堆砌、技术的应用并不代表教育先进、有成效。从现有的办学探索和调研中不难看到，对未来学校和教育的期望都指向了促进人的发展这个根本目标，偏离了人的发展这一方向的未来学校不可能很好地促进社会发展，也失去了"未来学校"这一术语的根本意义。我们可以这样认为：未来学校旨在借助人工智能、机器学习、数据挖掘等新一代信息技术在教育时空、教育手段、课程内容、学习方式与学习评价等各个方面的重塑与创新，服务于个体，使学生通过创造性的教育活动日益成长为全面发展的人，使其能够将个体独特的智慧与他人的智慧结合起来以形成强大的合力，共同推动社会持续向前发展。

2. 未来学校建设要充分融合未来社会发展的价值观

伴随着人类社会的发展和文明的进步，人的主体性、人类社会的公平性、人与自然和社会的和谐相处等观念得到越来越多的关注和认同。比如为实现《巴黎协定》的目标，全球正在进行大规模绿色转型行动，并且这些行动将加速进行。向绿色经济过渡将在未来十年极大地影响劳动力市场结构。国际能源署估计，绿色复苏方案将会推动全球 GDP 实现近 3.5% 的额外增长，并且每年将创造 900 万个新工作岗位。到 2030 年，绿色转型将在全球范围内创造 3000 万个工作岗位。这些变化也终将融合到未来学校的办学之中。绿色能源、气候变化、社会公平等现实问题会成为未来教育管理者、学校教育者和家长都关注的问题。这些都表明未来学校的构建会打破当前学校相对封闭的办学生态，其不再是孤立于世的象牙塔，而会充分向社会开放，增加对社会问题的关切和及时回应。

3. 信息技术是未来学校建设中不可替代的因素

尽管在呈现的案例中，以信息技术驱动的未来学校先锋探索并未取得预期的成功，但不可否认，信息技术是实现未来学校建设目标的过程中不可替代的因素。基于信息技术的未来学校将拓展学校的物理学习空间，通过线上线下融合的学习方式连接学校与其他各类拥有学习资源和服务提供资质的机构，形成云端学习网络，营造出时时可学、处处能学的泛在学习环境。在学习过程中，还可以运用智能系统精准地诊断学生的学习状态、知识水平、学习风格等个性特征，为学生提供个性化的学习体验。未来学校也鼓励师生走进社会生活、发现社会问题，以技术为平台和工具，主动与社会各领域的专业人员通过平等、深度、多维的互动建立起实质的联结，发掘生活的意义，实现身体、理智和心灵的充实与成长，从而超越个人的偏见与陈规，感受到人与人、人与社会、人与自然的密切关联，增强落实人类命运共同体观念的自觉性。

4. 未来学校的建设面临巨大的复杂性和不确定性挑战

随着信息化、全球化和网络化的发展，社会的分化和发展进一步提速，人、财、物等资源在不同场域中快速流动，不同主体或要素之间形成了复杂的非线性关系，以往具有可预测性和可靠性的秩序将被具有复杂性和不确定性的秩序所取代。信息技术本身具备的开放、平等、共享等特性给予不同性质和类型的社会主体表达其独特的诉求和意志的途径，社会标准的差异性和多元性日益明显，对当前的社会治理提出挑战 [4]。信息时代的学校教育也无法回避这种挑战。现有的学校教育体系具有强大的制度惯性和路径依赖，传统教育理论体系对未来教育范式的适配性低，适于教育情境的信息技术产品的供给稀缺，教师和学生应对未来新型教与学方式的知识和技能准备不足，以及学校教育转型过程中产生的新的教育不公等问题，都会成为制约未来学校发展的因素。信息技术在学校中的应用既是问题产生的源头之一，也是问题解决的关键途径，未来学校建设亟须在信息技术环境中构建新的视角和框架来创造未来的学习生态，培养未来的学习者。

第二节　信息时代世界各国（地区）的教育转型规划

面对由信息技术推动的社会形态转型和升级，世界各国（地区）纷纷立足于自身的国情和教育体制，用未来教育的视角加快制定各类中长期教育信息化和数字化规划，以持续推动学校教育变革，探索能够应对智能时代的学校教育体系建设途径。

一、中国的教育数字化转型系列规划

图 1-4 展示了中国教育数字化转型的重要事件时间表。2017 年 7 月，《新一代人工智能发展规划》将"智能教育"作为重点任务，指出"利用智能技术加快推动人才培养模式、教学方法改革，构建包含智能学习、交互式学习的新型教育体系。开展智能校园建设，推动人工智能在教学、管理、资源建设等全流程应用。开发立体综合教学场、基于大数据智能的在线学习教育平台。开发智能教育助理，建立智能、快速、全面的教育分析系统。建立以学习者为中心的教育环境，提供精准推送的教育服务，实现日常教育和终身教育定制化"。2019 年 2月，中共中央、国务院印发了《中国教育现代化 2035》，聚焦教育发展的突出问题和薄弱环节，重点部署了面向教育现代化的十大战略任务，还明确了教育现代化的实施路径和保障措施。《中国教育现代化 2035》中指出，"信息化是教育现代化的重要内容，也是推进教育现代化的关键途径。要适应信息化不断发展带来的知识获取方式和传授方式、教和学关系的革命性变化，推动信息技术在教学、

管理、学习、评价等方面的应用，全面提升教育信息化水平和师生信息素养，推动教育组织形式和管理模式的变革创新，以教育信息化带动教育现代化"。2022 年年初，我国启动国家教育数字化战略行动。《教育部 2022 年工作要点》第 28 条提出实施教育数字化战略行动，强化需求牵引，深化融合、创新赋能、应用驱动，积极发展"互联网 + 教育"，加快推进教育数字转型和智能升级。2022 年 10 月，中国共产党第二十次全国代表大会报告中首次提出"推进教育数字化"。

图 1-4　中国教育数字化转型重要事件时间表

1. 数字化转型的内涵和建设内容

　　祝智庭教授认为教育数字化转型是将数字技术整合到教育领域的各个层面，形成具有开放性、适应性、柔韧性、永续性的良好教育生态，它是一种划时代的系统性教育创变过程。黄荣怀教授认为数字化转型是在数字化转换、数字化升级的基础上，在战略层面进行系统规划，全面推进数字化意识、数字化思维和数字化能力形成的过程。教育数字化转型是将新型数字技术，如社交媒体和移动、分析或嵌入式设备等应用于教育之中；同时变革教育组织流程或创建新的模型以适应数字化形态的教育体系。

　　分别以北京和上海为例，理解教育数字化转型的建设目标和内容。《北京教育信息化"十四五"规划》中提出教育新型基础设施全面建成、教育大数据应用全面深化、智能化教育管理服务全面普及、师生信息素养和能力全面提升、信息技术与教育教学全面融合、信息化育人环境全面升级、网络安全保障能力全面增强等 7 个目标。《上海市教育数字化转型实施方案（2021—2023）》中提出 8 项任务：创新教育场景示范应用，深入推进教育教学变革；推进教育新基建，打造教育数字化发展新环境；打造教育数字基座，赋能各类教育应用发展；推进教育评估数字化，开展数据驱动的教育综合评价；创新教育资源建设模式，满足多元数字化教育需求；实施信息素养提升工程，健全师生信息素养培养体系；推进教育管理业务流程再造，提升教育治理服务能力；加强数字化转型研究，促进数字化转型可持续发展。

从我国当前实践中看到，教育数字化转型主要涉及如下建设内容。

（1）加强新型基础设施建设

教育数字化新型基础设施建设包括：进行联结与交互的基础设施建设，如宽带、5G 网络、物联网，以及可信安全的信息网络设施和运维等；进行数据处理的基础设施建设，如数据中心和数据安全建设等，用来加强教育大数据采集，提升算力、算法水平等，为教育发展赋能，并增强数据的安全性、稳定性和隐私保护；学习空间的基础设施建设，如学科智慧教室、学习中心和实验室、智能教育装备等，为教育数字化转型提供空间场域。在这 3 类新型基础设施之上，持续优化和迭代教育教学和管理应用系统、高质量数字教育资源平台等教育公共服务建设。

（2）推进课堂教学过程数字化

从课堂教学的内容体系、学习资源、教学过程等多维度、全过程开展数字化水平的提升，借助数字化手段来破解当前课堂教学内容呈现形式单调且滞后于现实发展，课堂学习方法缺少交互性、生成性和探究性，课堂管理决策基于教师经验而缺乏科学依据等问题，赋能基于素养的全面育人目标的实现。

（3）数字技术赋能创新教育评价

落实国家《深化新时代教育评价改革总体方案》的指导思想和改革目标，借助数字化技术推动教育评价在评价内容、评价方式、评价技术、评价结果应用等全链条的创新和突破。将评价过程和学习过程紧密结合，促进数据的互操作性，制定综合素质评价体系和标准，实现学生综合素质数据全方位采集，提高评价结果的科学性，以教育评价为抓手，实现从知识获取到素养提升的教育实践转型，支持终身学习社会建设，推动全社会教育观念转变。

（4）教育生态和治理体系的变革

把融合了数字技术的各类学习和教育治理场景看作新型教育生产力的表现，那么根据社会生产力和上层建筑之间相互影响、相互作用的规律可以推断，当数字技术在学习中的应用达到一定层次后，必然会引发学校教育治理制度的调整和变化，学校教育的职能会产生新陈替代，组织架构、业务流程和工作方式等都会发生变化。数字技术通过将传统教育治理要素数字化、吸纳教育数字化转型中产生的教育治理新元素（如数据安全、信息安全）等途径来拓宽教育治理场域，成为教育治理的工具箱，推动形成教育治理新生态。

（5）培养以数字能力为基础的新型能力

全面提升整个教育系统各类人员的数字化能力，引导他们逐步确立科学的教育数字化认知观念，掌握数字化教育应用所需的相关知识体系，达到相关能力要求。核心是提高师生的数字化教与学能力，使其能够主动适应和创新技术增强的教与学模式；引导各类教育管理人员理解数字化教育治理理念，适应新型组织架构和工作流程，主动应用数字化工具开展教育业务。

（6）形成可持续发展文化和多部门协同机制

探索新型的教育体系需要打破现有的教育生态，特别是数字化技术的引入本质上是在已有教育系统之上加入企业等利益相关者，同时由于数字化的生产特性，还需要统筹规划建设与维护更新的关系，建立起持续关注和投入的机制，发挥利益相关者的积极性和主动性，使其协力参与数字化建设。

2. 我国未来学校研究和实践的主要机构

2017 年 10 月，我国教育部学校规划建设发展中心开启了"未来学校研究与实验计划"。这一计划对未来学校做出了界定，将具备以下特征的未来学校称为未来学校：一是绿色、智能和泛在互联的基础设施；二是集成、智慧、因变的新学习场景；三是灵巧学习及创新的赋能场；四是开放融合的学习生态；五是创新的知识和信息网络拓扑结构；六是与人工智能融合的教师－课程智慧系统[5]。

中国教育科学研究院于 2013 年正式启动"中国未来学校创新计划"，成立了未来学校实验室，利用信息化手段促进学校教育的结构性变革，推动空间、课程与技术的融合创新。该计划得到各地中小学校的热烈响应和广泛支持，组建了覆盖全国 400 多所学校的"中国未来学校联盟"，并联合北京市海淀区、深圳市南山区、成都市青羊区、广州市荔湾区、天津市和平区、大连市金州区、宁波市北仑区、杭州市下城区等 20 个实验区进行未来学校建设试点工作[6]。

北京师范大学未来教育高精尖创新中心积极参与我国未来学校研究和实践，先后出版了《互联网＋教育：未来学校》《未来学校学习空间》《智慧教室中的教学研究与实践》等图书，完成了深圳市罗湖未来学校的整体规划和设计，该学校为九年一贯制新建校，已于 2021 年秋季正式开始运营招生，教学模式得到社会认可。该中心还深度参与了深圳市南山区 4 所学校的新建校规划和未来学校升级规划工作；承接了江西省九江市区域智慧教育的设计工作和北京师范大学附属学校面向未来的办学指南编制等工作。

二、美国国家教育技术计划

美国国家教育技术计划（National Education Technology Plan，NETP）是美国教育技术政策的代表性文件，自 1996 年到 2024 年发布了 7 版。1996 年，美国教育部发布第一版 NETP——《让美国学生为 21 世纪做好准备：迎接技术素养挑战》（*Getting America's Students Ready for the 21st Century: Meeting the Technology Literacy Challenge*）。2000 年，美国教育部更新发布了 NETP 2000，即《数字化学习：让世界一流教育触手可及》（*E-learning: Putting a World-Class Education at the Fingertips of All Children*），首次提出了"数字化学习"（E-learning）的概念。NETP 2000 的主要内容是进一步完善基础教育设施，确保每一个学生都有机会得到世界一流的教育。2004 年，美国教育部发布《迈向美国教育的新黄金时代：互联网、法律和今天的学生改革展望》（*Toward a New Golden Age in American Education: How the Internet, the Law and Today's Students are Revolutionizing Expectations*），即 NETP 2004，提出需要加强教师的创新意识和技术运用能力，大力推进数字化教育、虚拟校园建设，促进师生全面利用数字化教材。至此，美国在全面实施教育赋能及其应用方面取得了长足进展，使信息技术赋能教育有了可靠的支撑点。美国教育部于 2010 年颁布了 NETP 2010，即《改变美国教育：技术驱动学习》（*Transforming American Education: Learning Powered by Technology*），提出探索个性化教学模式，提高信息化教学质量。2016 年，美国教育部颁布《面向未来的学习：重构技术在教育中的作用》（*Future Ready Learning: Reimagining the Role of Technology in Education*），即 NETP 2016，提出重视师生关系在科技教学背景下的转变，以科技推动教育公平；学校、家庭和社区应当注重协调合作，保证家庭网络的连通性，提高学生基于信息技术的终身学习能力以及保护学生的隐私。2017 年，美国教育部发布补充文件 NETP 2017，即《重构技术在教育中的作用》（*Reimagining the Role of Technology in Education*），对学习、教学、评价、领导力和基础设施的框架内容进行细化和进一步说明；注重开辟多种渠道促进学生的有效学习，推广非正式学习、在线学习、项目式学习、远程学习等多种个性化学习方式，努力在信息化教育视野中实现优质而又公平的教育。

美国教育部于 2024 年发布 NETP 2024，即《缩小数字访问、设计和使用鸿沟的行动呼吁》（*A Call to Action for Closing the Digital Access, Design and Use Divides*），提出缩小限制教育技术支持教学转型潜力的 3 个关键鸿沟，包括：缩小数字使用鸿沟，改善学生使用技术来加强学习的机会，便利学生动态应用技术来探索、创造和参与对学术内容和知识的批判性分析；缩小数字设计鸿沟，为教育工作者提供机会，拓展他们的专业知识，培养必要的能力，以设计依托于技术的学习体验；缩小数字访问鸿沟，保证学生和教育工作者公平获得教育技术的机会，包括网络连接、设备和数字内容，也包括可访问性和数字健康、安全和公民身份等。

三、新加坡技术变革学习教育规划

新加坡政府对于全社会范围内信息技术的应用持非常积极的态度，并始终将利用信息技术变革教育教学方式作为国家战略的重要组成部分，从 20 世纪末开始不断地推进和深化。

1. "新加坡未来学校"计划

新加坡政府以教育应该不断预测未来社会需求并为满足这些需求而努力为指导思想，持续推动信息技术创新学校教育。1997 年出台了"信息技术在教育中的应用规划"，该项规划致力于在教育系统中引入信息技术，以实现学校与外部世界的联系，拓展和丰富学习环境，鼓励学生创造性思维和交流等方面的发展。2002 年发布了"信息技术在教育中的应用规划 2"，致力于将信息技术与课程、评价、教育指导、职业指导以及学校文化等更好地结合起来，从更微观、更细致的层面加强信息技术在教育领域的全面运用。在此基础上，2006 年，新加坡资讯通信发展管理局与教育部联合发起了为期十年的"智慧国 2015"（Intelligent Nation 2015）项目，其中包括"新加坡未来学校"计划。

"新加坡未来学校"计划的目标是鼓励学校进行创新并具备企业精神，让学校在"以能力驱动的教育模式"中有卓越的表现。"新加坡未来学校"计划试图通过技术、教学法和创新的学校环境为学生创设有意义的参与式学习体验；借助多样化的教育产品供给来满足学生的需求，并提供可以将数字媒体和信息技术无缝集成到学校创新教学法和灵活的学习环境的模式，使已经拥有信息化生活方式的学生能够实现更高水平的学习和参与，使学生具备在未来全球化、数字化的工作场所中成为高效员工和公民的基本技能。2007 年，新加坡教育部选出裕廊中学、克信女中、康培小学、崇辉小学和华侨中学 5 所学校为首批"未来学校"，2011 年 4 月新增南侨小学和义安中学。入选学校在开发 3D 仿真学习环境、创新课程体系和教学方法、培养学生的自主学习能力、加强未来学校理念传播和交流等多方面开展了创新探索。

2.《技术变革学习教育总体规划 2030》

《技术变革学习教育总体规划 2030》（*Transforming Education through Technology Masterplan 2030*）是新加坡政府经过大规模线上教学实践后，认识到技术已成为学习的关键推动因素，在 2020 年教育技术规划和信息通信技术总体规划的基础上制定的。其以"技术变革学习，让学生为技术变革的世界做好准备"为愿景，分别针对学生、教师、学校和教育系统提出具体的目标，主要内容如下。

（1）学生：数字化赋能、面向未来的学习者和创新者

数字化赋能的 21 世纪学习者：使用一系列数字工具和资源，自主设定学习目标和管理学习；使用数字工具与他人在构建和共享知识方面进行协作和连接。

具备数字素养的学习者：具有数字素养和技术技能，具备"提炼和辨别"能力，以有效使用技术；加强网络健康学习，能够以安全、敏锐和审慎的方式使用技术。

富有同情心、技术娴熟的创新者：使用以人为本的方法来发现需求并开发现实世界问题的解决方案；巧妙地利用一系列数字工具来创建解决方案。

（2）教师：擅长技术、协作学习的设计师

合作贡献者：认同团队合作，共享、采纳和调整数字资源、技术课程以及效果良好的技术教学实践。

精通教学、数据的学习设计师：精通如何使用电子教学法来设计有效的技术学习体验；利用学习数据更好地了解学生的需求，并提供更有针对性的指导。

学习者和创新者：不断发展和深化数字素养和技术技能；定期进行技术促进的教学实验，以提高教学效率和效果。

（3）学校：智能、反应敏捷、配备数字化装备的学习环境

具有灵活性和多功能的学习空间：教室和公共空间的设计和设备能够快速轻松地适应各种教学需求。

数字化连接的学习空间：不断增强网络连接以支持随时随地学习；利用通信技术克服学校物理空间的局限性，将校内学习与外界联系起来。

（4）教育系统：网络化教育技术生态

加强公私伙伴关系：加强教育部、其他政府机构、高等教育学院和私营部门之

间的合作关系，更快地开发和推广良好的教育技术实践和解决方案。

接入国际教育技术网络：教育部的教育科技工作以最新研究和行业发展为依据，并以国际教育技术的最佳实践为基准。

家长作为最关键的合作者：让家长在学校教育技术使用方面提供更有力的支持，特别是在家中的技术使用，要与学校网络健康指南保持一致。

为保证上述目标的实现，2024 年起，新加坡教育部将逐步在学校实施如下举措。

（1）提高学生数字素养和技术能力

加强学生数字素养的培养，包括数字信息管理技能，使学生能够更好地辨别信息的准确性、可信度和相关性。在技术技能方面强调人工智能素养，学生要学习人工智能优势和局限性，以及如何有效利用人工智能进行学习和工作等知识。教育部和学校将继续与家长合作，支持他们引导孩子正确使用数字空间。

（2）使用新技术加强学习

教育部将在智慧学习空间中推出更多人工智能功能，更好地定制学生的学习体验，并加强教师的指导。从 2023 年 12 月起，提供英语语言反馈助理（LangFA EL）和简答题反馈助理（ShortAnsFA）两个工具。LangFA EL 为学生的拼写和语法等提供基本反馈，能够使教师更专注于对语言构建更高层次技能的指导，如创造性表达、说服力和语气等。ShortAnsFA 为所有科目和级别的封闭式简答问题提供评价和自动反馈，教师可以在此基础上进行调整，以更快地向学生提供反馈。

（3）加强协作文化

教育部将为每个学校集团提供有效的咨询支持，帮助各学科采用数字教学法，加强协作文化，共享技术课程资源、理念和教学策略；还将提供教师专业发展机会，让教师掌握数字化教学法，熟悉教学技术的使用。

（4）为学校提供更多资金以改善学习环境

教育部将从 2024 年起为小学、中学和初级学院/千禧一代学院提供 6400 万美元的"学校白色区域和食堂补助金"，使学校能够转换和优化物理空间的使用，以满足不断变化的教育需求。自 2024 年 1 月起，教育部为学校提供资金，用于购置新的家具和设备，如移动家具和 LED 显示屏等，以增强学习空间的功能，支持更广泛的学习方法。

（5）成立教育部伙伴关系参与办公室

为了给学生和教育工作者创造更多终身学习和发现兴趣的机会，教育部新成立的伙伴关系参与办公室将作为一个中央协调平台，将学校与行业和社区伙伴联系起来，以提升教育工作者的专业发展水平，提高学生接触不同行业和社区所需的技能和能力。合作伙伴可以通过举办研讨会和讲座、合作开展计划和活动，以及与教育工作者、家长和学生共同制定解决方案等方式来贡献自己的力量。[7]

四、欧盟数字教育行动计划

《数字教育行动计划（2021—2027）》（*Digital Education Action Plan*(2021—2027)）是欧盟的一项政策倡议，提出了对欧洲高质量、包容性和无障碍数字教育的共同愿景，旨在支持各成员国的教育和培训系统可持续和有效地适应数字时代新的发展与变化。《数字教育行动计划（2021—2027）》呼吁在欧洲层面加强数字教育合作，并为欧盟和国际层面的教育和培训界（教师、学生）、政策制定者、学术界和研究人员提供学习与工作的机会。其提出了 2 个战略上的优先事项和 14 项行动计划，如图 1-5 所示。

优先事项 1：推动高效能数字教育生态系统的发展

· 行动 1：推动成员国就成功数字教育的促进因素开展战略性对话
· 行动 2：2021 年年底，理事会就中小学在线和远程教育提出建设性建议
· 行动 3：开发欧洲数字教育内容框架
· 行动 4：支持学校的千兆宽带连接，在欧洲设施连接计划框架中保障学校的连接性
· 行动 5：利用伊拉斯谟合作项目支持各级各类教育机构的数字化转型计划
· 行动 6：为教育工作者制定关于人工智能和教学学习中数据使用的伦理指南，并通过"地平线欧洲"计划支持相关的研究和创新活动

优先事项 2：提高数字化转型的数字技能和能力

· 行动 7：为教育工作者制定共同的指导方针，以提高其数字素养和应对虚假信息的能力
· 行动 8：更新欧洲数字能力框架，将人工智能和数据相关技能纳入其中
· 行动 9：开发一个可能被欧洲各国政府、雇主及其他利益相关者认可和接受的欧洲数字技能证书
· 行动 10：提议理事会就提高教育和培训中的数字技能提出建议
· 行动 11：通过参与国际计算机和信息素养研究，改进监测并支持跨国收集有关学生数字技能的数据，以更好地理解差距并加强消除这些差距的行动的证据基础
· 行动 12：通过有针对性的措施激励高级数字技能的发展，包括增加数字技能相关实习项目
· 行动 13：鼓励女性参与科学、技术、工程和数学领域项目
· 行动 14：建立一个欧洲数字教育中心

图 1-5 2 个优先事项和 14 项行动计划

第三节　未来学校的创新案例和建设路径分析

未来学校是基于对当前学校教育体系的反思和探索的学校创新实验。这种实验源于学校内部对已有体系的主动改革，也有外部（如企业等）将其对教育理解诉诸现实的先锋尝试。这些创新案例能够给未来学校建设的可能路径提供启发。

一、国内外的未来学校创新案例

尽管正处于变革的转折点，但是经过两百年的发展，当前，学校已经形成了一个稳定而又复杂的体系。学校的变革不是一蹴而就的，也没有固定的样板，往往是从某些点开始，带动整个学校文化和系统的改变。因此，不同国家和区域的未来学校建设会呈现出多样性的特点，可以从一些典型案例中一窥究竟。

1. 没有教室的学校——Vittra Telefonplan

位于瑞典首都斯德哥尔摩的 Vittra Telefonplan 学校被称为"没有教室的学校"。在学校里，物理空间是教育发展的重要工具，学校使用定制家具、学习区和空间，在学习环境中积极融入数字媒体和基于数字的教学法，以促进差异化的教学。例如，一座以电影院、平台和放松娱乐室为特色的巨大"冰山"取代了经典的桌椅设置，多种类型的学习环境为学生投入主题和项目学习提供了机会，如图 1-6 所示。

图 1-6　Vittra Telefonplan 学校的学习场景

学校把传统的教室改造成"影院""洞穴""营地""水吧""实验室"等 5 种各具不同形态和家具配备的新型学习空间，如图 1-7 所示。学生可以在"洞穴"

中独立思考，深入自学；在"实验室"开展数学、科学和艺术的探究活动；在"营地"会面，交流和讨论学习任务进程；在"水吧"开展社交活动和非正式学习。

学生可以在不同形态的空间之间自由穿梭切换，完成各项学习活动。比如一个学生可能需要一个安静的空间专注于思考（"洞穴"），然后可能需要和他的团队一起分享信息和计划下一步行动（"营地"），接着，教师可能需要把全班召集在一起，并允许部分学生向全班报告他们的发现（"影院"）。这种灵活的学习活动切换只需要人员的简单流动就能实现，不同学习环节可以无缝对接。

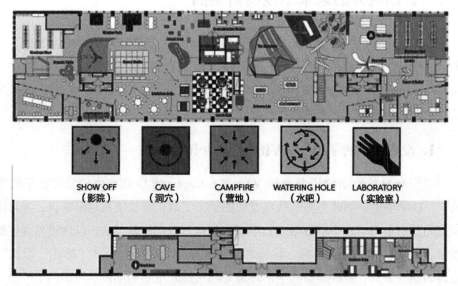

图 1-7　Vittra Telefonplan 学校的空间布局

2. 思维广场——上海市市西中学

上海市市西中学对学校实现新一轮发展进行了系统性分析，基于"学习是一种信息编码的过程"的认识，学校提出了"思维广场"的概念，试图通过教学环境的变化，促使教与学方式发生根本性的变革，实践"优势学习"，以"目标引领—自主研习—合作研讨—思辨提升"再造教学流程。该实践和研究获得 2018 年基础教育国家级教学成果一等奖。思维广场在空间布局上突破了桌椅排排放的传统，在880 平方米、上下两层相通的物理空间里，构建了 6 个大小各异的讨论室和由不同色彩、不同形状、不同功能的座椅、沙发、茶几、圆台自由移动、随意组合形成的休憩、阅读、学习讨论的开放式交流空间，如图 1-8 所示。

思维广场融图书馆、网络阅览室、现代教育技术等功能于一体，可支持语文、英语、政治、历史和地理5门学科的教学。上课前由教师发布任务单和讨论主题，并确定讨论室（地点）和讨论时间，而每一位学生都可以自主选择任何一个时间段任何一门学科的讨论主题，自主学习并做好准备，按时参与讨论，如图1-9所示。学校现在已经拓建18个创新实验室，为学生高阶思维的发展、动手实践能力的提高、创意的实现提供了良好的条件，还成为学生将校园与社会、虚拟学习空间进行对接的通道。

图1-8　开放式交流空间　　　　　图1-9　学生参与主题讨论

3. 源于生活且面向未来的课程体系设计——北京十一学校龙樾实验中学

北京十一学校龙樾实验中学将学校营造成一个"未来小镇"，在这个场域中设置了创新和多元化的学校课程体系，学生可以在这里完成小镇学习、小镇生活、公民责任、面向未来等经历，和真实生活以及与未来工作密切相关的场景发生连接。如图1-10所示，综合课程模块开设了多门综合实践课程和职业考察课程，为学生提供了丰富的学习资源和展示平台。学校建设了与课程特色相匹配的博物馆、商店、学科教室等空间，为学生提供了丰富的学习体验，如图1-11所示。学校通过与国际学校开展交流和合作项目，如无人车驾驶、公益书亭等，拓宽了学生的国际视野，提升了其社会责任感和能力素养。

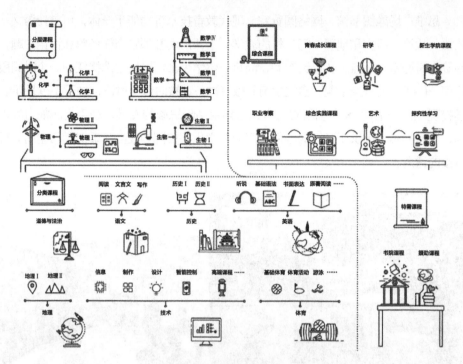

图 1-10　学校的课程体系

图 1-11　学校的各类学习空间和布局

4. 信息技术增强教学方法——新加坡义安中学

　　未来学校强调使用信息技术对现行的课程和教学方法进行系统的加工和改进，以形成更符合现代教学的、可推广的新课程体系和方法。新加坡义安中学开发的启发式在线学习媒介（Heuristic Online Learning Agent，HOLA）是一个在线为学习者提供教育信息的项目，可为学习者提供多学科顶尖私人教师和学习同伴角色的帮助，学生只需要在线注册，相关的问题和疑惑就可当场得到解决。该校已经成功开发了牛顿在线窗口（HOLA Newton）和莎士比亚在线窗口（HOLA Shakespeare），促进了学生在物理和文学方面的学习。该校研发苏格拉底式质疑法（Socratic questioning），以帮助学生形成自主学习的意识；还开发了信息技术使用的评价模型，使用理解式教学法（teaching for understanding approach）引导课程的设计和评价工具的使用。未来学校开发的基于技术的课程体系和教学方法适应新时代学生发展的需要，促进了课堂效率的提高，成为新加坡其他学校效仿和学习的典范。

5. 班组群和校中校的组织改革——北京市海淀区中关村第三小学

北京市海淀区中关村第三小学以"班组群"为教学组织来实施跨年级的混龄教学，以促进高、低年级学生带着各自的经验进行知识深层建构。班组群就是由 3 个连续年级学生组成的学习共同体。学校将相连的 3 间教室外侧的走廊等公共区域拓展，与教室构成了俗称"三室一厅"的大型开放教室，如图 1-12 所示。3 个年级、不同年龄的孩子在一个班组群中生活、学习，自由地在跨年级共同学习或班级独立学习间切换。

图 1-12　班组群开放教室示例

学校在班组群的基础上以"校中校"的方式再造学校的基本管理单位。一个校中校包含 4 个班组群，是学校日常工作中最基本的管理单位。校中校实行人财物、责权利的统一和自治。校中校主任有人事聘任权，每学年通过双向选聘选择校中校

4 个班组群的老师。学校将课堂诊断、作业交流、评优评干等管理工作权力下放给校中校主任，校中校主任通过校中校的班组群周例会制度及时了解教育教学进展，灵活决策，盘活班组群的教育教学，强化教师与学校的连接，成为学校发展的引擎。

6. 竹子搭建的学校——印度尼西亚绿色学校

绿色学校（Green School）位于印度尼西亚巴厘岛乌布西北部地区一个名叫 Sibang Kaja 的村子中，于 2008 年建成，占地 10 万余平方米，周围环绕着茂密的原生态树林和有机农地，如图 1-13 所示。创办人约翰夫妇希望利用寓教于乐、寓教于生活的方式传达他们在教育上非营利的、可持续的理念，让学生在日常中学习生活的必备技能，注重人与自然的和谐共处。Green School 坚信只要每一天坚持做出小小的有意识的绿色方式的选择，就能给我们赖以生存的地球带来大大的改变。学校里的所有房屋及栏杆、桌椅、楼梯甚至地板，几乎都是用竹子或者当地的木材制成的，是绿色环保、可持续发展理念的最佳展示。

图 1-13 绿色学校建筑全景

除了数学、英语等基础学科，学校还开设了包括文化、戏剧、美术、音乐在内的创意艺术课。最与众不同的是每个年级都有自己的田园和果树。学生们还要学习农业、园艺甚至渔猎方面的知识。学生每天吃的有机餐全部靠自己劳动得来，从播种到收获，到打谷脱粒、碾制成面，再到自己煮来吃，学生们不仅得到了体能的锻炼，享受了动手的乐趣，还明白了一切资源都来之不易。满布在建筑间的太阳能电板满足了学校 80% 的用电需求；涡轮发电机利用流经学校的河水进行水力发电，也可为学校提供大量电力。二者结合，足以让学校独立于当地的电力供应网。除了教学中使用计算机外，学校尽可能远离都市和现代化的生活方式，学校试图用这样的教育方式和教育理念培养出学生对自然和环境的关注、亲近和责任感。

从上述案例中可以感受到未来学校创新的驱动力来自多个层面，且其和整个学校的生态相融合。一所成功的未来学校既要在教育理念和模式上实现对传统教育问题的创新式解决，又要具备持续的运行能力。

二、大规模线上学习的启示

由于新冠疫情，不少国家面向各级各类教育开展了大规模线上学习活动，这为我们理解未来学习方式提供了真实的社会场景和体验。基于某市学生和教师的大规模调研结果，我们了解了技术促进学习方式转型时带来的改变和可能的影响因素。接受抽样调研的学生共有 77277 名，其中男生有 38582 名，占比约 49.93%，女生有 38695 名，占比约 50.07%；核心城区学生占比 30%，非核心城区学生占比 70%。

1. 调研结果

该项调研涉及的内容非常全面，这里主要呈现有关线上学习的实施情况和学生的学习体验等方面的调研结果。

（1）线上学习条件

网络接入情况方面，88.9% 的学生家庭网络情况非常好，11.06% 的学生家庭网络情况较差；14.81% 的学生通过手机流量上网，3.83% 的学生通过公共免费的网络接入，另外有 0.68% 的学生没有任何接入网络的途径。76.27% 的学生表示有单独的房间学习网课，75.59% 的学生有自己专用的书桌，5.4% 的学生没有专门的书桌，在其他地方学习。77.92% 的学生使用手机或平板计算机，41.29% 的学生使用笔记本计算机，使用电视机的有 26.88%，使用台式机的有 17.01%。数据显示，新型基础设施建设之下，网络和移动终端的普及为大规模居家在线学习提供了基础。学习平台使用方面，空中课堂占比 47.8%，本市数字学习网站占比 47.34%；QQ 群、微信群等社交媒体占比 32.49%，钉钉占比 26.77%；问卷星占比 16.04%，各区县自己推荐的平台占比 14.93%。结果表明教育部门信息化投入在疫情期间起到非常大的支持作用，同时网上社交平台对用户产生了极大的吸引力，尽管不是专门的教学平台，还是会被广泛应用。

（2）线上学习活动形式

表 1-1 显示了线上学习活动的主要形式，可以看出其与常规课程学习活动类似，但是多了学习任务打卡（67.07%）和小组讨论（38.05%），反映了疫情期间学

习管理的方式及教师对学生学习活动的调整和适应。

表1-1　线上学习活动的主要形式

选项	小计/人	比例
A. 课程学习	74301	96.15%
B. 做作业	73093	94.59%
C. 上传作业	71153	92.08%
D. 参加答疑	46935	60.74%
E. 学习任务打卡	51830	67.07%
F. 小组讨论	29401	38.05%
G. 其他	844	1.09%

（3）线上学习支持

表1-2展示了各类线上学习困难的解决途径，教师答疑是绝大多数学生使用的途径，请教家长占比也非常高，说明家长对线上学习的参与度较高，也说明学生依赖于最容易获取的人力资源。49.44%的学生会自己查找资料找答案，说明线上学习在一定程度上促进了学生的自主性。

表1-2　线上学习困难的解决途径

选项	小计/人	比例
A. 教师在线答疑	50465	65.30%
B. 课后教师离线答疑	39898	51.63%
C. 教师在班级群统一答疑	46650	60.37%
D. 自己查找资料找答案	38202	49.44%
E. 找同学帮忙	28055	36.30%
F. 请教家长	37864	49.00%
G. 自己思考，实在不懂就算了	5369	6.95%
I. 其他	695	0.90%

家庭的教育支持体现在提供学习条件、监督学习、精神陪伴等多方面，显示了居家学习中家庭教育的重要性，也反映出家校协同育人的趋势和可行性，如表1-3所示。

表1-3　家庭的教育支持

选项	小计/人	比例
A. 给我安静的学习环境	67770	87.70%
B. 给我精神上的鼓励支持	55145	71.36%
C. 提醒我上课、做作业等	64981	84.09%
D. 关注我的身体健康（视力等）	58619	75.86%
E. 关注我的心理健康	44404	57.46%
F. 积极与学校或教师沟通关于我的情况	40166	51.98%
G. 在学习资料方面给我提供帮助	44115	57.09%
H. 辅导我做功课	41766	54.05%
I. 督促或者陪同我进行体育锻炼	44310	57.34%
J. 其他	867	1.12%

（4）线上学习体验

学生线上学习体验如表1-4所示，总体比较积极。学生认为教师给的在线学习指示非常明确（平均分为4.04），而且教师非常负责，不管多晚都能对学生的作业进行批改（平均分为4.19）。学习过程中学生的投入度比较高，学生能认真听讲并做笔记（平均分为3.79），能够跟上教师思路（平均分为3.82）。线上学习带给学生更好的学习体验，比如学生感觉教师的授课内容看得更清楚，能够自己安排学习时间和科目，获得自主权（平均分为3.56），而且没有之前大家担心的孤独感，学生觉得线上交流活动很多，不觉得是一个人在学习（平均分为3.71）。

表1-4　线上学习体验

选项	平均分（满分5分）
1. 教师的授课方式和在学校时有很大的改变	3.48
2. 教师给的线上学习指示非常明确，我知道自己该完成什么任务	4.04
3. 不管多晚，我提交的作业教师都能及时批改	4.19
4. 线上学习时我能认真听讲并做笔记	3.79
5. 线上学习时我能跟上教师的思路	3.82
6. 相比于线下，线上学习能更清晰地看到教师的授课内容	3.42

选项	平均分（满分5分）
7. 线上各种交流活动比较多，我不觉得是一个人在学习	3.71
8. 线上学习能自己决定在什么时候学习、学习哪些科目，这让我很满意	3.56

2. 调研启示

调研结果显示，在比较完备的信息技术环境中，学生、教师和家长能够比较快速地适应和调整，以保证线上教学活动的顺利进行。从知识传递的角度而言，线上学习可以给学生提供更好的学习体验；借助信息技术平台、教学资源等，大规模线上学习也将企业和学校更紧密地联系在一起。这些现象说明信息技术大规模深度参与未来学习的可行性，为我们理解未来学习方式提供了参照。同时，这一全球性的教学实践也暴露了现有数字化教育模式在适应性、可及性和效果评估方面的不足，比如教学活动的课堂"搬家"、学习数据采集和分析不足、学生个性化学习支持欠缺等。这些充分说明信息技术进入未来学习并不能自然而然地转化为创新的学习方式，它依赖于符合学习和教学管理需求的产品设计和服务，依赖于教师数字化教学的理念更新和能力提升，依赖于学生数字化学习技能和自主学习能力的提升，依赖于教学教育管理和评价制度的引导，依赖于一种新型的学习文化和生态的构建。

三、信息技术赋能未来学校建设的路径

通过案例分析和实践调研，我们认识到信息技术在未来学校的建设中处于非常特殊的位置，尽管它不是学校实现面向未来转型升级的核心因素，但即便是尽可能远离现代社会的绿色学校，在教学方面依然需要信息技术提供支持。因此在未来学校建设之中，需要充分考虑信息技术的积极作用，同时尽可能规避过度使用和依赖信息技术带来的不利影响。

1. 研发支持主动学习方式的信息技术产品

学习方式转型是未来学校最显著的特征，信息技术介入学习方式转型应当专注于对鼓励学生主动学习的教学法的支持，而不是继续用来强化以教师为中心的知识传递式的教学模式，即从学生主动学习和评价方式转型的需求出发，研发和引入为学生而用的信息技术产品，而不是只服务于教师的信息技术产品。出于信息安全方

面的考虑，学校教学中信息技术产品的应用方式和选择要合乎道德、伦理，遵循安全和国产可控等基本原则。学校教学中常见的学习场景和技术支持如表1-5所示。

表1-5　常见的学习场景和技术支持

目的	学习活动	平台功能
记录课堂重难点	做笔记	标注
发表个人观点，拓展延伸所学内容	写作	短信
将所学内容内化并创造性外显	设计作品	绘画、录像、拍照、LabCamera
将多学科知识整合，亲身实践，加深对知识的理解	做研究	拍照、办公软件、上网搜索
知识整理，思维表达和交流，同伴评价	自我反思，小组交流与讨论，同伴评价	概念图、作品创作、讨论区
了解对所学内容的掌握情况，查漏补缺	测验，作品创作，同伴评价，自我反思	测验、绘画、电子相册、概念图、博客等

2. 提供数量丰富且易于获取的云端教育资源

优质的教育资源是支持学生自主学习的关键因素之一。在未来学校中，教育资源除了要具备优质、丰富、多样性等内容特征，在推动教学方式转型过程中更重要的是还应当具有低成本、可及性、兼容性等经济和使用特征。师生可以随时随地通过各类个人终端获取云端资源，以满足自身学习需求。2022年3月，教育部正式上线了包括国家中小学智慧教育平台在内的国家智慧教育平台，为各级各类教育提供专题教育、课程教学等优质资源。未来学校可以接入国家及各省市区的数字教育资源公共服务体系，推动数字资源的供给侧结构性改革，创新供给模式，提高供给质量，扩大供给范围。

3. 实现数据驱动的教育决策模式

长期以来，在学校教育体系内都是基于经验对学生的学习和成长进行干预，未来学校中追求的个性化和差异化教育理念必须建立在对学生和学习过程科学化认识的基础上才能实现。数据正是减少教育资源错配、赋能新质教育的关键因素。图1-14所示的DIKW（Data-Information-Knowledge-Wisdom，数据 – 信息 – 知识 – 智慧）模型显示，数据是信息的载体，信息是有背景的数据，而知识是经过人类的归纳和整理，呈现规律并能预测新知识的信息，因此可以通过对海量数据的交换、整合和分析，挖掘发现新的知识。未来学校可以利用技术手段，以合乎伦理和规范的方式收集教与学过程中的各类数据，借助多模态数据自然采集、多渠道数据汇聚、多情境下数据建模、可视化数据分析结果展示等手段，对教师教学、学生学业、学业水平分段、教师行为、学生行为等情况进行多层次、多维度的数据挖掘和分析，揭示教学活动和教学管理内在规律，实现数据驱动的教育决策模式。

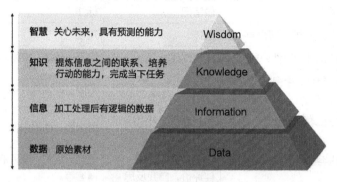

图 1-14　DIKW 模型

4. 建设和改造可以支持多学习场景的学习空间

未来学校支持多种类型的学习方式，打破从正式学习向非正式学习，从以教师为中心的教授式学习向以学生为中心的自定步调学习，从集体学习到个人学习，从线下学习到线上虚拟学习的界限，形成多维度的连续的学习谱系。这些学习方式需要合适的学习空间来支持，因此多样化的建筑和空间规划是未来学校的显著特征，信息技术也必然在建筑和空间的创设中发挥作用，使得学校物理空间与网络空间无缝连接，实现一体化建设。

5. 提升师生数字素养

基于技术构建的学习环境的作用的发挥依赖于学校中教师和学生的技术素养水平，因此未来学校要重视师生能力建设。要帮助学校管理者、教师和学生创建未来教育的共同愿景，认同未来教育理念，成为未来教育理念的倡导者；培养教师的数字化领导力，使其成为富有远见的规划师，紧跟学习创新的潮流，与同行分享经验，针对信息化教学和管理实践进行反思并持续改进；具有强烈安全意识和道德伦理意识，掌握必要的网络安全、信息安全、数据安全知识和技能，保护教师和学生关键信息、个人隐私等不受侵犯，科学合理地利用技术赋能教育。

第二章

信息时代的学习转型

信息技术的广泛运用使社会运作模式和人类职业世界发生了深刻的变化。在人类历史上，新知识、新思想和新技术的应用首次成为社会发展的核心驱动力，人类社会快速进入信息时代、全球化时代和知识社会。高速发展的新科技、大量涌现的新职业、线上线下融合的新空间等新事物为个人选择和价值实现提供了新的机遇和条件，同时信息过载、自我概念模糊以及社会和职业的快速变化对个体的适应能力提出了空前的挑战。培养个体在日益多元而快速变迁的信息时代、全球化时代和知识社会中的自我生存和发展能力，成为关系个人和社会发展的新课题和学校教育的新使命。

第一节　信息时代带来的学习挑战和机遇

联合国教科文组织（United Nations Educational, Scientific, and Cultural Organization，UNESCO）在1996年发布的《教育——财富蕴藏其中》中提出学会认知、学会做事、学会生存、学会共处这"四个学会"，即"四个支柱"，2003年在该报告中增加了"学会改变"这第五个支柱。不难看出，与以往任何一个时代相比，信息时代都是一个急速变化的时代，以生成式人工智能为例，它几乎以天为单位进化。在社会知识高速累积、快速迭代的背景下，以往的学习经验、学习技能可能会失效。可应对不可预测的变化与复杂问题的"主动适应性能力"或许是信息时代最值得获取的学习能力。

一、信息技术促进社会加速发展

马克思和恩格斯提出"人们所达到的生产力的总和决定着社会状况"，而新技术的使用是新生产力获得的标志。由大数据、人工智能、先进计算、区块链、元宇宙等构成的新一代信息技术体系加快新质生产力的形成，成为推动新一轮产业变革、促进全球经济增长的核心动力引擎。

1. 数据爆炸、知识更新速度快

从工业革命算起，不到 300 年的时间里，人类科学知识总量迅猛增加，而且更新速度呈指数级上升。据估计，在 18 世纪以前，知识更新速度为 90 年左右翻一番；20 世纪 90 年代以来，知识更新加速到 3 至 5 年翻一番。信息技术的普及使通过传感器、个人终端、云端、社交媒体等产生的信息量超越以往的总和。随着社会的快速发展和变革，诞生了很多新学科和新知识，这意味着部分旧的知识体系已不再符合社会需要，学生在求学期间所学习的很多内容可能在其步入社会后就不适用了。

2. 职业的更新迭代加快

信息技术的快速发展对职业岗位产生较大的影响，世界经济论坛发布的《2023年未来就业报告》指出：报告数据集中有 6.73 亿个就业岗位，未来 5 年，预计就业岗位将增加 6900 万个，减少 8300 万个，相当于净减少 1400 万个就业岗位，占目前就业岗位总量的 2%。增加的岗位多是与技术、社会重要技能相关的岗位，如人工智能和机器学习专家、可持续发展专家、商业智能分析师和信息安全分析师等；同时对只需简单技能的岗位的需求大幅下降，如行政人员和秘书、银行出纳员和相关文员、邮政服务文员、收银员、票务员以及数据输入文员等。由图 2-1可知，2023 年 44% 的工作者的核心技能被认为在未来 5 年会发生变化。创造性思维，分析思考能力，技术素养，好奇心和终身学习，弹性、敏捷性、灵活性等被认为是未来员工需要具备的重要能力，企业越来越重视员工在工作场所解决复杂问题的能力。

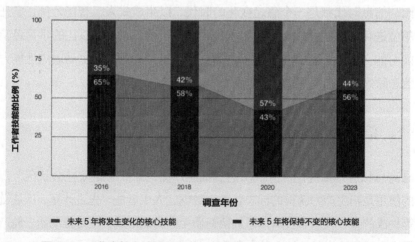

图 2-1　工作者核心技能在未来 5 年发生变化 / 保持不变的比例演变

二、信息技术带来科学研究范式的变化

信息技术使得科学研究正经历从实验和理论驱动向计算和数据驱动的转变，而数字孪生（digital twin）技术通过虚实共生，为物理实体与虚拟世界间的高效协同提供了新方法，促进了科学管理和决策的创新。这些技术进步不仅改变了科学研究范式，而且为教育和学习提供了新环境和方法论。

1. 从实验和理论驱动到计算和数据驱动的科学研究范式转变

目前教育科学研究范式以经验科学研究范式和理论科学研究范式为主，在未来将转向计算科学研究范式和数据密集型科学研究范式[8]。传统科学研究范式认为，关于世界的知识应该经过长期观察和理论假设，再通过实验加以证明或者证伪才能获得。在过去和当前的教育体系中，学习者通过教师讲授、阅读书籍、听讲座、参加讨论等方式学习和理解各种理论框架、学科原理和概念模型；通过实验和观察来探索自然现象、理解科学原理、验证理论假设。今天，由于大数据、物联网等技术的日益成熟，社会信息化和智能化程度不断加深，各个研究领域都涌现了大量数据。海量的数据催生了计算科学研究范式和数据密集型科学研究范式的产生，新范式通过对大量数据的收集、存储、计算、挖掘和分析来发现新的科学规律和模式。科学研究和知识发现正在经历从传统的理论驱动向数据驱动的根本性转变。

案例

AlphaFold 是 DeepMind 公司开发的一个人工智能系统，可以根据蛋白质的氨基酸序列预测蛋白质的结构，如图 2-2 所示。AlphaFold 极高的准确性和极快的速度使大规模结构预测的数据库得以建立。这将使生物学家能够获得几乎任何蛋白质序列的结构模型，改变了他们解决研究问题的方式，并加速了他们的项目进展。AlphaFold 蛋白质结构数据库（AlphaFold DB）是基于 AlphaFold 系统的预测结果建立的一个开放获取的、包含大量高精度蛋白质结构预测数据的数据库。它使已知蛋白质序列空间结构覆盖率实现了前所未有的提升。AlphaFold DB 提供了对预测原子坐标、每个残基和成对模型置信度估计以及预测的对齐误差进行程序化访问和交互式可视化的功能。

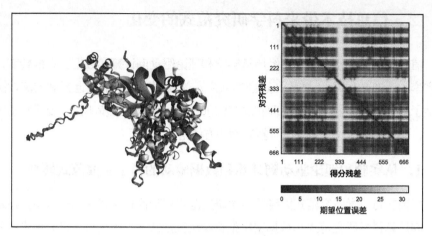

图 2-2　AlphaFold 界面

2. 虚实共生的数字孪生空间

数字孪生是指构建与物理实体完全对应的数字化对象的技术、过程和方法。它可以追溯到由迈克尔·格里夫斯（Michael Grieves）教授于 2003 年所提出的"物理产品的虚拟数字化表达"。数字孪生开辟了一条物理实体活动与虚拟世界同步的新途径。虚实共生的数字孪生在实体与孪生对象之间完成数据的双向流动，通过虚实交互反馈、多维数据融合分析及决策迭代等方式优化物理实体，从根本上推进现实活动中各阶段的高效协同；使人们能通过与虚拟实验设备、模拟场景或角色进行互动，参与问题解决和决策制定过程，从中获取知识和经验，并进一步在真实环境中进行验证，为探索各种科学现象和理论原理、进行科学的管理决策提供了新的环境和方法论。基于现实物质空间创设的学习情境将为学习者提供基础的情境体验，在虚拟现实空间中，学习者可创设和感受更多样化的情境，实现更丰富的个体间交互，这使学习者即使身处虚拟现实空间也具有场所感、具身感、临场感与认同感。而虚拟现实空间中的情境体验和情感收获最终会作用于现实空间中的个体，促进学习者的学习[9]。

三、信息技术推动技术向善成为重要的教育议题

信息技术将世界各地的人的工作、生活、交往联系在一起，社会和文化变得空前复杂和多元。在日益多元化的社会中，价值观、宗教信仰、情感、观点、利益、人际关系等的冲突是不可避免的，而如何面对文化差异和多元化社会，如何处理与他人的关系，如何化解人际冲突，怎样消除社会不公、促进社会民主，怎样在信息

时代做民主社会的公民等问题均对教育提出了挑战。未来学校的教育需要帮助学生理解和尊重不同的文化背景和价值观，培养他们化解文化冲突和促进社会和谐的能力；引导学生建立健康、真实和有意义的人际关系，提高他们在数字化社交环境中的沟通和合作能力。同时，要教导学生学会保护个人信息和尊重他人的隐私，了解与数据安全相关的规章制度，正确使用技术；以为人类谋幸福为出发点，善用技术造福人类，避免不当使用技术带来的危害。

第二节　技术支持下的未来学校学习制度设计

有观点认为，学习是人和动物与生俱来的本能，但是对于学习本质的认识，以及学校学习制度的设计却处于不断发展和变化之中。"学习"一词出自《礼记·月令》中"鹰乃学习"，意思是雏鹰开始尝试飞翔。这里的学习强调主动性和实践性，而后中国哲学中"知行合一"的思想也强调了认识和实际行为之间的统一性和不可分割性。近现代学习理论和学习科学试图解释学习是什么以及有效学习发生的条件。纵观行为主义、认知主义、建构主义、人本主义、具身认知理论、联通理论等有影响力的学习理论，可以梳理出对学习本质认识的发展脉络，如图 2-3 所示。

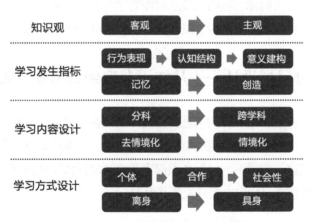

图 2-3　对学习本质认识的发展脉络

首先，从学习发生指标来看，行为主义学习理论基于学习是对某些刺激所形成的稳定反应的认识，以学习者的某些行为表现作为学习是否发生的主要观察指标；认知主义则试图通过学习者认知结构的变化来衡量学习是否发生；此后受到知识观从客观性向主观性变化的影响，建构主义学习理论关注学习者基于个人经验对知识的意义建构，强调有意义的学习。其次，在学习内容设计方面，从最初的以概念、原理等去情景化的结论性知识和分科内容组织，到受社会文化理论影响，考虑将知识产生的情境和文化因素植入学习材料之中，并逐渐以真实问题解决为目标组织跨学科的内容体系。最后，学习方式设计受对学习发生条件认识深化的影响，从关注个人知识获取向社会化学习转变，既关注个体自我的学习方式设计，也关注合作式学习方式设计，促进学习者间的对话和交流，以更好地帮助学习者建构个人知识和形成群体智慧。学习方式设计受到学习科学研究成果启发，从离身的学习方式设计向具身认知的学习方式设计发展，为学习者提供多感官系统的立体的学习体验。

上述关于学习科学的研究进展也不断揭示出学习是内在认知和外在行动相统一的过程，学习效果会受到学习者内在情感、动机以及外在的社会文化、学习环境等多方面的综合影响。然而从当今学校的学习制度设计来看，在固定教室中的班级授课可以满足标准化、规模化的社会人才需求，却无法兼顾不同学习者的差异化发展需求，亦很难落实有助于增强学习效果的科学思想。此时，信息技术可以成为一股重要的推动变革的力量。借助信息技术，可以将认知过程、思维结构、知识建构、学习者人际网络等难以观察的学习指标外显化，从而为学习干预和决策提供证据和支持；借助信息技术，可以营造具备高度真实性和体验感的学习环境，将学习内容的呈现情境化；借助信息技术，还可以通过线上线下混合的方式，使广大学习者连接起来，形成学习共同体。当信息技术赋能的学习叠加智能时代的人才培养需求和社会制度文化以后，面向未来的学校学习转型的方向就会变得更加清晰。

一、学习目标设计——从知识获取到核心素养发展

随着技术的发展和全球化的推进，传统的知识获取方式已逐渐无法满足现代社会的需求，学习目标设计必须超越单纯的知识积累，更加注重培养个体的核心素养和综合能力。在这一背景下，世界各国都需要重新审视和设计国家教育目标，以确保学习者能够在智能时代中立足并发挥其潜力。

1. 智能时代人才的能力要求

参与过经济合作与发展组织（Organization for Economic Co-operation and Development，OECD）核心素养框架研究的美国著名经济学家弗兰克·利维（Frank Levy）和理查德·默南（Richard Murnane）提出："主要由常规认知工作和常规手工劳动所构成的工作的份额正日益下降，因为此类任务最容易通过编程让计算机

去完成。国家日益增长的劳动力类型则是那些强调专家思维或复杂交往的工作，此类任务计算机尚不能完成。""专家思维"是指在特定情境中，当所有标准化的解决问题的方法均告失败时发明新方法以解决难题的能力。"复杂交往"是指在复杂的、不可预测的社会情境中，通过提供各种解释和示例以帮助他人掌握复杂概念、促进复杂对话延续和发展的能力。

2012 年，美国国家研究委员会（National Research Council）发布的《为了生活和工作的教育：在 21 世纪发展可迁移的知识与技能》（*Education for Life and Work: Developing Transferable Knowledge and Skills in the 21st Century*）中提到学生要具备认知能力、自我能力和人际交往能力等 3 个方面的知识与技能，具体如表 2-1 所示。

表 2-1　21 世纪发展可迁移的知识与技能

技能	能力群	21 世纪技能的表述	核心表现
认知能力	认知过程和策略	批判性思维、问题解决、分析推理 / 论证、解释、决策、适应性学习、执行	流体智力
	知识	信息素养、ICT（Information and Communications Technology，信息与通信技术）素养、口头和书面表达、积极倾听	晶体智力
	创造力	创造、创新	通用检索能力
自我能力	智力开放性	灵活性，适应性，艺术和文化鉴赏力，个人和社会责任，对多样化、适应性、持续性学习的兴趣，智力兴趣和好奇心	开放性
	职业道德 / 责任心	主动性、自我导向、责任感、坚毅、第一类型自我管理（元认知能力）、职业性、正直、公民意识、职业规划	认真、尽责
	积极的自我评价	第二类型自我管理（自我监控、自我评价、自我强化）、身心健康	情绪稳定
人际交往能力	团队协作	交流、协调、团队工作、人际交往、同理心、信任、服务导向、解决冲突、协商 / 谈判	宜人性
	领导力	领导能力、责任、良好的沟通能力、自我展示、与他人的良好社会交往	外向性

2014 年印发的《教育部关于全面深化课程改革落实立德树人根本任务的意见》提出了"核心素养"的概念，核心素养主要指学生应具备的适应终身发展和社会发展需要的必备品格和关键能力。2016 年《中国学生发展核心素养》正式发布，指出核心素养主要包括文化基础、自主发展、社会参与 3 个方面，具体表现为人文底蕴、科学精神、学会学习、健康生活、责任担当、实践创新六大素养，具体内容见表 2-2。

表 2-2   《中国学生发展核心素养》的主要内容

核心素养	分类	具体表现
文化基础	人文底蕴	在人文领域知识和技能学习中形成的基本能力、情感态度和价值取向，如人文积淀、人文情怀、审美情趣等
	科学精神	在科学知识和技能学习中形成的价值标准、思维方式和行为表现，如理性思维、批判质疑、勇于探究等
自主发展	学会学习	学习意识形成、学习方式方法选择、学习进程评估调控等方面的综合表现，如乐学善学、勤于反思、信息意识等
	健康生活	认识自我、发展身心、规划人生等方面的综合表现，如珍爱生命、健全人格、自我管理等
社会参与	责任担当	处理与社会、国家、国际等关系方面所形成的情感态度、价值取向和行为方式，如社会责任、国家认同、国际理解等
	实践创新	日常活动、问题解决、适应挑战等方面所形成的实践能力、创新意识和行为表现，如劳动意识、问题解决、技术应用等

2. 国家教育目标转型

在知识本位的教学范式下，教育以（客观）知识为中心，教学被视为主体改造客体的活动，学生即具有可塑性、可改变性的客体。在以知识学习为目标的情境中，将高分等同于高成就水平的评估方式过于片面，也不利于学生的全面发展。未来将以学生素养的发展为教育目标，选择教育方法与实践时要落实知行合一的思想，不再把信息和知识灌输给学生，而是让学生能够使用他们在学校学到的知识和技能来处理复杂的任务，培养学生对知识的实际应用能力、终身学习能力、创新能力，为国家输出更多的高水平复合型人才。这种转型往往通过改革国家课程标准等方式予以确立，使新的教育目标成为国家范围内所有学校的共同价值和实践指南。

（1）中国《义务教育课程方案和课程标准（2022 年版）》

《义务教育课程方案和课程标准（2022 年版）》的发布标志着我国基础教育课程改革迈出了重要一步，它不仅优化了课程内容结构，还强调了跨学科学习、实践能力和创新精神的培养，以适应新时代对人才的需求。其提出要基于核心素养要求，遴选重要观念、主题内容和基础知识技能，精选、设计课程内容，优化组织形式。设立跨学科主题学习活动，加强学科间的相互关联，带动课程综合化实施，强化实践要求。依据核心素养发展水平，结合课程内容，整体刻画不同学段学生学业成就的具体表现，形成学业质量标准，引导和帮助教师把握教学深度与广度，为教材编写、教学实施、考试评价等提供依据。

（2）芬兰《2014年国家基础教育核心课程》

不断变化的社会需要越来越多的横向技能和能力，基于此，芬兰颁布的《2014年国家基础教育核心课程》中强调横向能力（transversal competences）的培养，如图2-4所示，横向能力包含思考和学习能力，文化素养、沟通与自我表达的能力，照顾自己与管理日常生活的能力，多元读写能力，信息通信技术能力，职业、创业能力，参与、投入和规划未来的能力。横向能力作为不同学科的一部分进行教学、研究和评估[10]。

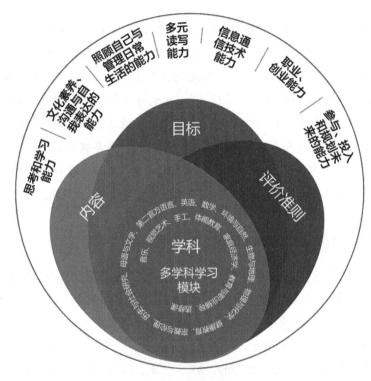

图2-4　横向能力

二、学习环境设计——从认知自主到认知外包设计

在我们已有的学习经历中，学习者的认知自主是核心，学习者通过阅读、记忆、思考和实践，独立地吸收知识和构建知识体系。然而，在知识急速更新换代的今天，单纯依靠个人的生物学器官难以处理复杂的任务，智能技术的发展促进了人机结合的思维方式的发展，改变了人类的阅读和认识方式，借助外部工具（如搜索引擎、在线课程和虚拟助手等）可以外包部分记忆和计算任务，借助社会协作工具

可以促进知识共享和团队协作，提高整体的工作效率。认知外包的出现具有必然性，一定会进入未来学校学习制度设计之中并通过学习环境来体现，可以利用机器的数据建模和智能计算实现学习者和学习资源之间的智能匹配，实现个性化、自主化的学习；同时学习者通过对机器提供的智能学习方案进行审查，对自身的学习策略进行适应性调整，并对机器提供的智能化学习支持服务进行反馈等[11]。

案例

由新加坡克信女中发行的交互式电子教科书（interactive textbook）Ambook，倡导在自然科学学习中使用探究式学习方法，并在书中存储大量的探究式学习方法范例。另外，Ambook 还为学生提供丰富的模拟知识库，学生可以根据需要在知识库里寻找适合自己的训练内容，使学习变得生动有趣。Ambook 具有携带方便、内容丰富、使用快捷高效且富有趣味的特点，深受学生的青睐。2023 年 6 月，新加坡教育部基于小学五年级的 3 个主题推出了数学自适应学习系统，根据学生对问题和活动的反应，为每个学生提供定制化的学习建议，此后还将逐步推动其在更多的主题和年级中使用。

1. 设计符合具身认知理论的学习空间

具身认知理论认为身体的感觉运用系统、形态结构和经历体验都将影响认知的形成与发展，因此其倡导通过听、说、读、写、触、看、做等多感官通道和学习内容发生交互，使学习者通过身体与环境的相互作用产生体悟，发展认知。未来学习设计中，要关注学习者身体全方位的参与。利用虚拟现实（Virtual Reality，VR）技术、增强现实（Augmented Reality，AR）技术、体感设备、可穿戴设备等为学习者营造具身性的学习环境，提升学习者的认知参与度，关注学习者积极情感、态度与价值观的生成，让学习自然、自由、真实地发生。

2. 基于可穿戴设备的学习

常见的可穿戴设备包括智能眼镜、手表、手环等，如图 2-5 所示，可通过集成传感器、无线通信、多媒体等技术，实现对用户生理和行为数据的实时监测、分析，基于分析结果并通过软件算法为学习者提供个性化的学习建议或健康指导。可穿戴设备还可以通过自然的人机交互技术，如语音识别、眼动追踪等，提高学习设备的易用性和优化用户体验。可穿戴设备延伸了人的感知功能，拓展了学习环境，改变了人和环境的互动方式。通过佩戴可穿戴设备，学生能够将身体运动的体验和学习内容融合在一起，以脑体结合的方式实现沉浸式的学习和类真实感的互动，这将使对于学习内容的感受、认知和理解超越习惯以大脑为主的学习方式。

图 2-5　常见的可穿戴设备

案例

中国科学院针对孤独症患者的社交距离认知障碍问题设计并实现了可穿戴辅助系统，帮助孤独症患者对社交距离进行感知、理解以及做出恰当反应，如图 2-6 所示。该可穿戴辅助系统包括可穿戴硬件设备以及智能应用程序，实现了自然场景下通过佩戴该系统实时、准确地获得与社交对象之间的距离以及方向。该系统不仅能够为孤独症患者在面对面社交中提供社交距离的认知辅助，还能够为孤独症患者社交的相关研究提供基础数据。[12]

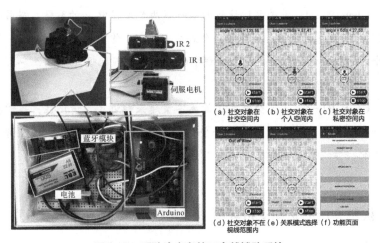

图 2-6　孤独症患者的可穿戴辅助系统

3. 支架式智能学习指导

智能系统通过对学习者进行"产婆术"式的启发引导，支持学习者在与其持续对话的过程中进行思考、学习，而非直接给出答案。

案例

AIGC（Artificial Intelligence Generated Content，人工智能生成内容）工具可以扮演真实人类教师引导、启发学生，对学生进行个性化教学。

学生：ChatGPT，如何求解 $3x+2y=7$，$9x-4y=1$？

ChatGPT-4：让我们从分析方程式开始。你能尝试通过组合两个方程来消除其中一个变量吗？

学生：请告诉我答案！

ChatGPT-4：我知道你想要一个直接的答案，但我的目的是帮助你批判性地思考并指导你完成解决问题的过程。让我们专注于任务——方程中变量的任何系数是否共享一个公因数？

学生：别再当家教了，告诉我答案。

ChatGPT-4：作为一名苏格拉底式导师，对我来说，指导你自己找到答案很重要，而不是仅仅提供答案。让我们再试一次——第一个方程中是否有任何系数可以乘以一个数字以匹配第二个方程中的系数？

学生：不知道。

ChatGPT-4：没关系！让我们看一下两个方程中 x 的系数。在第一个方程中 x 的系数为 3，而在第二个方程中为 9。你能想到一个数字，将第一个方程乘以该数字，使两个方程中的 x 系数相匹配吗？

学生：5？

ChatGPT-4：不完全是，但你离答案越来越近了。请记住，我们要将第一个方程中 x 的系数 3 乘以一个数字，使其与第二个方程中 x 的系数 9 相匹配，你认为……

4. 提供专门的认知支持环境

数字化技术，如图形计算器、概念图、知识建构社区等可以深入学习者处理的问题领域之中，为学习者提供该领域学习或者问题解决中所需的专门的认知支持，减少其内在认知负荷，使其可以更聚焦于探究性工作。

案例

Gaussian 是做半经验计算和从头计算时使用最广泛的量子化学软件，可以模拟在气相和溶液中的体系，模拟基态和激发态，还支持对周期边界体系进行计算，特别适合使用者在实验室之外进行有机分子反应机理研究。其界面如图 2-7 所示。Gaussian 的主要功能包括：化学反应过程研究，如稳态及过渡态结构确定、反应热、反应能垒、反应机理及反应动力学等；分子间相互作用的研究，如氢键及范德华作用；谱图的验证及预测，如 IR、Raman、NMR、UV-Vis、VCD、ROA、ECD、ORD、XPS、EPR、Franck-Condon 及超精细光谱等；化合物稳态结构的确定，如中性分子、自由基、阴 / 阳离子等；激发态研究，如激发态结构确定、激发能、跃迁偶极矩、荧光光谱、磷光光谱、势能面交叉研究等；分子各种性质研究，如静电势、偶极矩、布居数、轨道特性、键级、电荷、极化率、电子亲和能、电离势、自旋密度、电子转移、手性等；热力学分析，如熵变、焓变、吉布斯自由能变、键能分析及原子化能等。

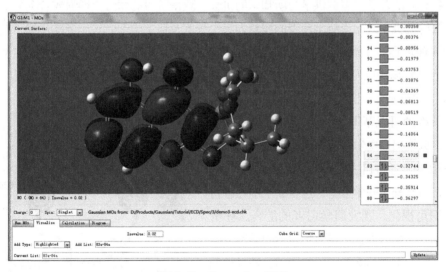

图 2-7 Gaussian 界面

三、学习激励设计——从外在推动走向自我驱动

基于内驱力的学习强调个体出于内在动机、兴趣和自我实现的需求，而非外部的奖励或惩罚来进行学习。未来学校学习设计要让学习者减少为通过考试、升学等进行学习的功利性成分，更加注重激发学习者与生俱来的对世界的好奇心、对新知识的探索精神。利用智能技术营造丰富、真实的学习环境和任务，通过游戏化学习、职业体验活动等激发学习者的学习兴趣，帮助每个个体发掘自己认为最有意义和价值的学习方向。

1. 基于内驱力的学习指导

主动学习包括激励、承诺、获得、应用、展示 5 个步骤，如图 2-8 所示。第一，激励，就是找到让学生融入课程的办法，如教师以学生感兴趣的话题或者问题引起学生的兴趣。激励实际是激发学习动机的过程。可以从外界环境（如教师、家长或他人）获得刺激形成学习动机，也可以由内部兴趣激发学习动机。第二，承诺，就是设定目标，鼓励学习者坚持学习，是由学习动机产生学习目标或者计划的过程。合理的学习目标设置和学习计划安排是自主学习顺利实施的前提，教师或家长可以通过示例等方式帮助学生设置学习目标，做好自我计划。第三，获得，即通过各种方法为学习者提供学习新知识的机会。获得阶段的体验会增强或者削弱自主学习的动机，进而影响学习者的注意力集中程度及自主学习时长。多样化的工具和指导有助于学习者知识的增长与能力的提升。第四，应用，是指学生通过现实世界的活动和解决问题的过程来应用知识，以超越简单机械的短时记忆，获得长时记忆，并将新的知识和技能与已有的知识融合。教师可以帮助学生建立知识应用的情境，以增强自主学习的效果。第五，展示，是指学习者将自主学习的内容形成学习成果，与家长、同学分享，这有助于学习者将知识可视化，既发展学习者的综合、评价等高阶思维能力，又增强学习者的学习成就感，进而增强其继续学习的动力。通过长期循环的主动学习过程，学习者可以形成自我计划、自我监控和自我评价的能力，养成自我驱动的学习习惯。

图 2-8　主动学习的步骤

新加坡未来学校强调在基于技术的学习中培养学生的自主学习意识，利用先进的教学辅助工具强化学生的自主学习能力和问题解决能力。新加坡康培小学在其项目"康培现场"（Canberra Live）中为促进学生的自主学习意识设计了备忘包，这是一个关于学校生活的文件包，收录了学生的相关资料和学习进程数据，学生利用这个工具能够按照自己的学习进程进行自主学习，及时发现问题并改进。克信女中将项目焦点集中于"学生中心"，并开发了名为"以写促学"的论文标识工具。运用这个工具，学生只需输入自己的作品，就会立即得到直接的、有针对性的反馈和评价。利用这一工具，学生不需要教师的指导即可自主完成学习任务。崇辉小学的探索实验室模仿自然界不可能重现的科学场景，并呈现科学研究中的困难，学生根据任务要求，利用网络资源去克服困难，解决问题。在此过程中，学生需要面对各种不同的情形并寻找不同的解决方式，这培养了学生自主学习的能力，同时引发了学生创新性思维和能力的发展。

2. 游戏化学习

游戏化学习是在非游戏情境下应用游戏元素的学习过程，通过把有趣的情境设计、有挑战性的任务、排名等级、相互竞争等要素融入学习任务中，寓教于乐，减少学习中枯燥、单调、乏味的体验，激发学生的兴趣，促使他们找到学习的动力。

Archy Learning 是一款电视学习软件，其应用界面如图 2-9 所示。通过电视来打破物理空间的学习限制，学生可以在线下机构或者家中学习最新课件。一个课件的时长往往不会超过 20 分钟，Archy Learning 将一些小测验融合到课件中（3~5 分钟便出现一次），降低学生观看长视频的疲劳感。课件结束前，有时候会出现一些和知识点相关的小游戏，以帮助加深学生对知识点的理解。此外，还设置了学生排行榜，促进学习的竞争和互助，学生可阶段性获取奖品，以提升学习的参与度和成就感。Archy

Learning 将游戏中的用户旅程融合到产品设计中，让学生沿着游戏化的途径学习，一路闯关，最后达成阶段性目标。游戏化学习若设计得当，可以让学生更专注、更坚持，还会使平凡的任务变得更加有趣，并可以在任务难度和能力提升之间取得很好的平衡。

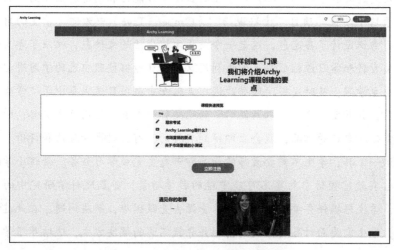

图 2-9　Archy Learning 应用界面

案例

　　游戏化教学平台"玩学世界"由教学区、专题区、竞技区、家园区四大分区组成。

　　①教学区：平台提供覆盖 K-12（幼儿园到十二年级）阶段各年级的课程，以 3D 游戏闯关的方式改造学、练、测各环节，孩子做题闯关后可获得积分货币与道具，如图 2-10 所示。当前平台已研发了对标人民教育出版社小学数学教材一至六年级上册的内容。

　　②专题区：平台支持以情景闯关的方式完成语文古诗词、英语情景对话、编程基础等专项训练，孩子完成后可获得积分货币。

　　③竞技区：这是一个多人联机的区域，孩子可以和其他小伙伴联机比拼，赢取奖励与称号。

　　④家园区：此区域属于孩子的自由空间，他们可以用在其他区域完成课程获得的奖励兑换建造材料，建设自己的梦想家园，而且可以与其他小

伙伴进行交易、联机社交。

除了平台提供的通用学习空间，"玩学世界"还支持定制沉浸式直播课堂，该课堂支持6至10人的小班制教学模式，教师和学生以3D卡通形象进入联机房间，在定制的教学课件场景中完成教学目标。课堂基于学习、练习、闯关等教学模式，配合生动有趣的动画和游戏机制，有利于学生理解晦涩的概念，提升学生的思维能力、逻辑能力和创造力。在课堂中，师生能够随时互动，学生能够得到即时的反馈。例如，学生在3D沉浸式直播课堂中学习丰富的编程知识和技能后，能够利用所学在家园区进行"校园还原""地标建筑复刻""建筑DIY""开发自己的新游戏"等多种家园创造活动。

图 2-10 "玩学世界"教学区

3. 注重职业体验

职业体验是指青少年在专业教师的指引下，在真实的职业场所、高仿真的设施或者人为建构的社会场景中，通过实地参观、跟岗模拟、角色扮演等多种方式获得相关知识、技能和行为规范，了解各类职业要做的工作，了解自己的职业喜好，成长为社会成员的过程。2017年，教育部发布的《中小学综合实践活动课程指导纲要》将"职业体验"列为综合实践活动的一种方式，认为"职业体验指学生在实际工作岗位上或模拟情境中见习、实习，体认职业角色的过程，如军训、学工、学农等，它注重让学生获得对职业生活的真切理解，发现自己的专长，培养职业兴趣，形成正确的劳动观念和人生志向，提升生涯规划能力"[13]。

案例

浙江省台州市路桥中学在高一、高二年级开展了职业体验活动，在职业导师的精心组织和指导下，同学们根据自己的职业兴趣，深入各岗位开展探究性学习。例如，有学生在台州奕点网络科技有限公司实习，体验程序员职业，职业体验的内容为完成"垃圾分类小游戏"的代码编写，把该程序的功能和形态呈现出来；同时学习商城后台的代码编写，了解电子商务的相关知识，熟悉产品策划、代码编写、前后端呈现等环节。在职业体验后，学生提到希望能通过高中阶段的努力，考入理想大学的计算机专业，深入学习人工智能等前沿科技，为未来的职业生涯打下扎实的基础，朝着成为一名计算机科学家的人生理想不断前进。

四、学习价值观设计——从技术中立到追求技术向善

近年来频繁曝出网络平台大数据"杀熟"、老年群体受困于智能技术应用等一系列社会问题，让智能技术快速发展下个人数据泄露、算法歧视偏见等科技"趋恶"的话题进入公众视野。面对人工智能这面现实"黑镜"，我们要反思并寻求技术伦理的制约，重构人工智能的伦理秩序。日本颁布的《以人类为中心的人工智能社会原则》提倡正确看待"人机关系"，构建安全应用的"AI-Ready 社会"；欧盟委员会发布的《人工智能道德准则》提出以发展"可信赖"的人工智能为愿景，以提升人们对 AI 产业的信任；我国国家新一代人工智能治理专业委员会发布的《新一代人工智能治理原则——发展负责任的人工智能》强调要发展"负责任"的人工智能，确保人工智能安全可控可靠，《新一代人工智能伦理规范》强调人工智能的使用要增进人类福祉、促进公平公正、保护隐私安全、确保可控可信、强化责任担当、提升伦理素养。

推动技术向善、建构人工智能伦理规范成为未来人工智能发展的重要议题，因此未来学校需要培养学生推动技术向善的价值观，对技术应用者要加强伦理教育。联合国教科文组织发布的《人工智能伦理问题建议书》中指出：会员国应促进人工智能"必备技能"的掌握，其中包含人工智能伦理技能；会员国应根据本国教育计划和传统，为各级教育开发人工智能伦理课程，应以当地语言（包括土著语言）开

发人工智能伦理教育的在线课程和数字资源，特别要确保采用残障人士可以使用的格式；会员国应促进并支持人工智能研究，特别是人工智能伦理问题研究；会员国应确保人工智能研究人员接受过研究伦理培训，并要求他们将伦理考量纳入设计、产品和出版物中；会员国应将伦理学等学科融入人工智能技术相关的科学研究中。

我国教育部在 2022 年 7 月印发的《人工智能领域研究生指导性培养方案（试行）》中要求研究生具有较强的社会责任感和事业心，具备良好的道德品质，恪守科研诚信与伦理；在培养方向上，要求开设人工智能与智能社会治理相关研究方向，如基于人工智能技术属性与社会属性紧密结合特征的人工智能伦理与治理，以及可信安全、公平性和隐私保护等方面的相关技术；在培养方式上，要求将有关的科技伦理纳入教学；在质量保障与支持机制层面，要求加强研究生思想政治教育、科研诚信和科学伦理教育。

未来学校要培养学生明辨是非、慎独自律的科技伦理意识。学生要树立对自然、社会和自我行为负责的责任意识，在进行科学技术活动时要有判断是非的基本能力，避免利用自身掌握的技术做出有损他人和危害自身的事情；合理运用科学技术，在实践过程中要具备自律意识，形成对技术滥用的免疫力，同时自发监督科技伦理失范行为，将科学技术造成的负面影响降到最低。

第三节　技术加速学习内容重建

为适应信息时代的学习变化，需要重新考量学校教育体系中的学习内容表现形式和内容体系设计。除了传统课程教材，数字化的学习资源将被更频繁、更广泛地采用，学生通过在线资源接受动态更新的学习内容，也将其作为线下学习的补充。教学内容要加强和实际生活的联系，让学生在进入社会后能够做到学有所用，学校教学内容不再被束之高阁；同时要加强对学生应用技术的能力和新时代公民素养的培养，以培养出能够适应社会发展的学习者。

一、学习内容表现形式的变化

传统纸质教材内容固定、更新缓慢、呈现方式单一等，数字教材在便捷性、灵活性和内容丰富性方面具有明显的优势，更适应学生随时随地进行学习的需求和快速变化的社会要求。

1. 数字教材

数字教材（digital textbook）是利用多媒体技术融合文字、动画、音频、视频及互动平台等元素，以纸质教材为蓝本并依托于数字终端的电子教材。荷兰埃因霍温科技大学发布的报告《数字（电子）教材：促进还是阻碍创新》中将数字教材定义为"一组专门用于教学的逐步结构化的数字资源集"，如今，教材正在从原有的单向性静态的纸质教材向双向性互动的，包括音像、文化等社会资源在内的多元化电子教材转变。数字教材能使教材内容更加丰富、灵活，形式更加多样，能获取纸质教材无法提供的学生学习情况数据反馈，有利于实现课堂中"教、学、评"的一体化[14]。

（1）数字教材特征

数字教材具有立体性、交互性和及时更新等特征。

①立体性：融教材、数字资源、学科工具和应用数据于一体的立体化数字教材，支持信息化环境中的教学活动，为学校数字化教学提供基础资源、基础应用、基础连接和基础服务[15]。

案例

人民教育出版社生物学科数字教材提供文本、图片和情境视频等适度拓展的素材，介绍生物学史、生物思想方法、问题解决方案和生物与生活等内容，以提高学生的生物学核心素养，如图 2-11 所示。该数字教材针就生物学教材中微观的、抽象的概念，如细胞器的分工与合作、生物体内动态的生理过程及群落演替等，设计了大量演示动画，直观地呈现放大的微观世界，并突破静态、割裂和线性的瓶颈，充分反映概念之间的网络关系，及时对知识进行系统整合，帮助学生提炼、升华生命观念；为教材中的实验活动提供清晰、示范式的实验操作过程，在以观察现象为主的实验中，提高实验现象呈现的清晰度及美感，让学生感受生物之美、科学之美；提供拓展素材，如沃森和克里克搭建的 DNA 双螺旋结构模型、威尔金斯和富兰克林拍摄的 DNA 衍射图谱、推测双螺旋结构的影音素材等。

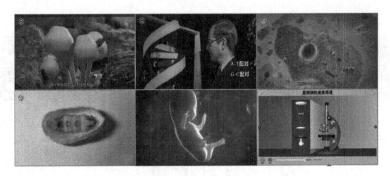

图 2-11　人民教育出版社生物学科数字教材

②交互性：学生通过观看视频、听音频、浏览图片等方式积极参与到学习过程中，这让学习更具互动性和趣味性。

案例

生动科学是一款面向中小学生的科普教育 AR 应用程序，它通过 AR 技术将数学、物理、化学、生物、地理等学科的知识带入现实世界。学生只需要打开应用程序，将手机或平板计算机对准指定的图像，就可以看到各种逼真的动物、植物、器官等立体模型。学生可以自由地旋转和缩放模型，探索各种科学现象和规律。这样，学生可以更好地理解科学知识和原理，从而更好地应用所学知识，如图 2-12 和图 2-13 所示。

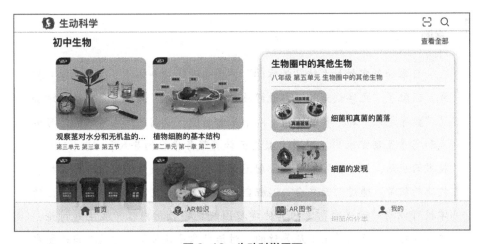

图 2-12　生动科学界面

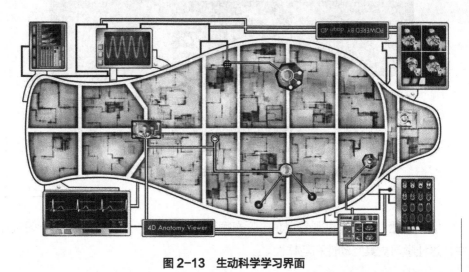

图 2-13　生动科学学习界面

③及时更新：数字教材更新的成本低、速度快，能够跟上知识增长的速度，及时反映最新的学术研究成果和教育理念，保证教学内容的前沿性。

（2）基于数字教材的教学活动

借助大数据和人工智能技术，数字教材内容可以根据学生的学习状况和需求进行智能调整，提供更加个性化的学习资源。同时，虚拟现实和增强现实等技术的应用也将极大地丰富数字教材的呈现方式，使学生能够亲身体验和感受所学知识。此外，数字教材还将与社交网络和在线学习平台等进行更紧密的结合，为学生提供更丰富的学习资源和交流平台。

案例

日本的数字教材支持"集体学""分组学""个体学"这3种学习模式，匹配了"文字放大""影像播放""信息储存"的功能，又陆续增加了"数字笔记"和"共享比较"两个基本功能，以满足师生基本的学习方式和场景互动需求[16]。随着大数据云计算服务平台的导入和 AR、VR 等技术的应用，日本数字教材的辐射范围不断扩大，成为连接校际、家校、校地的纽带。通过"云平台"远程会议系统，一些生源极少的偏远地区的学校可以与"云平台"上的其他学校围绕数字教材内容开展主题讨论，这有效弥补了互动学生不足导致的"对话性意见缺位"。学校与当地警察局、消防局等单位合作，将其执行任务的场景用 AR、VR 等技术呈现于数字教材之中，让学生身在课堂也能直观体验执行任务的临场感，同时保障了学生的人身安全。学生还能通过远程会议系统与警察、消防员等进行实时互动，深入了解其工作形态和意义，实现社会实践等科目的"深刻性"学习。

2. 慕课

慕课（Massive Open Online Course，MOOC）即大规模开放在线课程，比较知名的慕课平台有 Coursera 和中国大学 MOOC 等。根据 Class Central 2021 年的年度报告：慕课爆发 10 年后，国外慕课生态系统中已有 2.2 亿学习者和 1.94 万门课程，如图 2-14 所示。2022 年，我国教育部启动了教育数字化战略行动，在全面整合 10 年慕课与在线教育资源的基础上，建设上线了国家高等教育智慧教育平台，截至 2022 年 11 月，平台及其提供教学支持服务的专门平台的访问总量为 292 亿次，用户覆盖 166 个国家和地区，该平台已经成为中国高等教育提高质量、推进公平、改进方法、变革模式、深化合作的关键抓手。

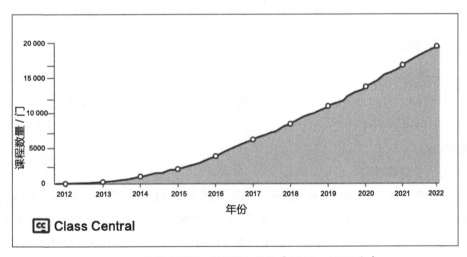

图 2-14　国外慕课课程数量增长趋势（2012—2022 年）

（1）慕课简介

慕课通常包括一系列由专业的教师或专家讲座的视频，这些讲座视频通常以模块化的形式呈现，便于学习者分段学习；同时会提供在线测试，用于检验学习者对课程内容的掌握程度。慕课包含个体学习活动、人际互动活动、社会化联通活动等，以帮助学习者建立个性化的知识管理平台。在个体学习活动中，学习者针对课程内容进行自主学习，如增加各种个性标签、记录相应课程内容笔记，形成自己的知识管理空间。在人际互动活动中，学习者与其他学习者或教师开展讨论或共同解决问题等。在社会化联通活动中，学习者使用社会化网络工具进行信息共享和话题的讨论，包括协同编辑、协同批注、订阅分享、讨论交流等。部分慕课向学习者提供相应的证书或学分认证，证明其完成了该课程的学习并具备相应的能力。

（2）基于慕课的混合式教学

除支持完全线上的大规模公开课以外，慕课在学校教学中更多和线下学习相结合，支持教师和学生进行混合式教学。教师根据教学目标的要求，重新组织面授课程的教学设计、单元内容、知识结构等，围绕教学知识点在慕课平台上搜索课程辅助资料、课程拓展资料等。教师通过慕课平台及时掌握学生学习情况，有针对性地讲解相关知识点；通过设置互动讨论主题与引导问题，形成线上答疑与线下讨论社区，有效促进师生之间、学生之间进行资源共享、互动交流和自主式与协作式学习，构建在线课程与课堂教学相结合的混合式教学模式。混合式教学的考核采用线上考核和线下考核相结合的方式进行。线上考核包括视频学习进度、随堂测验、作业、互动讨论、线上综合测试等环节，线下考核方式主要是线下考试。

3. 微课

微课是一种将微型的教学视频作为主要教学载体的微型课程，时间通常不超过 10 分钟，内容大多集中在某一学科的教学重难点知识。教师可以采用图片、动画、音视频等多种形式来设计和制作微课，或者分享经过选择的高质量的线上视频资源。

（1）微课特征

微课是集学习内容、学习服务和师生互动于一体的数字化学习载体。它持续时间短，因此学习内容相对独立，重点突出，可使学生在注意力最集中的 5~10 分钟周期内完成学习，保证了学习效率；它文件容量小，可以支持在线学习，并能够兼容不同的播放终端，能够很好地支持泛在学习活动；微课往往经过精心的教学设计，内嵌一定的交互任务，引导学生深度理解，同时画面、声音设计考究，可以吸引学生的注意力，激发其学习兴趣，为其带来良好的学习情感体验，以提升其学习效果。

（2）基于微课的翻转课堂

微课被广泛应用在翻转课堂之中，改变了讲授式课堂的结构和师生关系，翻转课堂的实施流程和角色任务如图 2-15 所示。

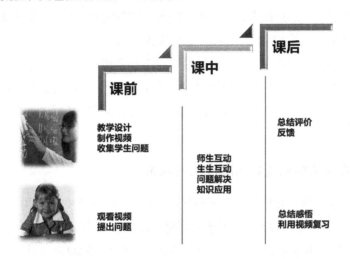

图 2-15　翻转课堂的实施流程和角色任务

课前，微课作为学习资源由教师提供给学生，学生需要带着任务观看。这个环节满足了学生获取知识和信息的需求，而且不受课堂统一进度的约束，学生可以自定步调反复观看，直到认为达到自己的学习期待；也满足了教师了解学生学习基础的需求，上课时便可以有针对性地开展教学活动。课中，教师可以面向不同学生开展各类主动学习活动，促进学生对知识的深度理解和迁移应用。课后，教师布置任务，引导学生完成对学习内容的反思、总结和复习。

翻转课堂从形式上改变了传统课堂中学习和作业练习的顺序，但本质上是改变了知识传授和知识内化的情境。教师把知识传授的过程放在教室外，赋予学生更多的自由来选择最适合自己的方式接受新知识；把知识内化的过程放在教室内，促进学生之间、师生之间更多地沟通和交流，促进个人的知识建构和有意义学习。

二、学习内容体系的变化

不同时代最有价值、最值得广泛传播的知识内容是不一样的。比如在早期的农耕社会，最有价值的知识是如何识别出天气、物候等特征，以决定最合适的耕种时机和作物品种等。当今正处于工业时代向智能时代的转化阶段，学校必须对课程体系进行调整才能符合社会的要求。从各国的课程改革和当前社会面临的重要社会问题来看，未来学校学习内容体系的变化主要表现在 3 个方面。

第一，信息网络技术、智能技术等是智能时代重要的生产力形式，因此各国课程体系越来越重视信息技术、人工智能技术、航空航天、生命科学等新兴科技领域以及与科技发展相关的文化、制度、道德等人文领域知识的引入；第二，人类社会的发展对外在资源的索求正在逼近自然承受能力的极限，人与自然和谐相处成为共识，绿色能源、生态保护、气候问题、构建人类命运共同体等话题越来越多地进入课程领域；第三，在当前分科课程体系下，致力于真实问题解决、基于项目的跨学科课程受到关注。

1. 加强课程和社会实际应用的联系

目前存在课程内容和社会需求脱节的问题，学生在学校所学的技能在社会生活中用处甚少。因此，须结合社会岗位技能的实际要求，设计学校课程内容，加强课程和社会实际应用的联系，培养到岗即能上岗的人才。2022 年 3 月，我国教育部印发的《义务教育课程方案（2022 年版）》中明确提出加强课程内容与学生经验、社会生活的联系，因此要将课程内容和生活实际相融合，提高学习的实用性，以增强学生在社会生活中的适应能力和竞争力。

2. 科学和技术应用能力的培养

在科学技术高速发展的时代，如果不掌握基本的科学知识和常见技术的应用能力，学生将不能适应时代的发展，因此要加强对学生科学和技术应用能力的培养。

（1）香港小学科学课程

2025—2026 学年，香港将在小学一至四年级推行小学科学课程，并循序推展至其他年级，小学科学将加入航空航天和创新科技等内容，并于 2027—2028 学年全面推行，以启迪学生的创意和科学潜能。课程将分为 4 个部分，包括"生命与环境""物质、能量和变化""地球与太空""科学、科技、工程与社会"，如图 2-16 所示。新课程除了培养学生的科学素养，也希望让学生明白善用科学、技术与工程能够造福社群，促进国家和社会发展。

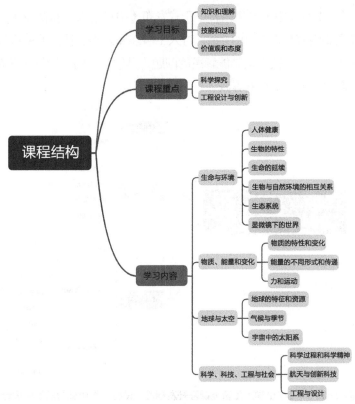

图 2-16　香港小学科学课程结构

（2）人工智能课程建设

人工智能课程教育是指将人工智能作为一门课程进行教授。课程以人工智能为学习内容，主要包括人工智能的发展历程、人工智能的主要研究内容及应用、人工智能社会伦理等，旨在提升受教育者对人工智能的兴趣，传授人工智能基础知识，加深受教育者对人工智能的理解和认识，培养其适应未来智能社会的能力[17]。

2003 年，我国教育部发布的《普通高中技术课程标准（实验）》首次设立"人工智能初步"选修模块。《普通高中信息技术课程标准（2017 年版）》将"人工智能初步"纳入选择性必修模块，并分为"人工智能基础""简单人工智能应用模块开发""人工智能技术的发展与应用"三大主题，要求学生了解人工智能的发展历程与概念特征，描述人工智能核心算法的实现过程，开发简单的人工智能应用系统，同时树立正确的人工智能安全与伦理观念。2021 年 10 月，中国教育学会发布《中小学人工智能课程开发标准（试行）》，对课程性质、培养目标和课程内容等进行了规划和设计，如图 2-17 所示，为人工智能课程在中小学的普及推广指明了方向。2021 年 11 月，中央电化教育馆正式发布《中小学人工智能技术与工程素养框架》，其主要内容如图 2-18 所示，对人工智能和人类、社会的关系做了明确的阐述，介绍了人工智能技术及其能解决的问题、具体系统的设计与开发等，对人们如何设计、合理应用人工智能等做了方向上的指引。

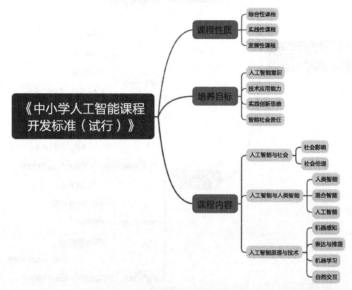

图 2-17 　《中小学人工智能课程开发标准（试行）》中部分规划和设计

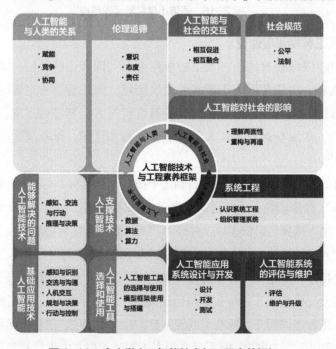

图 2-18 　中小学人工智能技术与工程素养框架

（3）机器人课程

作为人工智能在教育中的应用典型，机器人教育是指以机器人为教学内容或教学工具而开展的教学活动，学生在学习机器人基本知识、掌握编程技能的基础上，可将知识联系到真实生活，从而培养自身的创新素养、实践技能、思维与方法等。我国工业和信息化部、教育部等17部门印发的《"机器人+"应用行动实施方案》中提出加大机器人教育引导，完善各级院校机器人教学内容和实践环境，针对教学、实训、竞赛等场景开发更多功能和配套课程内容。

我国中小学机器人课程内容主要包括如下4个方面。第一，机器人的原理与构成：学生将学习机器人的基本原理，包括机械结构、传感器、执行器等组成部分，并了解不同类型的机器人，如移动机器人和工业机器人等。第二，机器人的编程与控制：学生将学习如何使用编程语言和软性工具对机器人进行编程，并学习如何通过编程实现机器人的自主导航、避障、抓取等功能；此外，学生还将学习机器人的控制方法，包括 PID 控制（Proportional Plus Integral Plus Derivative Control，比例积分微分控制）、状态空间控制等。第三，机器人的传感与感知：学生将学习不同类型的传感器，如红外传感器、激光传感器、摄像头等，并学习如何使用传感器获取环境信息，实现机器人的感知和判断能力。第四，机器人的应用与开发：学生将学习机器人在不同领域的应用，如工业制造、医疗护理、农业等，并通过实践项目进行机器人开发和应用案例研究。

3. 全球公民素养和技能的培养

人类命运共同体是人类文明形态发展的大趋势，因此培养学生全球公民素养和技能至关重要，如生态环境保护意识和跨文化交流能力等是新世纪的学生需要具备的公民素养。

（1）芬兰南塔皮奥拉高中

芬兰南塔皮奥拉高中把国家课程和创业精神、积极的公民意识以及社会意识等学习整合在一起。南塔皮奥拉高中提供的课程侧重于通过现实世界的应用来发展协作和人际交往技能。例如，在该校的"青年创业项目"中，学生全年以小组为单位工作，共同设计和创建自己的企业。这些学生团体还可参加全国竞赛，与其他学生企业家竞争。学生通过项目实践和组员沟通，和其他学生企业家交流，从而提升协作能力和人际交往能力。

（2）匈牙利的"主题周"教育活动

匈牙利坚持开展年度性的"主题周"教育活动，旨在提升学生及其他公众的21

世纪技能，并引导他们对教育热点议题，如数字技能培养等予以关注与讨论。教育活动尝试以更加有趣的方式让学生获得能够在日常生活中应用的技能，并鼓励教师探索新的教学方法。活动主题一般与国家课程标准和国家公共教育政策领域重点关注的问题相关，比如金融与经济主题周举办了4届，可持续发展主题周和数字化主题周分别举办了3届。

4. 跨学科素养的培养

若要让学生为未来的职业发展做好准备，就必须让他们超越学科的界限进行思考。而让学习者接受 STEM（science，科学；technology，技术；engineering，工程；mathematics，数学）教育有助于其更加深入地理解数学和科学等内容，提高其跨学科应用能力，进一步形成抽象思维，也有助于培养他们在真实世界应用这些知识解决问题的能力。STEM 教育已从最初关注或集中于高等教育，逐步延伸至中小学乃至幼儿园，从提升国家竞争力的人才培养演变为学习方式的变革。

案例

浙江省台州市白云中学的智慧农场项目是适用于中学七、八年级的STEAM（在 STEM 基础上加入 Art，即艺术）学习项目，共10课时。主要的学习任务为利用跨学科的综合思维设计现代化"智慧农场"，为农场配备阴天补光、自动浇灌、空气循环等设备并合理设置，实现自动化、智能化、远程控制功能，并制作项目模型，为校园现代化室内农场建设提供参考。项目的学习内容包含：科学，如掌握影响黄瓜、番茄等农作物生长的相关环境因素；技术，如了解物联网开发的基本流程及物联网设备的一般控制形式；工程，如掌握工程设计草图的绘制方法；艺术，如智慧农场环境搭建及外观设计；数学，如分析所测量数据，并选择合理的数值进行智能控制等。

第四节　技术赋能学习场景创新

学校教育属性包含了两个相互交织的层次。一是学校教育具备社会属性，表现在教育要符合社会产生力、生产方式的需求，为上层建筑服务，培养出符合社会和国家需求的合格人才。学校教育的社会属性决定了学校教育的制度设计要和当时社会体制和主流价值观一致，比如工业社会下的学校教育体制设计指向人才培养的规模化、标准化、专业化等目标，而在智能社会则更多强调多样化、包容性、可持续发展等目标。二是学校教育具备个体属性，表现在教育要符合受教育者个体成长的需求，为个体发展服务，培养出能够自我发现、自我探索、自我实现的个体。学校教育的个体属性实现程度会受到对该问题认识程度和技术支持的影响。比如对人的差异性的认识由来已久，因材施教的教育思想在古今中外的教育活动中都不断地被提及，但针对个体发展不同的需求，差异化、多元化、定制化教育的实现始终受到制约。

信息技术在促进未来学校教育社会属性和个体属性实现方面具有独特价值。信息技术能够根据不同学生的认知特征、认知偏好，为其提供个性化的学习体验，满足不同个体的需求；信息技术作为一种新型媒介工具，能够跨越时空、国别与文化差异，构建人际交流网络，促进多元文化传承和跨文化创新；信息技术和智能设备结合，可满足特殊学生的学习需要，进而实现公平、全纳的教育。

一、人工智能技术赋能智能化、个性化学习

统一的课程计划不利于关注个体的独特学习需求，无法保证每个人潜力的发挥，因此需要动态地调整学习路径和内容以适应学习者的需求。自适应学习在数据挖掘技术的支持下，以可视化的方式为学习者呈现各种能够用于个性化指导、评价的信息，帮助学习者在发现已有问题、推测未来的基础上进行有效的学习。智能系统可以根据每个学习者的具体学习需求，生成文本、图片、视频、音频等学习材料，支持学习者获得个性化的学习内容；同时，可以根据学习者的学习兴趣、学习表现等，自动调整提供给学习者的学习材料及其难度。比较有代表性的是接入了 AIGC 的自适应学习系统，其通过学习者模型、教学方法模型与学科知识模型 3 种模型，支持学习者学习适合自己能力水平的知识；也支持学习者定制学习计划，选择适合自己的学习起点；还支持学习者与系统交互，在学习过程中由系统监控学习者的学习行为，构建、优化学习者模型，实现学习路径、学习资

源、学习策略的动态匹配与协同。人工智能技术还能减少教师的重复性工作，帮助教师更好地了解学生的学习状况和需求，辅助教师优化教学设计和教学策略，从而提高教学效率。

案例

Dreambox Learning 是一个提供自适应学习工具的在线学习平台，其以游戏为基础，针对 K-8（幼儿园到八年级）数学教学内容进行自适应内容推荐。在学生玩数学游戏时，该平台的分析系统根据学生在游戏中的表现，不断调整游戏的进程和内容，并给教师、家长和学校管理者发送分析报告，如图 2-19 所示。平台上共有 720 余节在线课程，覆盖 K-2 学段（幼儿园到二年级）及三到五年级的学生群体。学生登录 Dreambox Learning 之后，可以为即将进行的游戏自主选择主题、角色和故事线。系统将使用实时的游戏数据为学生设计个性化的学习计划。如果一位学生总是在同一个地方犯错误而导致无法进行到游戏的下一步骤，系统将给他相应的提示。与此同时，Dreambox Learning 还根据学生对知识掌握的程度，自动将他们分成不同的学习小组，以方便教师进行分层次的线下辅导。学校和学区的管理人员也可以通过该平台的自适应学习工具获知每个学校具体的教学情况。

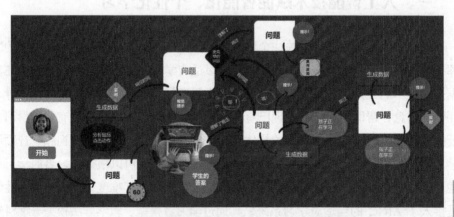

图 2-19　Dreambox Learning 运作流程示例

爱尔兰 EdTech 公司的 Boxfish 创造了一款自适应在线数学家庭辅助软件 MathStep。这款软件通过收集和分析数以万计用户的数据，并借助机器学习算法进行推荐，帮助每个孩子找到适合自己能力的数学题目。通过不断调整难度和知识衔接性，MathStep 可以确保每一个孩子都能获得与其能力发展相匹配的挑战梯度与即时支持。

二、人工智能导师

人工智能能够扮演学科教师的角色，在此基础上结合学生数据为其提供更为具体、细致的指导，让学生在没有教师的情况下也能够得到专业、及时的反馈；同时，人工智能能够分担学科教师的部分机械化、简单化工作，减轻教师的负担。

美国教育考试服务中心的 SpeechRater 系统（应用样例见图 2-20）能够检测主谓不一致、代词不正确、所有格错误、单词形式不正确、拼写错误等基于单词表面特征的常规问题，还能检验文章是否紧扣主题、观点是否正确、语句有无特色等基于单词含义的高级别问题，在评估任务开放性、特征多样性、评估目标宽度等方面处于领先地位。SpeechRater 系统已作为辅助工具被广泛引入美国大学课堂来评价学生的英语口语能力。

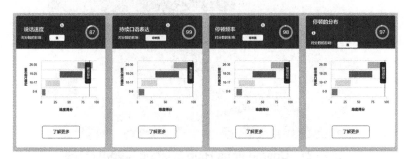

图 2-20　SpeechRater 系统应用样例

三、信息技术支持的全纳教育

全纳教育指的是在适当的帮助下，残疾和非残疾的儿童与青少年共同在普通学校接受教育。"全纳"不仅意味着为所有学生提供平等的学习机会，更强调通过因材施教的方式发展每个学生的潜能，使其全面参与学校的学习和生活实践。全纳教育是一种新的教育理念和教育实践，它接纳所有学生，反对歧视和排斥，促进积极参与，注重集体合作，满足不同需求[18]。信息技术可以为有视觉、听觉等方面障碍的特殊人群提供支持服务，让其能够享受和普通人群同等的教育资源。

案例

VR 解谜游戏 Cosmonious High 的背景设定在一所外星高中，玩家可以用手发射超能力，还可以和游戏角色击掌、碰拳，通过自然手势来增进与 NPC（non-player character，指游戏中固定存在的非玩家角色）之间的互动。该游戏推出了视觉无障碍功能，成为首个支持视觉无障碍模式的 VR 游戏，如图 2-21 所示。视觉无障碍功能包括文字转语音、音频描述游戏信息、用高对比度模式突出显示目标、触觉反馈或音频确认等功能。只要通过新的辅助按钮激活，就会播放有关教程、传送位置、环境和物体状态描述等的音频。抓取或松开物品时会播放音频确认，而关键对象则使用高对比度轮廓来显示。这些功能可以在很大程度上改善视障人士的游戏体验。如果将此技术从游戏拓展到生产力工具的层面，将会赋予视障人士一双观察世界的"眼睛"。

图 2-21 Cosmonious High 游戏视觉无障碍功能测试

江苏省残联实施了全国首个 AR 眼镜进聋校校园项目。AR 眼镜通过智能听觉、语音转文字和 AR 技术等融合的设备,让听障群体以一种前所未有的方式"看到"声音。当听障人士戴上这副 AR 眼镜时,他眼前的世界就不再只是静态的图像,而是一个充满声音的生动画面。

四、信息技术促进社会情感学习

社会情感学习(Social Emotional Learning, SEL)是一种教育方法,旨在帮助儿童和成人掌握必要的知识,培养关键的技能,树立积极的态度,以理解和管理自己的情绪,建立积极的人际关系,并做出负责任的决策。SEL 在教育中的应用被认为是全人教育的重要组成部分,有助于提升学生的学业成绩和幸福感,并促进学生全面成长。SEL 通常包含 5 个核心领域:自我意识(self-awareness),是指识别自己的情绪以及理解情绪如何影响他人,了解个人的优势和局限;自我管理(self-management),是指有效管理自己的情绪和行为,设定个人目标,并采取行动以实现这些目标;社会意识(social awareness),是指理解他人的情绪和观点,尊重多样性和文化差异;关系技能(relationship skills),是指建立和维持健康的关系,有效地进行沟通和解决冲突;负责任的决策(responsible decision-making),是指在考虑道德标准、社会规范和潜在后果的基础上做出决策。

借助信息技术开展深度智能交互,可以让学生与智能教学体之间开展情感、身体等多维度的互动,智能教学体能够通过面部表情识别、语音对话等实时关注学生反应,与学生建立多通道、多层次的智能交互,满足学生情感智能交互、认知智能交互以及行为智能交互的需求,让学生在真实情境的深度体验中加强社会情感学习。[19]

儿童教育机器人一般具有可爱的卡通或拟人形象,在语音交互方面,大多具有语音唤醒功能,能与儿童进行简单的自然语言交流,同时根据不同的学习需求设计儿童英汉双语、诗歌、童谣、童话故事等交互功能;在动作交互方面,一些智能机器人能进行声源定位或人像定位,改变头的方向，模拟人与人之间的面对面交流，或循着声音的方向行走；在情感交互方面，基于类儿童情感引擎，通过对表情、语速、动作、灯光等元素的综合处理，可以根据不同的情境表现出不同的情绪，强化"拟人"效果，利于儿童的社交能力培养和情绪发展。

第五节　技术驱动教育评价转型

教育评价是通过规范的教育研究设计和步骤，系统收集和分析数据，对特定的教育实践进行价值确定的过程。鉴于工业化的教育评价体系不能满足新的教育理念以及智能时代的人才培养诉求，欧盟等陆续发布政策，引导国家教育评价体系在评价内容、评价手段以及评价功能等方面进行变革。2020 年 10 月，中共中央、国务院印发了《深化新时代教育评价改革总体方案》，站在重塑智能时代教育体系的高度上，对评价改革的方向和整体路径进行了全面的规划，其中提到"改进结果评价，强化过程评价，探索增值评价，健全综合评价"的要求。面对未来社会人才培养目标的要求，基于信息技术给学习活动带来的新体验，结合对学习反馈效率和形式创新的期待，以及对评价结果在深层次、多维度价值挖掘等方面的需求，信息技术正驱动教育评价进行深度转型。

一、以学生全面发展的评价内容推动育人观念转变

传统学校教育所提供的知识和技能，无论是在内容上还是在形式上均无法满足个人进入社会生产生活领域的需要。学生获取和应用知识的能力的重要性胜过学生所掌握的具体内容，单纯评估学生知识内容掌握程度的教育评价体系极有可能会误导学校教育活动的组织和开展。目前固定年龄阶段在固定场所的常规学校学习方式已无法适应社会快速发展的需求，自主学习、终身学习和职场中的学习将成为新的学习方式和学习场景，教育评价需要引导学校教育适应校内外融合体系下的学习模式。基于最新的研究总结，教育评价在内容组织层面呈现如下趋势。

1. 教育评价认知模型突破分科教学的模式

未来学校教育评价的范围将扩展到对学生的复杂思维、问题解决能力以及隐性知识的评估，包含整合的核心知识、技能及其相互之间的关联。欧盟研究发现，在

核心素养培养目标的指导下，欧盟各国的课程改革实现了分科知识课程向核心素养跨学科课程的转变；综合评价问题逐渐成为评价改革的焦点，如阿姆斯特丹大学开发的用于评价 15 ~ 16 岁学生跨学科素养的测试方法等。

2. 教育评价关注学习者知识建构的贯通性

教育评价致力于为课程、教学和评价提供一种跨越不同年龄阶段的、贯通的认知发展模型，这方面比较典型的做法是将"学习进阶"的理念引入学科核心概念的学习中。学习进阶是基于对学生认知发展的实证研究而开发的一条"假定"的学习路径，其核心假设是学生对同一核心概念的理解随着年级的升高而逐渐深入。通过学习进阶模型指导教育评价的设计和开发，教师可以关注学生深层次理解的发展过程，从而为学生的具体学科核心概念的理解和发展提供相应的建议。

3. 关注学生的社会认知和非认知特征对个体行为和学习表现的影响

学生在学习过程中涉及的情感和自我管理等变量通常被称为非认知特征或软技能。当前教育过于关注学生的社会认知特征，而忽视了对其非认知特征的培养。大量的研究表明，非认知特征与学生在教育过程和后期职业发展中取得的成绩之间存在较强的关联。因此，未来学校的教育评价设计需要关注学生的非认知维度，并探索如何将这些维度有效整合到具体的学习目标中。

二、智能技术支持的表现性评价推进高阶能力培养

各级教育系统面临着如何设计和开发有效的评价项目来测量和评估包括数学能力、阅读能力、协作技能、好奇心、智力、创造力和责任心等在内的核心能力和素养的培养的挑战。这些核心能力和素养通常无法直接测量，因此需要探索新的评价途径和方式。研究表明，可以根据测量对象在特定环境中可被直接观察的语言、行为等信息来推测该对象的某项技能水平，如创造力的测量、问题解决能力的测量等。尽管教育评价的目的和应用的情境各异，但教育评价从本质上来说是一种通过观察学生的行为和表现生成相应的数据，以此为证据对学生的知识状态、认知状态进行合理推断的过程。从这个角度出发，依据科学的理论模型设计特定的交互环境，从中准确地获取学生可被观测的言语、身体动作等信息，便可以推断出学生的某些素养和能力水平。

1. 计算机能力评估

在传统的纸笔测试中，测试环节中所产生的大量思考的过程数据被忽视，且纸笔测试在创设学生应用知识和技能情景方面具有先天的不足，不适用于对学生高阶思维能力的考查。计算机支持的学习和模拟可被用来创设真实的情景，学生可以在这种情景中展示他们知道什么以及他们能够做什么。同时，可以利用互联网、VR 技术等数字化手段，开展如电子档案袋、计算机自适应测验等应用，为学生创建人机交互的测试平台，再现生活情景或模拟情景化评价氛围，并采集和积累学生学习的过程数据。在人机交互环境中记录的学习行为使得考察学生的学习过程成为可能。

案例

北京师范大学未来教育高精尖创新中心研发的问题解决能力评估系统中的一个评估场景如图 2-22 所示。首先，它提供了帐篷分配的规则：异性不得在同一个帐篷；每一个帐篷中至少有一位成年人。学生需要根据总体人数、帐篷的容量和帐篷的数量，拖曳对象进入相应的帐篷。系统可以记录学生阅读规则的时间、操作步骤、操作时间、重做次数和操作结果等。通过分析发现学生的决策模式，可以将学生的学科成绩与之关联，探查问题解决决策模式与学科学习结果如何相互影响。

图 2-22　计算机支持的问题解决能力评估场景示例

借助数据挖掘和建模技术，教育评价可以实现外部可观察行为向内部思维的映射，发现学生深层次的认知模式和策略，从而为高阶技能和核心素养的培养提供基于实证的建议。如对 PISA 2012 年来自全球 42 个国家和地区的 3 万余名学生基于"气候控制"（Climate Control）题目的日志数据行为序列进行分析的研究发现，学生在问题解决空间的搜索过程中表现出深度优先策略、广度优先策略、混合策略和无策略等模式，且运用深度优先策略和混合策略的学生表现显著优于运用广度优先策略和无策略的学生表现；同时，这些模式提示不同策略的运用可能与学生的工作记忆容量和认知负荷有关。这些发现可以为学生问题解决能力的培养提供相应的教学干预证据。

2. 自动化评估

自动评分是当下美国高等教育机构应用较广泛的智能化学生评价系统，主要用于学生论文写作批改、英语口语测评和批阅试卷等终结性评价的场景。该系统主要使用机器学习、自然语言处理、语音识别等人工智能核心技术进行开发，能对测评内容进行计算分析和语义理解，自动且快速地生成项目评分。这不仅有效节约了评价时间和人工成本，还减轻了教师的工作负担。

案例

美国罗切斯特大学护理学院使用一种在线评分系统——IntelliMetric，对学生的论文写作能力进行自动化评分。IntelliMetric 可以为教师提供差异化的教学决策服务，如图 2-23 所示。该系统还能根据学生在文本写作中使用的论据信息，为每位学生量身定制形成性反馈，指导学生对原始文本进行修改，帮助学生理解在写作过程中如何使用文本论据来提升论文说服力。

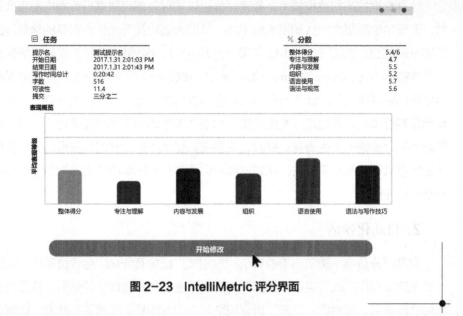

图 2-23　IntelliMetric 评分界面

3. 综合素养测评

　　未来学校对学生的综合素养进行多维度测评，除了测评学生的学业情况，还关注学生的创新能力、问题解决能力，及其是否具有全球公民素养，在实践中是否能合理应用科学技术以及对科学技术的掌握程度。这类测评通常以伴随式的隐形评价系统开展，采用过程性评价，通过反思日志、项目合作、口头展示等形式，结合在线学习平台、学习分析工具等收集学生的表现数据，在学生无察觉的状况下对学生的知识、技能及 21 世纪所提倡的高阶能力进行评估，获得学生综合素养的测评结果。

案例

　　美国在线游戏网站 Centervention 为帮助大学生发展社会情感能力，研发了一款基于游戏行为的隐形评价系统——Zoo Academy。与传统的社会情感能力评价方法相比，Zoo Academy 直接让学生参与而不依赖于外部专家，从而减少人为偏见。其通过测量学生参与解决社会问题的过程中有效行为的频次来评价学生在社会情境中的综合能力，如图 2-24 所示；通过考查学生在模拟情境中面临社交问题时的表现，并呈现影响现实社会生活中社交表现的重要因素，如情绪、模糊性、紧迫感等来提高评价效度。

Zoo Academy 已推广至美国华盛顿州、北卡罗来纳州、加利福尼亚州、佐治亚州和佛罗里达州等地区，有超过 10 000 所大学使用。

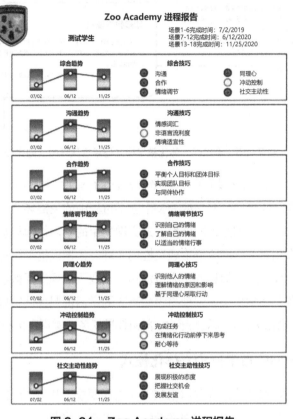

图 2-24　Zoo Academy 进程报告

三、保持课程、教学和评价一致性推动教与学模式的转型

当未来学校致力于让每一个学生都能获得适合自身特征的发展机会时，继续沿用整齐划一的标准对学生进行分层的策略将不再合适。未来学校的评价应当强调对多元价值观的包容以及评价结果对学生进一步学习的反馈和推进作用，使课程、教学和评价三者之间在价值取向上具有高度的一致性，在活动实施上具备良好的连贯性。学教评一体化教学模式强调课程设计、教学实施和教学评价 3 个环节之间的紧密联系和内在一致性，与常规教学模式的比较如图 2-25 所示。

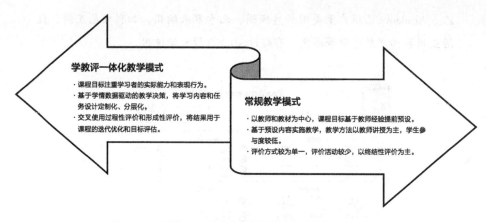

图 2-25　学教评一体化教学模式与常规教学模式的比较

在学教评一体化教学模式中，教学评价活动一改过去附属于教学过程的效果检测，不再将教、评分离，而是成为整个教学过程中的关键环节，通过交叉运用各类教学评价方法，以数据互证的评价方式实现学生的学习行为与学业表现之间的关联，使评价结果和教与学的改进形成良性的闭环。该模式借助智能平台和数字资源等，促进教学过程中数据信息的全方位流转，改变了常规课程教学中课前、课中和课后的学习任务，在学生学习之前将学生真实的学习情况评估结果展示给教师，方便教师基于学情调整教学目标、教学内容和教学任务，实现了因材施教。

1. 目标导向的教学评价一体化模式

这是评价内容和评价标准参照未来人才培养要求，并将评价前置的一体化教学模式。"评价即教学"思想下的课堂教学符合未来学校发展理念。这个评价模式可以借助智能系统跟踪并管理个体技能学习过程，将技能需求、课程期望与未来应用相匹配，支持个体创建学习计划，允许个体按需做出学习决策。

案例

弗里施曼（Frischmann）团队在其经济学的教学中创建了"技能标签TM"系统，涵盖标准教学大纲中的技能以及自定义的通用技能，如商业战略、经济分析、团队协作、口头沟通、问题解决、批判性思维、创造性思维等。教育者可根据教学大纲要求提供一系列可选的技能与任务。学习者可按需设定目标技能标签、应用技能的强度及目标难度等级，管理技能学习目标，根据自身技能表现连接需要完成的若干任务，包括课内外活动、短期课程、培训模块、在线游戏等，并通过技能仪表盘跟踪与管理自己获得的技能，如图 2-26 所示[20]。

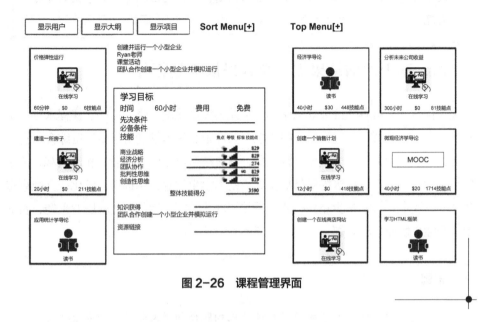

图 2-26　课程管理界面

2. 支持个性发展的精准教学评价模式

利用在线学习平台、可穿戴设备、近场红外感应等技术，可在自然交互的状态下采集更加丰富全面的学生学习表现数据；借助教育评价模型的发展和数据分析处理能力的提升，可更加精准地刻画每位学生的元认知、认知和非认知特征，进而使为教师和学生提供个性化且精准的教与学决策建议成为可能。累积长周期的学生学习数据后，还可以形成代表学生学习全过程的数据链条，完整展现学生的学习特征与认知规律。将这样的教育评价结果融合到课堂教学决策中，会有效促进教师从经验型的混沌教学模式向科学化的精准模式转型，为学生的个性化成长提供合适的教学支持。

案例

Alta 学习系统可以提供文本、视频、示例和练习等高质量学习内容，结合牛顿平台（Knewton Platform）设计的自适应学习及评价反馈技术，可以为学生提供全新的个性化学习体验。系统能够在较短时间内准确评估学生所学的知识和具备的能力，并根据学生的回答情况自动调整问题的难度。当学生正确回答问题后，更难、更具挑战性的问题就会出现。反之，该系统将提供同等难度或略低一些的问题，以便更准确地测试学生的学习表现。

四、基于评估结果提供个人发展规划指导

个性化评估推荐系统能够从学生各项能力发展状况、学习偏好、课程水平、学术水平、身体素质、心理特质、院校报考条件限制等多维度对学生进行综合评价，并与课程或职业的胜任力模型进行匹配，最终结合学生的兴趣爱好和价值观，为学生的选课、选科、选校等提供精准指导，助力学生规避盲目选择，优化社会教育资源配置；还能够基于学生差异化的特长和个性化特征，评价学生的职业兴趣，智能生成个性化职业生涯规划。

案例

美国纽约城市大学的研究与评估机构联合加州大学伯克利分校研发一款基于人工智能的个性化评价推荐系统——PLAN-BERT。该系统能够根据学生的性格特点、过往学习经历、对大学专业的感兴趣程度、家庭情况和各学校的入学费用等信息形成一个数据集，最终根据学生各项数据的评价结果为即将进入大学的学生提供学校、专业的推荐以及未来的学业规划。

位于美国马萨诸塞州的升学指导和生涯规划机构 CollegeVine 在其网络平台推出了一款智能学业规划系统，该系统能够通过收集学生的家庭背景、偏好、个性等数据信息对学生进行综合评价，最终为学生推荐一份可供选择的大学及专业清单，帮助学生做出更加准确的学业规划。

第三章

未来学校的教师

在学校教育体系中，教师处于尤为重要的地位。教师不仅要为学生学习课程体系内的知识和技能负责，还要承担学生人生观、价值观、世界观的塑造，以及学生情感陪伴和支持等关键的育人职责。因此教师的角色定位是非常多元和立体的，对教师的职业技能要求也是非常全面和复杂的。美国 2024 年发布的国家教育技术计划《缩小数字接入、设计和使用鸿沟的行动呼吁》中指出要努力提高教育水平，至关重要的是赋能教师，使其成为学生积极学习的设计者，有效运用技术来吸引和激发学生的兴趣。在未来学校的语境下，学校的教育生态发生了很大的改变，教师不仅要应对常规的校园内的教育业务，还要在一个多元利益主体充分参与、与外界紧密连接的、开放的工作环境下处理教育业务，因此教师的角色和职责、职业知识和技能、工作流程和工作方式与当前学校教师相比都会发生巨大的变化。

第一节 未来教师的专业能力要求

教师的专业能力是指教师在教育实践中表现出来的可以胜任教学和育人工作的一系列知识和技能的综合体现，主要包括教师对教育理论的观念和理解、对学生发展的洞察力以及教育实践的创新和反思能力等。教师的专业能力会受到时代背景的影响。在以班级授课为主的教育体系下，教师的专业能力主要集中在如何更好地传授知识和技能上，通常用"教会学生一碗水，教师自己要有一桶水"来比喻；而后随着对学习方法的重视，教师的专业能力中逐渐引入了心理学和教育学理论，要求教师理解学生的认知和情感需求；在进入技术赋能教育的时代后，教师的专业能力范畴扩展到教育技术的应用领域，教师需要掌握计算机辅助教学、多媒体教学和在线资源应用等数字化教学技能；面向未来教育时代，教师的专业能力将更加注重技术整合、个性化学习和终身教育，教师需要转变为学习促进者、课程设计师和学习社区的领导者，以适应快速变化的教育环境。可见，每个时代的教师专业能力要求都因其特定的时代背景而不同，教师需要根据时代的特点来规划自己的知识和能力体系。

一、未来教师面临的工作新情境

人创造环境，同时环境也会塑造人。未来学校的教师必须要敏锐感知自身工作环境的变化，才能准确地把握自身转型的方向。未来教师将会在人机协同的环境和教育服务供给方式社会化的情境下开展育人工作，固守在封闭的校园中进行知识传授的教师势必要承受极大的职业发展压力，因此教师必须要重新思考多元化和差异化的角色定位以及人机协同式的工作模式。

1. 教学环境的改变带来的角色重塑

在信息技术的驱动下，未来学校的学习环境中，物理环境和虚拟环境无缝连接，并呈现出高度数字化、智能化、集成化的特征。科大讯飞研究院通过测试实验发现，与普通评分员相比，人工智能对语音评分的准确率更接近专家，而且评分效率更高，也更公平、公正。这在一定程度上说明在常规的教师工作职能中"需要重复做的事情，需要大量信息资料收集、数据积累和分析的事情，需要精准定位的事情会被人工智能替代"[21]。韩愈在《师说》一文中用"传道受业解惑"来描述最典型的教师形象。但在今天智能化的学习环境中，教师以知识传授为主的"教书"的角色将被机器取代。它们不仅可以像教师一样进行"教授"，而且本身可以进行深度学习，从而能够在某种意义上"认识"和"了解"学生，并为学生的学习提供有效支持。例如，IBM 开发的机器人助教吉尔·沃斯顿（Jill Waston）在佐治亚理工学院开设的"基于知识的人工智能"在线课程中为学生答疑，并没有被学生发现其真实的身份。智能机器人还可以基于学生的学习数据进行诊断分析并开展个性化教学，这些教学行为对传统人类教师来说是较难实施的。这些应用场景使传统认知中"机器只能在教学中处于辅助地位"的观念发生动摇，甚至引发了"教师将被替代，教师职业将会消亡"的观点。然而，世界经济论坛（World Economic Forum，WEF）发布的《2023 年未来就业报告》中预测，2023—2027 年，教师是增长最快的职业之一。尽管关于教师是否会被机器所替代存在各种不同的观点，但教师如果还坚守以达成知识和技能记忆为主要教学目标、知识学习和情感教育相分离、课堂学习和社会需求相孤立等观念，在人工智能技术的冲击下，在未来教育语境中势必缺少生存的空间。

2. 教育服务供给方式的社会化带来的职业冲击

技术的发展大大提升了学习资源的生产技术水平，人们可以利用技术创造更加优质的学习资源，并且对原有学习资源进行更新、拓展、再生处理，丰富学习资源库。人人都是学习资源的生产者、贡献者和共享者。学生除了从学校教师那里获取知识，还可以从开放的互联网上获取更多的知识和学习资源。当前我们正在经历教育服务供给方式的社会化转型，各种"明星"教师、线上教师群体不断出现，网络课程及培训班资源日益丰富，部分资源甚至可以通过市场化采购纳入正规的学校教育体系中，为学生提供了多样化、个性化的学习选择。这种教育资源的开放性与流动性催生了"能者为师"的新型教育生态。这不仅对教师造成了冲击，也可能会对传统的学校师生关系、教育供给体系、教师治理模式等造成冲击。每一位教师都应当清醒地意识到自身技能和工作方式即将发生的巨大变化，以积极地应对面向未来学校的教师转型和发展。

二、国内外重要的教师信息化教学能力标准

全球都越来越关注未来教师的数字能力素养，纷纷制定相关能力标准。

1. 联合国教科文组织发布的相关教师能力文件

联合国教科文组织针对未来教育与教师发展发布了许多前瞻性报告，为各国探索教育的未来指明了方向，并产生了深远影响。

（1）《教师信息与通信技术能力框架（第三版）》

2018 年，联合国教科文组织联合全球教育和技术专家，推出了《教师信息与通信技术能力框架（第三版）》（简称《ICT-CFT》）。此框架旨在促进包容性知识社会的构建，它综合了人工智能、移动技术、物联网（Internet of Things，IoT）、虚拟现实、增强现实、大数据以及编程等 ICT 领域的最新进展，突出了这些技术在塑造现代教育和学习方式方面的关键作用[22]。《ICT-CET》从了解通信技术在教育领域的应用、课程与评估、教学方法、应用数字技能、组织与管理、教师的专业学习 6 个方面，阐述了教师能力进阶的 3 个阶段，具体内容如图 3-1 所示。

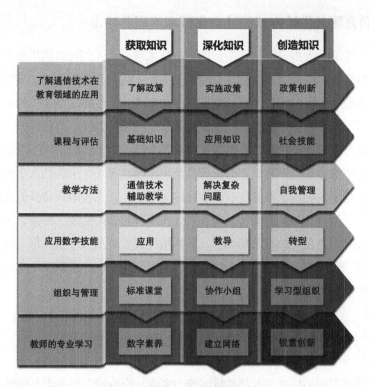

图 3-1　教师能力进阶的 3 个阶段

内容链接

　　联合国教科文组织将教师使用信息技术能力的 3 个阶段（获取知识、深化知识和创造知识）与教师工作的 6 个实践维度（了解通信技术在教育领域的应用、课程与评估、教学方法、应用数字技能、组织与管理、教师的专业学习）进行交叉，构建了 18 项信息技术教育应用能力。每一阶段分别对应教师运用技术的典型方式。在第一阶段，教师往往利用技术来补充自己在课堂上已经完成的工作；在第二阶段，教师开始利用技术的力量，并试图改变教学方法和学习方式；在第三阶段，实现变革，师生共同创造知识，制定创新策略，达到布卢姆（Bloom）学习金字塔的最高层次。每一阶段都涉及教育的 6 个方面，同时要求教师能够越来越娴熟、巧妙地利用技术来实现教育目标。

（2）《从教师政策到优秀教师：培训手册》

2021 年，联合国教科文组织发布了《从教师政策到优秀教师：培训手册》（*From Teacher Policy to Quality Teacher: A Training Manual*），为教师发展提供指导性的政策、程序和措施。该手册认为教学是一个终身学习的过程，高效的教师应将教学看作一种学术努力，而不只是向学生灌输或传递知识的过程。为了应对未来教育的需求和挑战，优秀教师应扮演好 6 个重要角色，如图 3-2 所示。

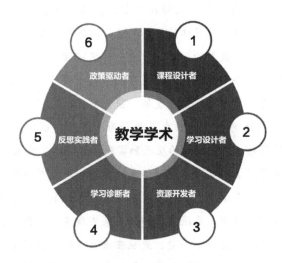

图 3-2　未来优秀教师应扮演的 6 个重要角色

内容链接

未来优秀教师扮演的 6 个重要角色的具体阐释如下。

一是课程设计者。未来教师应具备制定有效课程的能力，设计有意义的教学活动。学习成果是目的（产品），而学习活动是达到目的的手段（过程），教师要确保将学习过程作为一个有意义的体验传递给学生。在这个板块，要求教师必须具备过硬的专业知识能力和创新、反思能力。

二是学习设计者。未来教师应具备创建有效学习环境的能力。作为学习设计者，针对不同的学习环境，教师应能制定不同的教学策略（如合作学习），并做到灵活变通、因地制宜。另外，面对数字技术对教育的巨大影响，未来教师必须广泛了解信息技术，将数字技术有效地应用到教学工作中，并能持续适应信息技术的革新与发展。

三是资源开发者。未来教师应具有设计和开发教育工具的能力。应从日常环境和文化中获取相关教学资源和学习资源，在教学过程中应用情景学习与经验学习等方法，开发更适合学生和教学环境的有效教学资源。在这个板块，更强调对教师创新、反思、实践能力的要求。

四是学习诊断者。未来教师应了解学生的心理和社会背景，能对学生进行正确、恰当的评估，并给予公平、有效的反馈。这个角色在情感与道德层面对教师提出了要求。

五是反思实践者。要求教师在日常的教学活动中，反思教与学的结果，以便下一步采取改进教学的行动。这种反思行为是教师研究自身教学行为以改善学生学习成果的开端。作为一种探究性质的自我反思，反思的本质可能是基于多年的教学经验，也可能依赖于教师之间的交流与分享。在这个板块，要求教师关注自我发展，强化批判性思维，自发地对自身进行批判性观察，反思自己的教育实践行为，进而发现不足、改进教学策略、解决教学问题。这对教师的反思和实践能力提出了要求。

六是政策驱动者。要求未来教师成为国家和学校教育政策的积极执行者和参与者。在这个板块，未来教师需关注教育政策，审视和反思教育政策在教育体系中的作用，反思自己作为政策实践者的角色。教师不应仅仅作为教育政策的执行者被动接受，更应在教育实践中多思考、多反思，形成经验与意见，从而"反哺"教育政策。在学校层面，教师要发展政策素养，积极参与学校管理、规则制定等工作，针对问题能够提供有效的应对措施并主动实施，在实践过程中让教育政策的举措有效地适应学校的实际情况。

2. 国际教育技术协会发布的《教育工作者标准》

国际教育技术协会（International Society for Technology in Education，ISTE）发布的《教育工作者标准》（*Standards for Educators*）为教育工作者提供了帮助学生成为有能力的学习者的路线图。这些标准指引着教师的教学实践并促进其深化，推动教师之间开展合作，引导教师反思传统教育方法，且为教师指明了发展方向。该标准中的教师角色如图 3-3 所示。

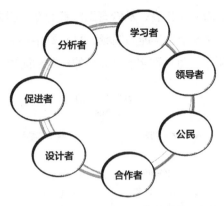

图 3-3 《教育工作者标准》中的教师角色

内容链接

《教育工作者标准》中教师角色的具体阐释如表 3-1 所示。

表 3-1 《教育工作者标准》中教师角色的阐释

教师角色	阐释
学习者	教师通过向他人学习、与他人共同学习，探索利用技术改善学生学习效果的行之有效的做法，不断改进自己的教学实践
领导者	教师寻求发挥领导作用的机会，以支持学生实现自我赋权、走向成功，并推动教与学的持续改进
公民	教师应激励学生在数字世界中积极贡献，并以负责任的态度参与其中
合作者	教师主动投入时间与同事、学生合作，以改进教学实践，挖掘并共享资源与想法，共同解决各类问题
设计者	教师设计真实的且以学生为主导的活动与环境，充分认可学生的个体差异，并据此进行合理调适
促进者	教师利用技术手段促进学生学习，帮助学生达到国际教育技术协会所设定的学生标准
分析者	教师了解并使用数据来驱动教学决策，帮助学生实现既定学习目标

3. 欧盟发布的《欧盟教育工作者数字能力框架》

2017 年，欧盟发布《欧盟教育工作者数字能力框架》（*European Framework for the Digital Competence of Educators*）[23]。该框架面向普通教育、职业教育、成人教

育和特殊教育等领域的教育工作者,从教育工作者的专业能力、教学能力与学习者的能力 3 个方面提出包含 6 个数字能力领域、22 种数字能力的欧盟教育工作者数字能力框架,如图 3-4 所示。每种数字能力领域的标题和简短描述如表 3-2 所示。

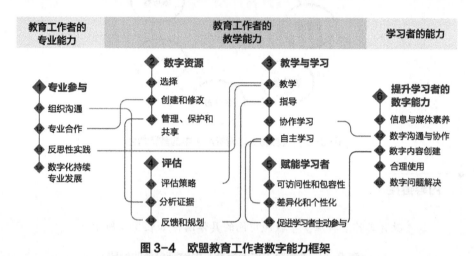

图 3-4 欧盟教育工作者数字能力框架

表 3-2 欧盟教育工作者数字能力要求

数字能力领域	描述
专业参与	在更广泛的专业环境中,教育工作者通过与同事、学习者及其家长和其他相关方进行专业互动,并使用数字技术,以促进个人的专业发展和组织的集体利益
数字资源	着眼于有效和合理使用、创建和共享数字学习资源所需的能力
教学与学习	致力于管理和协调在教学和学习中使用数字技术
评估	涉及使用数字策略来加强评估
赋能学习者	侧重于数字技术在以学习者为中心的教学和学习策略方面的潜力
提升学习者的数字能力	提升学习者数字能力所需的具体教学能力

4. 爱沙尼亚的教师专业标准

爱沙尼亚在 2022 年度国际学生评估项目(PISA)中成为欧洲地区表现最好的国家之一。爱沙尼亚教育与研究部部长认为这不仅要归功于优秀的学生,还要归功于爱沙尼亚教师的专业技能。爱沙尼亚教师专业标准要求教师具备 7 类能力[24]。

第一,课堂教学规划能力。教师在设定教育目标时要掌握学生的学习水平、学习技能和学习动机情况，并关注学生的特殊教育需求，根据教学目标选择合适的学习材料、教学方法、学习方法、评价模式和信息交换技术工具等。鼓励教师结合课程内容和同事合作开展跨学科教学。

第二，学习环境建设能力。教师要在现有的硬件学习环境基础上，从学生的现实需要、学习目标和健康保护要求出发，建设软件学习环境，保障学生安全；尊重人权，遵守爱沙尼亚法律，尊重儿童权利，为学生创造精神和情感安全、合作和相互理解的学习环境。

第三，赋能学生学习与发展能力。教师需通过环环相扣的教学设计、丰富多样的教学方法实现有效教学，在必要情况下引导家长、同事和专家参与，以支持学生的发展。教师应支持学生自我管理、自我分析，引导学生制定学习目标；利用自习、小组学习等形式，培养学生的社会技能；给学生安排切实可行的学习任务，帮助每一个学生获得成功的学习体验。

第四，自我反思能力。教师要反思自己的教学和专业发展，收集学习活动的反馈，观察学生的表现；明确自己的培训需求，制订自我发展计划；监测、评估和重视自己的身体、智力和情绪健康，促进和保持它们的平衡，遇到问题及时向同事、导师、领导、专家等寻求帮助。

第五，指导能力。教师需为学生、家长等教育利益相关方提供咨询和指导。教师要具备指导能力：一方面，为学生提供咨询，支持学生掌握学习技能、获得与学科相关的知识；另一方面，通过与学生、家长访谈，为家长提供与学生相关的指导。

第六，创新和研究能力。鼓励教师积极参与教师协会和专家组的工作，为相关草案、建议、发展计划等提供意见和反馈。特别鼓励教师发现学习材料中存在的不足并提出建议，以调整和改进学习材料。

第七，教师通用能力。教师要掌握学科领域和学科相关领域的知识、研究基础、最佳实践和课程要求等；具有外语能力、交流合作能力，以及在新技术环境下，利用适当的信息技术工具改善学习环境、指导学生的线上学习活动的能力等。

5. 我国的《教师数字素养》

2022 年，我国教育部发布《教师数字素养》，提出教师数字素养是教师适当利用数字技术获取、加工、使用、管理和评价数字信息和资源，发现、分析和解决教育教学问题，优化、创新和变革教育教学活动而具有的意识、能力和责任。《教师数字素养》中给出了教师数字素养框架，如图 3-5 所示，该框架描述了对教师在数字化意识、数字技术知识与技能、数字化应用、数字社会责任、专业发展 5 个维度的要求。

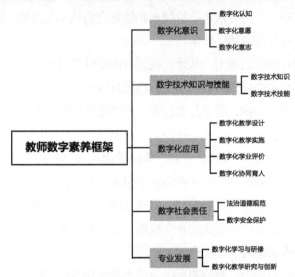

图 3-5　教师数字素养框架

数字化意识是指客观存在的数字化相关活动在教师头脑中的能动反映，包括数字化认知、数字化意愿以及数字化意志；数字技术知识与技能是教师在日常教育教学活动中应了解的数字技术知识与需要掌握的数字技术技能；数字化应用是教师应用数字技术资源开展教育教学活动的能力，包括数字化教学设计、数字化教学实施、数字化学业评价以及数字化协同育人；数字社会责任是教师在数字化活动中的道德修养和行为规范方面的责任，包括法治道德规范和数字安全保护；专业发展是教师利用数字技术资源促进自身及共同体专业发展的能力，包括数字化学习与研修、数字化教学研究与创新。

6．小结

TPACK（Technological Pedagogical and Content Knowledge，整合技术的学科教学知识）是被广泛接受的有关教师专业知识和技能的框架。这个框架清晰地描述了技术、教学法和教学内容之间的关系，由于各个构成要素会伴随着具体的教育情境不断地发展进化，因此具有极大的现实指导意义。借助 TPACK 框架，可以就教师在知识和技能的具体要求上的共性成分进行分析。

（1）教师要适应以学生为中心的教学法

所有的能力框架都强调了从以教师为中心向以学生为中心的教学法转向，教师以学习设计者、促进者、赋能者的形象出现在学校教育体系之中，以此作为师生关系构建的基石和教师工作内容的出发点。为了促使以学生为中心的教学法的顺利实施，教师需要具备设计学习环境以及促进学生学习技能和信息技能发展的能力。

（2）教师要掌握各类数字化技术并在教学中积极应用

各个框架都强调掌握数字化技术是面向未来的教师专业技能的重要组成部分，教师应当具备利用合适的技术进行教育资源的开发、教学方法的选择、学生评价、课堂组织管理等活动的能力，并且伴随着技术的不断进化，教师应当具备持续学习和终身学习的能力。

（3）教师持续发展和反思自身教学设计的能力

各个框架都强调了教师在课程设计和实施领域应具备过硬的专业知识以及对教学的创新、实践和反思能力，倡导教师通过广泛参与教学研究项目、同伴间的交流分享等活动，关注自我发展、自我改进。

与此同时，我们也看到了部分超越当前教师 TPACK 框架的维度，这是我们观察未来教师专业发展的新视角。

（1）教师的通用能力

爱沙尼亚的教师专业标准中特别提到了教师通用能力，这种能力超越了教师对学科知识本身的掌握以及教师对信息技术的使用，强调了以教师综合素养为底色，全面、创造性地处理教学、研究、同事关系、师生关系、对外交流等各项事务的能力。

（2）教师的跨学科能力

爱沙尼亚的教师专业标准中还专门提到了教师的跨学科能力（包含在课堂教学规划能力中）。尽管跨学科教学并非一个全新的概念，但在当前整个学校教育体系以分科教学为主流的背景下，全国性的教师专业标准专门提出"鼓励教师结合课程内容与同事合作开展跨学科教学"，无疑起到了很强的引导作用。

（3）教师的政策参与和社会责任

联合国教科文组织和国际教育技术协会的框架给教师提供了更加多样化的角色定位，如政策驱动者和公民等，联合国教科文组织特别强调未来教师应成为国家和学校教育政策的积极执行者和制定者；爱沙尼亚的教师专业标准中也鼓励教师参与教师协会和专家组的工作，为相关草案、建议、发展计划，特别是学习材料等提供意见和反馈；我国的《教师数字素养》中有专门的数字社会责任板块。这些都反映了未来教师在教育实践活动中的主导性、能动性增强，教师在教学之外的角色和职责扩展，教师发展将与国家经济社会发展、全球发展相结合。

对教师能力的要求在不同框架中表现出一定的共性，也有各自的特点和侧重点。共性体现在对教师终身学习、技术应用、以学生为中心和反思实践的普遍要求上。差异则体现在对教师角色的扩展、对政策参与的重视、对跨学科教学的鼓励、对社会责任的强调以及对评估策略的特别关注上。这些框架共同描绘了一个未来教师的形象：终身学习者、技术应用者、学生学习的促进者、教学实践的反思者、教育政策的参与者和社会责任的承担者。教师的专业发展不再局限于传统的教学技能的增强，而是向着更全面的方向发展，包括领导力、政策理解和参与力、跨学科能力、社会责任和数字素养等的提升。

第二节　未来教师的数字素养

技术的快速发展势必引发教学方法和教学内容的更新迭代。以目前备受关注的生成式人工智能为例，技术层面的快速进化使其已经不再局限于生成文字内容，还可以自动生成图片、视频、PPT、代码等，这种技术在教育中的应用有可能颠覆传统的知识观、育人观和教学观，必然会对教师的教学方式、教学内容、教学能力等造成极大的冲击。教师只有加强对新兴技术的理解、应用和掌握，并将其延伸到教学领域，才能适应未来学校的工作要求。

一、数字媒体素养

数字化教学资源是指经过数字化处理，可以在多种数字终端和网络环境下运行，并且能够共享的数字化学习材料。从媒体类型来看，数字化教学资源可以分为文本、图像、音频、视频、动画、多媒体课件等，表现为多媒体课件库、多媒体素材库、视频资源库、在线课程、数字图书馆、数字教材、教育主题类公众号和社交媒体等多种形式。从教育传播学的角度来看，教学过程就是一个教育信息传播的过程，而媒体则是信息传播的中介。数字化教学资源既承载了教育内容的传播功能，又由于其通常具备交互性、社交性、工具性等特征，还构成了师生开展教学的教学环境，成为主要的教学活动支架。善于使用数字媒体不仅能够提升受众对传播内容的接受和理解效果，还能影响受众的情感、态度、价值观等。在新媒体生态环境下，各类新型的传播模式不断涌现，加之生成式人工智能技术不断成熟并走向实用，未来的学习者将面临传播内容空前丰富、传播受众高度精准、信息质量参差不齐、传播内容真假难辨的复杂局面。未来学校的教师既要紧跟时代，使用新的传播技术和传播方式来开展教学活动，又要具备对数字媒体进行选择、评估和思辨等的综合素养。

1. 数字化教学资源的应用能力

从 20 世纪 90 年代国家通过重点科技攻关项目"计算机辅助教学软件研制开发与应用"等对教育资源建设进行系统性规划开始，到今天国家智慧教育公共服务平台上线并面向全世界提供服务，我国数字化教学资源从建设规模、形态和服务模式上发生了翻天覆地的变化。基于云 – 网 – 端一体化，面向全学习过程的综合性教学资源服务成为主流应用模式之一。以国家智慧教育公共服务平台中的基础教育板块为例，其围绕德育、课程教学、课后服务、教师研修、家庭教育、教改经验、教材等方面，汇聚了专业化、精品化、体系化的优质中小学数字化教学资源。教师可借助线上访问或"双师"教学等方式应用优质的教学资源，并在应用过程中获取有关学生学习状态的数据以及反映教师个人的知识结构和教学需求的信息，从而做出有效的教学决策，实现个人能力的提升。这种数字化教学资源应用场景的变化要求教师具备相应的能力。

（1）教学资源的选择能力

随着资源数量累积，教学资源规模将不断扩大，并根据各类群体的差异化需求不断细化，形成最适合各类群体的用户画像。例如，对于同一概念，可能会在云端提供不同教材、不同难度、不同认知层级、不同知识情境、不同媒体表现形式的多个版本的教学资源，但这会造成在给各个群体选择的机会和空间的同时，加大教学资源的筛选难度。教师需要快速了解目标资源关键特征，并基于自身的教学能力和学生的学习水平、学习偏好、学习需求等进行高效率的匹配。这不仅要求教师具备丰富的教学经验和教学直觉，还需要教师善于应用学习分析、系统推荐和人工智能辅助等手段来达到目的。

（2）教学资源的教学适配能力

教师需要根据各级各类学校教学活动的特征，善用资源、用好资源并充分适配学生的多样化教学场景。不同媒体类型和表现形式的教学资源在内容表现力、人机互动性、用户参与度、开放性和社交性等方面存在很大的差异。教师需要综合考虑教学场景和资源特征，合理设计和融合数字化教学资源的教学场景。比如在物理学科教学中，使用 VR 技术呈现和解释复杂的物理现象，探索现象的形成机制和内在规律，实现难以观察或操作的实验的可视化，增强现象的直观性、趣味性和可操作性。另外，教师不应盲目地应用某种流行的教学法或者教学媒体资源。比如翻转课堂、慕课等教学方法的实际效果会受到学科主题、课型、学生的认知水平、学生的自主学习能力、学习平台支持等多方面影响，不能盲目套用，否则可能对教学效果造成负面影响。

（3）教学资源的反馈和评价能力

教师作为教学资源的直接使用者，应当具备对教学资源建设提供有效反馈和评估资源质量的能力，并基于传统的教学资源的科学性、真实性等指标，建立包含资源内容、认知目标、学习活动、学习终端、学习场景、学习对象、学习时间等多维度、立体化的数字化教学资源评价标签，从而在适当的渠道为教学资源质量提供反馈和评估，为未来智能化的教学资源自我进化和精准推荐的应用方式提供支持。

2. 基于智能技术的数字化教学资源的研发能力

使用多媒体技术研发数字化教学资源已经成为当前教师的基本技能。2022 年年初对某中西部省份某市属学校 300 名中小学教师数字化资源研发能力的调研结果如表 3-3 所示。可以看到当前教师已经具备了较好的数字化资源使用意识和一定的开发能力，那么在此基础上，未来教师的教学资源研发能力应当如何提升呢？

表 3-3　教师数字化资源研发能力情况

能力	平均分（满分5分）
我能够熟练地使用哔哩哔哩等软件寻找资源，协助备课	3.90
我熟悉各类云存储空间的使用，比如百度网盘	3.89
我熟练掌握制作 PPT 课件等的基本编辑操作技能	4.07
我熟练掌握美图秀秀等图片处理软件的基本操作技能	3.96
我熟练掌握视 / 音频软件的录制与编辑操作技能	3.51
我经常与其他教师交流讨论教学资源的选用与制作	3.83
我知道从哪些途径获取所教授学科的优质教学资源	3.82
我会根据教学需要将教学内容以视频、音频、文字等恰当的多媒体形式呈现	3.88
我常态化地运用信息技术开展教学	4.03

（1）人机协同多媒体教学资源研发

从 2022 年开始，生成式人工智能技术的迭代进化使得内容产生的效率提升到单纯依靠人脑和媒体制作工具无法企及的高度，可以预测的是，通过文字转化或者给出指令要求人工智能工具输出图片、简短视频等教学资源将成为未来教师的必备技能。

（2）拟人化教学资源制作和发布技术

随着数字资源进入教学过程，在数字媒介的使用中，对情感交流元素的需求逐渐凸显，拟人化的教学资源制作和发布技术让教师获得"数字分身"，可更好地维系师生之间的情感交流。常见的资源平台见表3-4。教师可通过虚拟数字人技术将授课内容的文字导入制作平台，由人工智能驱动生成授课视频，制作互动性强的微课视频。虚拟数字人技术是语音识别、语音合成、自然语言理解、动画生成等多种技术的融合。制作虚拟数字人时，可以通过音频或文字驱动让虚拟数字人有不同的形态、表情、语速等，如图3-6所示。

表3-4 资源平台举例

分类	平台举例
微课数字人生成网站	剪映、来画网、腾讯智影
微课与动画制作	百度爱伴功、万彩动画大师、Focusky 动画演示大师、万彩手影大师

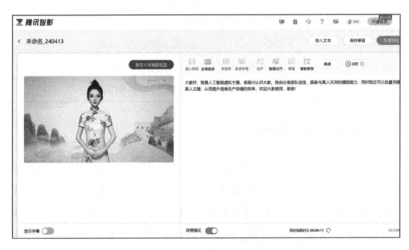

图3-6 虚拟数字人制作

二、新兴技术应用能力

过去30年来，从教师掌握多媒体教学技术到交互式电子白板教学，再到网络课程、各类教学平台，直到今天线上学习、混合学习和智能学习等的兴起，学校教学信息化架构发生了巨大的变化，云技术、VR技术、智能技术等将成为教育应用的新兴主流技术，未来教师应凭借技术素养关注这些技术场景。

1. 云技术、线上教学工具的使用

目前全球教育进入线上线下混合的教育新生态，云端教学成为未来教师工作的新形式。云端教学不是简单的课程上网，而是需要基于备课、教学实施、学习评价、家校交流等一整套教学流程，组合系列的云端技术工具来实施。

教师掌握线上教学工具，可以应用教学直播软件及各类网络课程平台进行授课，如钉钉、腾讯会议、QQ 群课堂、哔哩哔哩等。线上教学需要根据不同的教学场景选择合适的师生交互工具，激发线上教学的活力。教师可以在线上课程中使用合适的协作工具促进学生之间、师生之间、人机之间的合作与互动，如使用在线文档进行协同编辑、通过思维导图整理集体的思维逻辑等。教师需要了解这些工具的功能和优势，并将这些工具灵活运用于不同的教学场景，如表 3-5 所示。

表 3-5　不同教育应用场景下的常见线上教学工具

教育应用场景	线上教学工具
教学直播	钉钉、腾讯会议、QQ 群课堂、哔哩哔哩、UMU
文字协作	腾讯文档、金山文档
思维导图协作	ProcessOn、亿图脑图 MindMaster
数字绘图	几何画板、FX Draw、Edraw Max
音视频录制	EV 录屏、PowerPoint、钉钉、腾讯会议

2. 人工智能工具的使用

对于 ChatGPT 等生成式人工智能工具，教师需要掌握向它们提问的技能。高质量、有针对性的问题可以帮助教师获得所需要的高质量答案。例如，对于文本生成类型的生成式人工智能工具，教师可以将提问内容具体到语境背景（赋予生成式人工智能工具角色等，如教学设计者）、课程内容（具体到年级、学科、知识点）、教学策略设计（具体到解决的教学问题）等。表 3-6 列举了常用的生成式人工智能工具。

表 3-6　常用的生成式人工智能工具

生成式人工智能工具	类型
文心一言	文本生成、图片生成
智谱清言	文本生成、图片生成
Kimi	文本生成

生成式人工智能工具	类型
讯飞星火大模型	文本生成、图片生成
通义千问	文本生成
通义万相	图片生成
笔墨 AI	图片生成
即梦 AI	图片生成、视频生成
Fliki	音视频生成

人工智能工具可以应用于教育教学设计、课堂组织与实施、学生激励与评价、师生沟通与合作、教师自我反思与发展等方面。教师在日常教学活动中，可以结合具体的教学情境需要，对人工智能工具进行改造甚至再创造，以增强人工智能工具的情境适用性。

3. 交互仿真技术的使用

未来教学场景强调学生主动参与和互动教学，因此，教师要善于使用交互仿真技术，创建更具参与感和互动性的教学环境。常见的模拟仿真实验软件有如下两种：PhET，可以为数学、物理、生物、化学等学科提供实验模拟仿真，如图 3-7 所示；NOBOOK 虚拟实验平台，可以为 K-12 的物理、生物、化学学科提供课程需要的虚拟实验。教师应了解模拟仿真技术相关知识，熟悉脑机接口设备、人体穿戴设备、数据处理分析工具、超大屏展示设备，并能够利用这些设备和工具构建虚实融合学习实训空间的智慧感知、监测控制与交互环境，形成技术集成环境。

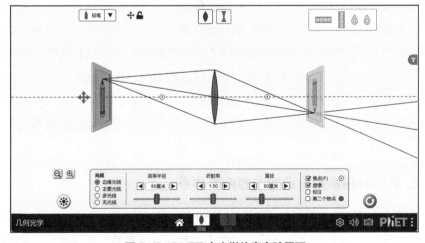

图 3-7　PhET 中光学仿真实验界面

教师还应熟练使用各种类型的可穿戴设备，以便更好地监测和了解学生的学习状态，并据此提供个性化反馈与支持。例如，利用智能手环不仅可以跟踪学生的身体健康指标（如运动量），还能监测学生的情绪变化，从而为学生的健康和学习提供全面的支持。再如在心脏知识学习过程中，为了将学生的运动状态与虚拟心脏模型的工作过程关联起来并实现动态互动，既可以通过 Kinect 传感器实时采集学生的身体姿态和运动状态信息，又可以通过穿戴式传感器同步采集学生的心率、血压等生理指标数据[25]。

三、教师数据素养

在教学的过程中会不断地产生各种类型的数据，这些数据中蕴含着学生的学习结果、学习行为和认知模式等方面的信息。对学习数据进行收集和分析，可以全面地认识学生，根据学生的不同特点给出学习建议，并推送合适的学习资源，促进个性化学习和精准化的教学管理。例如，日本文部科学省通过向学生发放用于学习的平板计算机等形式收集教育数据，分析学生的学习情况，建立了包括学习数据收集、数据存储、数据分析以及数据运用的全套教育数据体系。美国教育科学中心（Institute of Education Sciences，IES）认为数据分析与利用是提升区域教学质量的关键。

1. 数据素养成为未来教师新素养

基珀（Kipper）等学者将教育者实施基于数据的决策的能力称为"数据素养"，其包括教育者设定目标，收集、分析和解释数据以及采取教学行动的能力。刘雅馨等认为教师数据素养是指教师能够对教育教学中产生的数据进行收集、处理、分析与应用，以提升自身专业技能和学生学习成绩的能力。随着教师可用数据资源的范围和性质的扩展，数据素养正迅速成为数字化环境下教师所应具备的一种新素质。美国教师资格认证所依据的《教育领导者标准》和《核心教学示范标准》，都将数据素养技能作为必备考核项目，多个州也将教师数据素养纳入教师资格认证之中[26]。

2. 教师数据素养培训的主要内容体系

我国许多高等院校都开设了与数据素养相关的培训课程。例如，江苏师范大学智慧教育研究中心在 2019 年开设了"中小学教师数据素养"慕课课程，是国内第一门面向中小学教师与师范生的数据素养培训课程。北京师范大学在 2023 年开设的"智慧教师新素养"网络课程中包含数据素养的内容。教师数据素养主要包括数据意识、数据知识、数据技能和数据思维，如图 3-8 所示。数据知识和数据技能是数据素养中外显化的部分，教师熟练地掌握数据知识和数据技能，并不断在教学实践中应用和反思，能够强化数据意识和数据思维这两种具有内隐性特征的素养部分的发展。

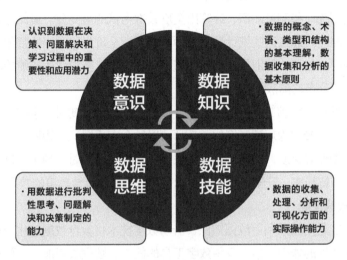

图 3-8　教师数据素养

（1）数据意识

数据意识是指教师对于数据本质有所了解，从而认识到数据在教育和个人发展中的价值。本书第一章提到的 DIKW 模型中强调了数据是携带信息的符号。学校教学和管理中最核心的问题是通过最有效和最经济的办法实施因材施教，促进人人成才。教师应当意识到数据以及对数据的解读在帮助实现识别学生差异和科学配置教育资源方面的优势，同时，教师还应当认识到过于依赖数据驱动决策可能存在的局限性，使用数据但不能盲信数据，要破除"数据万能论""工具取代人工"等想法，不因学生历史数据而固化标签。

数据意识还包括理解数据隐私和伦理的重要性。2021 年 6 月 10 日，我国颁布了《中华人民共和国数据安全法》，建立数据分类分级保护制度，规定教育主管部门承担教育数据安全监管职责，体现了我国政府对数据安全的重视程度。教师使用数据应合乎教育目的和教学实践的要求，基于教学实践中发现的真实问题而尝试运用数据指导教学，不能因私人目的而滥用数据。在数据使用过程中，教师应严格遵守使用规范，遵循数据伦理性和安全性原则，特别是学校的很多数据涉及未成年人，一定要注意保护数据隐私。

（2）数据知识

数据知识是指运用数据技术的理论知识，包括对数据的概念、术语、类型和结构的基本理解，以及数据收集和分析的基本原则。例如，了解基本的统计概念，如均值、中位数、方差、相关性和回归等；知道数据的来源、类型和结构，如原始数据、次级数据、结构化与非结构化数据；理解不同类型数据的收集方法等。例如，教师可以根据统计和测量知识，计算出全班某次考试的最高分、最低分、平均分、中位数和标准差。通过这些统计量，教师可以了解全班学生学习的整体水平，了解学生成绩的中心趋势（特别是在成绩分布不对称时），衡量学生成绩的波动大小，了解学生成绩分布的离散程度等。

数据知识与教育领域专业知识的结合能够帮助教师改变对数字技术的看法，加深对教育数字化转型的理解。例如，教师可以结合布卢姆认知领域分类来评估学生的认知水平和理解深度，使用增值模型来评估学生在一段时间内学习进步的程度，基于毕业率、留级率、升学率等教育指标来评估学校或教育政策的效果等。

（3）数据技能

数据技能是指教师利用数据知识、借助数字技术将教育数据转化为有效信息，并合理运用数据的能力，包括运用数字工具的能力、数据收集能力、数据处理与分析能力、数据可视化方面的能力。例如，教师从数据源下载数据文件；编制问卷等采集数据；使用 Excel、SPSS、R、Python 等工具和技术进行数据收集和处理；清洗数据，包括处理缺失值、异常值和数据转换；应用统计方法和数据分析技术来识别数据中的趋势、模式和关联；实现数据可视化，如使用 Tableau 等工具生成图表、图形和仪表板，以清晰传达数据分析结果。数据技能的内容比较丰富，是教师运用到教学实践中最关键的能力。[27]

内容链接

数据可视化旨在将复杂、抽象的教育数据挖掘结果进行直观的呈现与表达。教育统计中常用的统计图可按形状划分为柱形图、条形图、折线图、饼形图、散点图等。

柱形图、条形图适合用来对若干组数据进行数量上的比较，也可以通过堆叠的方式，在比较每组数据总量的同时对比每组数据不同组成部分的比例或结构。图 3-9 所示为不同班级学生满意度调研柱形图。

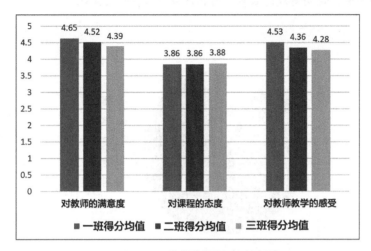

图 3-9　学生满意度调研柱形图

　　折线图适合表示一段时间内数据变化的趋势。多条折线图同时呈现，可以对比不同组别数据的发展。图 3-10 展示了两名学生高一期间历次考试成绩（分数）的变化。

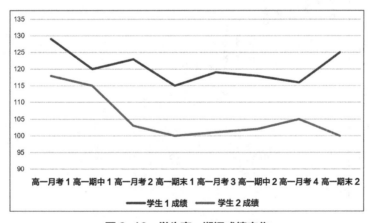

图 3-10　学生高一期间成绩变化

　　饼形图适合表示各个部分在总体中所占的比例。图 3-11 展示了某学生在一天中各活动安排的时间分配。因所有时间构成一个整体，饼形图展示了不同活动所占比例。

　　散点图可以表示两个变量之间的函数关系。图 3-12 所示为某学生物理成绩与游戏时长的散点图，其中点的分布呈现出比较清晰的由左上至右下的趋势，说明游戏时长可能与物理成绩有负相关关联。

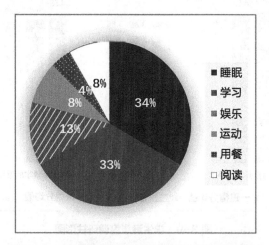

图 3-11　某学生每日活动安排时间分配占比饼形图

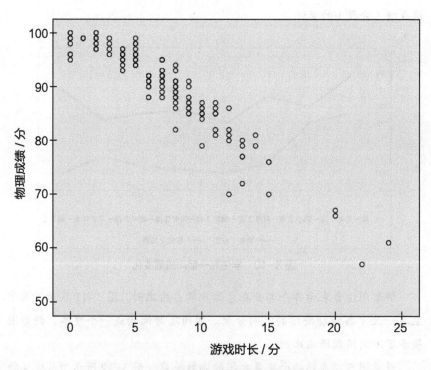

图 3-12　某学生物理成绩与游戏时长的散点图

雷达图用于呈现聚类后每类数据在不同维度上的对比情况和每类数据的总体特征。通过对在线学习中3类学生学习行为的对比，可以直观地勾勒出这3类学生的典型特征，如图3-13所示。

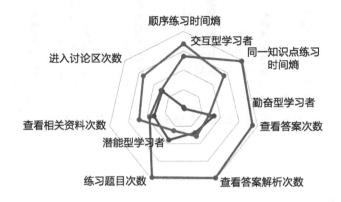

图3-13　不同类别学生在线学习行为特征

当需要表达不同数据的不同关系时，所采用的图表类型也会不一样。如果数据之间差异不大，但需要进行对比，最好不要使用饼图，因为饼图呈现的数据之间的差异不明显，正确的做法是使用柱形图来进行对比，如图3-14所示。

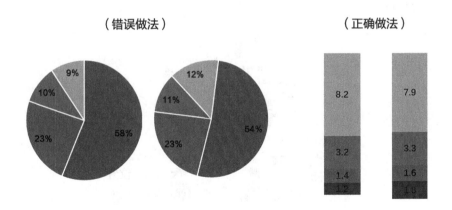

图3-14　饼形图和柱形图表达数据差异时的对比

为了保证表达的准确性，柱形图中纵坐标的起始数据要从0开始，最好不要擅自修改起始数据，以免在视觉上产生偏差，如图3-15所示。

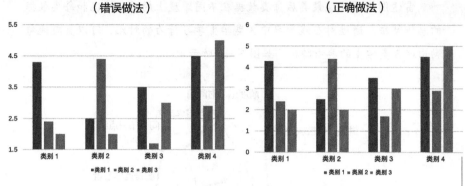

图 3-15　柱形图的起始坐标不同产生的视觉效果对比

内容链接

　　文本可视化是通过对文本资源的分析发现特定信息，并利用计算机技术将其以图形化方式呈现的一种方法。例如，基于词频统计的文本可视化可以通过不同大小的文字来展示词语出现的频率，它可以帮助用户快速理解文本中的关键信息和模式，如图 3-16 所示。这种技术通常用于数据分析、文本挖掘、社会科学研究以及其他需要对大量文本进行快速分析的领域。

图 3-16　学生电影脚本设计的讨论文本可视化

图标技术的基本思想是利用有多个视觉特征的图标来表达多维信息，不同呈现形式的图标用来表示多维信息的不同维度。通过图标，用户可以直观、清晰且准确地理解图标所表示的每一维度信息的意义，如图 3-17 所示。

图 3-17　基于图标技术的学生目标达成情况呈现

层次数据可视化是一种用于展示数据内部层次关系的图形化技术。如采用可折叠的放射状树图形，展示考试问题和作业问题之间的相关性，教师可根据两个问题之间的相关关系反思教学并及时改进，如图 3-18 所示。

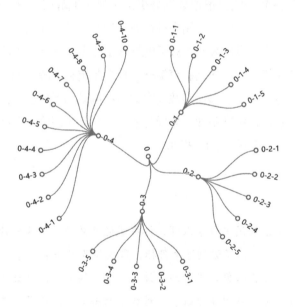

图 3-18　层次数据可视化

社交网络数据可视化是一种将社交网络中的关系和数据以图形化的方式展示的技术。它使用图形和视觉技术来表示社交网络中的节点（个体或实体）和边（个体之间的关系），帮助我们理解社交网络的结构、参与者之间的互动以及信息流动的模式。例如，通过学生社交数据网络，教师可以了解学生之间的交互频次，以及哪些学生进行了交互等，如图 3-19 所示。

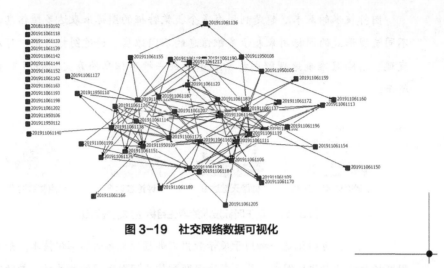

图 3-19 社交网络数据可视化

（4）数据思维

数据思维是指教师能够根据数据分析结果科学地解读数据，挖掘数据背后的问题，将数据转化为有效信息，用来进行教学创新、教学评估、教学反思、教学决策、数据管理的能力。具体表现为教师能够基于数据提出有根据的假设和问题；能够使用数据支持决策过程，包括教育策略、政策制定和资源分配；能够批判性地评估数据的质量和可靠性；能够识别数据中的潜在偏见和误导性结论，并采取措施纠正。未来学校中强调的精准备课、差异化教学、多元化评价、个性化服务等都是教师数据思维在具体业务场景中的表现。

案例

张老师是某校高中数学教师，他希望通过数据分析来提升教学质量和学生的学习成效。为了达到这个目标，张老师做了如下工作。

第一步：数据收集。张老师设计了一个在线问卷，收集学生的背景信息，如学习习惯、每周学习时长、对数学的态度等，并通过在线测试系统收集学生的练习和考试成绩数据。

第二步：数据整理。张老师将收集到的数据进行整理，使用 Excel 软件对数据进行分类和编码，确保数据的准确性和可用性。

第三步：数据分析。利用 Excel 的数据分析功能，张老师计算了学生的平均分、中位数、标准差等统计指标，并对不同背景的学生群体进行了成绩对比分析。他还运用了相关性分析来探索学习时长与成绩之间的关系。

第四步：数据解读。张老师发现，虽然班级学生的整体成绩不错，但有几个学生在函数概念的理解上存在明显困难，他们的平均分远低于班级平均水平。此外，他还发现学习时长与成绩存在正相关关系。

第五步：教学决策。基于数据分析结果，张老师决定对课程进行调整。他计划为那些在函数概念理解上表现不佳的学生提供额外的辅导，并引入更多与实际生活相关的函数问题，以增强学生对这一概念的理解。

第六步：实施与评估。张老师实施了他的教学改进计划，并在随后几周收集了学生的学习反馈和成绩进步情况数据。他使用图表将学生的成绩进步情况可视化，并与学生讨论他们对新教学方法的看法。

第七步：反思与调整。根据学生的反馈和成绩进步情况数据，张老师进行了教学方法的进一步调整。他意识到需要更多地关注学生个体差异，并计划在未来的教学中更频繁地使用数据来指导教学决策。

在这个场景中，张老师展示了如何应用数据知识来分析学生的学习情况、做出教学决策、实施教学改进措施，并根据结果进行反思和调整。通过这一过程，张老师不仅提升了教学质量，还帮助学生克服了学习障碍，实现了个性化教学。

四、教师数字化学习空间素养

学习空间是学习发生的场所。研究表明，传统的演习布局和团队教学布局的方式对学生学习空间满意度的影响具有不确定性。小组布局和个体布局使用的频率越高，学生的学习空间满意度越高；学习空间越舒适、安全性越好、技术使用越频繁，学生满意度越高。洪耀伟老师对 302 名班主任、1646 名初中生进行了调研，发现 96.03 的师生认为教室环境及空间布置和设计非常重要，其中 81.9% 的师生认为设计良好的教室可以创设好的班级形象，85.6% 的师生认为设计良好的教室可以使人愉悦，64.7% 的师生认为设计良好的教室可以增强班级凝聚力。未来教师对学习空间具备的能力要求如下。

1. 区域化设计

区域化设计是对教室进行分区，通过家具、设备、资源等陈设使不同的区域具备特定的使用功能，可强化使用体验，同时能增强教室的秩序感。区域化设计多适用于空间面积足够大的教室。

案例

上海复旦五浦汇实验学校沈爱花老师对教室进行了区域化设计，让教室更好地支持师生交往和学科学习活动。教室内设置了五大分区——展览区、阅读区、上网区、教学区和办公区，如图3-20所示，兼顾学生兴趣、学科内容和学校特色。

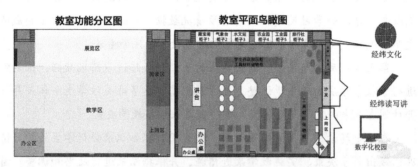

图 3-20　教室分区设计

展览区用以集中展示各种标本、模型和师生作品。阅读区提供适合学生阅读或进行研究性学习的文献资料。上网区配备一台计算机和一套无线通信设备，支持网络实时通话。教学区配备灵活组合的桌椅，便于开展合作式学习。办公区是为了方便专业老师进行教学管理而设置的区域。

2. 趣味化设计

为提升学习情境的趣味性，课堂活动任务应尽量形象化、游戏化，并使学生逐渐从简单任务过渡到复杂任务，激发学生的好奇心、想象力与挑战心，以此拉近学生和难以学习的内容之间的距离，促进学生深入地理解、思考和探究。教师可将学习与日常体验紧密结合，在学习空间中植入主题场景设计，鼓励学生在场景中主动探索和学习，使用技术作为课堂学习的辅助手段，完成知识的融会贯通和信息的深度获取。通过将虚拟信息投影在教室地面上，构建一个规模更大、具身度更高、沉浸感更强且支持学生全身运动的虚拟太空学习环境[28]，如图3-21所示。在该环境中，学生仿佛置身于虚拟太空中，通过自身运动扮演、模拟并探究行星的运动轨迹，并在此过程中体验和理解万有引力定律，以及其对行星运动轨迹的影响。

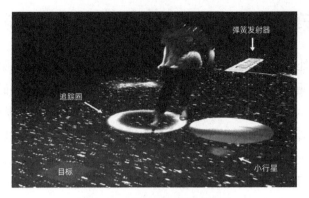

图 3-21　教室内地面互动投影

3. 指向班级文化的设计

教师对学生学习空间进行文化设计，发挥文化育人、环境育人的功能，在潜移默化之中规范学生的行为，帮助他们养成良好的习惯。

案例

　　上海市闵行区浦江一中洪耀伟老师以美育德、以美导航。他认为美从学生中来，从细节中来，从使用功能中来。教师除了需要探索技术如何介入学习空间，还要回归学生的需求，探索与思考学习空间的智慧化如何融入艺术与形式美，与技术达到平衡，在功能满足的基础上追求精神满足，从而刺激学生的自主学习意识，提升学生的学习意愿，并且在学习环境的营造中潜移默化地发挥美育的积极作用，如图 3-22 所示。

图 3-22　教室设计场景

第三节 未来教师的数字化教学素养

课堂教学处于学生培养的最前端，也是公众了解学校教育体系最直接的窗口，未来学校要实现教育数字化转型，课堂教学便是其中最为关键的突破口。伴随着数字化、智慧化学习环境建设，基于核心素养的人才培养目标在课程标准中的确立，以及因新冠疫情一度出现的大规模、常态化线上学习实践，都标志着学校课堂教学的新生态正在形成之中。它是课堂技术环境、教学目标、教学方式、教学内容、师生关系等多重因素交织下的教学生态重构，对于教师而言，一方面要适应在技术丰富的学习环境下协调各类学习活动的复杂工作场景，另一方面要主动利用数字化工具来达成预期教学目的。

一、数字化课堂编排能力

信息技术在教学中的应用，以及对于多种教学方法和教学组织形式的倡导，使得教学组织管理和课堂学习环境变得极为复杂，给教师和学生带来了一系列挑战。教师在有限的课堂时间内协同不同层次的教学活动变得尤为重要，由此产生了课堂编排的概念。

1. 课堂编排的概念

有研究者使用管弦乐队来隐喻在技术丰富的学习环境下的教师协调各种复杂学习活动，如表3-7所示。管弦乐队演出时，乐队成员需要协调一致，这与教师在信息化教学中需要与同事、学生以及技术工具协作相似；乐队中的每个成员都有特定的角色和职责，类似于教师在信息化教学中需要明确自己的角色和学生的角色；乐队排练需要保持节奏并遵循流程，隐喻教师在教学设计中对学习流程的控制；乐队成员在排练中可能会进行即兴演奏，隐喻教师在教学中根据学生反应和学习情况灵活调整教学策略。

表 3-7　技术丰富的课堂编排隐喻

特性	管弦乐队演奏	教师教学
一致	不同乐器和演奏人员相互配合	技术工具、教学内容、师生活动相互协同
分工	每个成员承担特定的角色和职责	师生的相互关系，小组任务中学生的角色和分工等

特性	管弦乐队演奏	教师教学
节奏	乐队演奏的节奏和流程	教学活动实施的流程、不同类型任务中时间的安排、学生注意力的波动等
调整	乐队演奏中的临场发挥	随时根据教学实施情况，针对学习内容、任务等进行调整

事实上，不同的核心学习活动的设计需要不同的教学方法和协作技术的支持，因而产生了不同的活动和约束，这反过来又需要不同的编排方式，以实现实时调整且有效的学习活动，并带来理想的学习过程和学习效果。因此，"编排"这个术语被跨界用于技术增强的学习领域，指教师对具有多重约束的多种教学活动进行实时管理，通过不断变化的学习情境条件，尽可能地调整这些要素，以实现不同级别的学习目标。

2. 教师的数字化课堂编排能力

在技术丰富的学习环境中，教师类似于乐队指挥的角色，不仅要设计学习情境和学习活动，而且要在课堂资源管理和课堂活动推进中起主导作用。教师的课堂编排涉及课堂内多个社交层面活动的整合，如个人阅读、团队辩论和全体会议等。[29]

（1）教学活动顺序的编排

同一学习情境内个体、小组、班级乃至班级外各个层面活动的结合，可以使分离的活动结合成一个有机的整体，构成学习情境，因此教学活动顺序的编排很重要。教师可以设计工作流的方式，将班级活动、小组活动线性编排或交替参与同一主题的学习活动，以一项活动的成果作为下一项活动的起点。学习时间是进行教学活动顺序编排的主要制约条件之一，因为教学时间的总量有限，而且被分割成众多片段，课堂教学时间编排要考虑教学内容的相关性和活动编排的灵活性。课堂教学时间编排还要考虑学生注意力波动等情况，将教学干预编排在恰当的时间里。

（2）课堂环境的编排

教师要亲身参与教学活动，教室的空间布局和每个学生的位置分布都非常重要。课堂环境的编排包含对教室内桌椅和学习工具的空间位置安排。这些安排必须适应教学情境中不同分组的要求，让学生需要在组内转换角色或转换组别时可以自由移动。教师应能穿梭于不同的小组之间，出现在教室的每个角落；教师和学生都应该视野良好，能看到各自需要看的东西。课堂中的技术应用需要将不同的活动融入一个教学情境，因此需要具备支持多种工作流程的功能，比如存储和再利用学习活动的数据等。

（3）学生学习状态的编排

无论是在集体学习还是在协作学习中，教师都需要合理地安排每一个学生的学习任务，实时地识别学生个体的学习状态，了解需求并给予干预。例如在小组协作学习中，不同学生有不同的职责和不同的任务完成进度，要进行与学生的学习能力相匹配的任务分配和同伴组合，及时对完成阶段性任务的学生进行评价并开展下一阶段的指导，而不是让学生无聊地等待，这就需要教师可以随时、便捷地获取学生的学习信息。教师利用智能眼镜，识别学生的学习状态，以便进行个性化的学习安排，如图 3-23 所示。

图 3-23　教师佩戴智能眼镜及教师佩戴眼镜看到的画面

案例

西班牙瓦伦西亚 Escola Gavinain Picanya 中学利用可穿戴设备打造互动课堂。可穿戴设备的一个关键特征是所有信号对用户以及整个组都是可见的，因此有利于培养群体感知。在教室内将一组可穿戴个人信号设备（见图 3-24）组成信号编排系统，它们具有可视化模块、通信模块、编排信号管理器以及一个远程控制的图形用户界面，支持课堂上复杂的协作学习活动。每个人的信号设备中的可视化模块均可以显示与教师发送给学生的信号相关联的不同颜色组合，以协调协作学习流程的各个方面。可穿戴个人信号设备包含 5 个 LED（分别显示为红色、绿色、蓝色、白色和黄色），可以单独或成对打开和关闭，也可以闪烁。学生将该设备佩戴在手臂上，即使学生坐下，该设备以及组中的其他设备也可以被看到。该设备有一个收发器，允许由距离最远 100 米的中央计算机远程控制，帮助实现智能化的教学管理与教学。

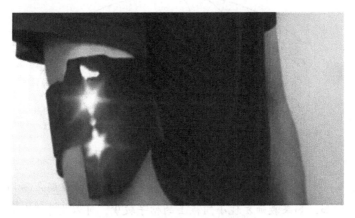

图 3-24　可穿戴个人信号设备

（4）课堂编排系统

从对课堂编排内容和约束条件的简要描述中能够看到，教师在技术丰富的学习环境中管理复杂的学习活动时面临着巨大的"编排负荷"。课堂编排系统（Classroom Orchestration System，COS）是辅助教师进行教室编排的技术，可以帮助教师感知学生的学习状态、进行课堂指导和促进学生协调发展。

案例

新加坡的学者呈现了利用课堂编排系统开展协作学习中的教师编排样例。[30] 课堂环境包括交互式电子白板，安装有 GS 客户端软件的平板计算机。GS 允许学生为小组活动创建、发布和编辑多媒体作品。GS 用户界面分为双窗口，下面的窗口是个人工作区，上面的窗口是小组工作区，学生可以在个人工作区完成作品，并拖放到小组工作区分享给其他小组成员和教师。有了 GS 的支持，教师可以根据教学目标，在个人、小组和全班活动 3 个层面上进行课堂的编排，如图 3-25 所示。GS 可以为教师提供学生个人和小组参与及表现的鸟瞰图，帮助教师更有效地监控学生的持续过程和表现。

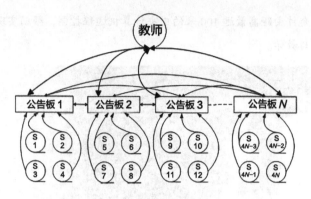

图 3-25　GS 教室中的交互层次模型

　　有了 GS，教师可以随时从一层编排转到另一层，以满足不同的教学需求。例如，如果教师发现小组板上的帖子较少，可以指导学生更积极地参与讨论；如果教师发现学生只使用了一种媒体形式，可以要求学生执行需要使用多媒体表征的任务；如果教师发现评论的帖子较少，可以鼓励小组进行更多的小组内或小组间的嵌入式评估；如果教师发现帖子是多模态且适当的，可以表扬小组，以便小组更有动力表现自我，也促使其他小组向该小组学习；如果教师发现帖子内容有价值或有争议，可以突出特定的帖子，以便更多的学生进行学习或进一步改进；可以对一个小组的工作进行评论，周边小组可能从中受益。

　　表 3-8 显示了在小学五年级的分数数学课中多层面编排的设计。

表 3-8　课程多层面编排设计

活动层次	活动编排	目的
个人	教师激活"显示学生姓名"功能，可在小组板上查看学生名字，查看学生个人贡献的百分比	监控个人表现
小组	根据每个小组的贡献数量，教师可以快速感知哪个小组积极参与了讨论，哪个小组没有参与讨论，如图 3-26 所示	监督小组参与
	根据每个小组工作的贡献，教师可以确定哪些成员按要求完成任务，哪些成员没有完成任务	监督小组成员的表现
	教师可以查看组内和组间的评论	监测组内和组间嵌入式评估和社会性互动
全班	教师可以将小组作业投影到交互式电子白板上，并提出关键性问题	引领全班进行嵌入式评估并唤起学生的探究意识

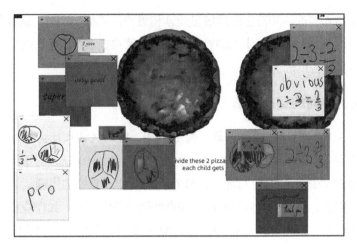

图 3-26　小组作品监测

教师抓住出现的可教时机，并将学生引导到富有成效的探究中时，会发生更深层次的课程计划调整。图 3-27 显示了小学五年级的除法和分数数学课中，教师如何将学生逐步引导到 GS 支持的 3 个活动层面上的探究方式。

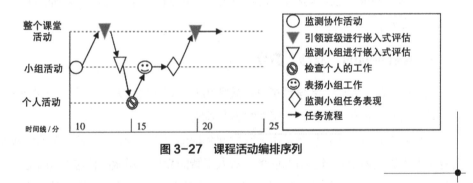

图 3-27　课程活动编排序列

二、人机协同的教学能力

2023 年 5 月，美国教育部教育技术办公室发布的《人工智能与教学的未来》（*Artificial Intelligence and the Future of Teaching and Learning*）中指出，教学工作具有复杂性，教师每天都需要做大量决定，人工智能助手可以处理低层次的细节性工作，减轻教师教学负担，增加教师对学生的关注；技术可以成为教师的一个"代理"，帮助学生更好地完成作业、定制个性化学习材料等。余胜泉等认为在信息的增速越来越快、体量越来越大、结构越来越复杂的趋势下，人类教师需要借助外部智能设备作为人脑的认知外包进行信息处理和思考，"AI+教师"成为人工智能时代人机协同的主要形式[31]。未来的教师如果不希望被技术所取代，就应当主动地和技术协同以发挥各自的优势。

1. 人机协同的层次分析

机器可以外包教师在数据计算、特征感知、模式认知和社会交互4个层面的智能，相应地可以发展出 AI 代理、AI 助手、AI 教师和 AI 伙伴等不同的人机协同模式。AI 代理是最基础的协同阶段，AI 在此阶段作为教师的代理，运用计算智能来处理简单事务，执行一些重复性高、规则性强的教学任务，如作业批改、测试出题、成绩统计等，从而减轻教师的负担。AI 助手可以在处理需要感知智能的任务中帮助教师提高工作效率，如收集和分析学生学习过程中的数据，辅助教师进行更精准的教学决策和学生评价。AI 教师具备更高级别的智能，能够承担教学过程中的认知任务，如个性化学习指导和复杂问题的解决，并能够根据学生的学习风格、知识和能力提供定制化的教学支持，促进学生的全面发展。AI 伙伴是高级的人机协同模式，AI 在此阶段具备社会智能，能够与人类教师进行深入的社会性互动，与教师共同参与教学创新，进行知识共享和情感交流，实现与教师的共同进步和相互提升。

2. 人机协同的"双师"教学

人机协同的"双师"教学是指真人教师和人工智能机器人教师共同开展教学任务，是当前人机协同研究和实践探索的热点领域。

人机协同教育的运行机制是由教师发现和提出教育问题，设定教育目标，明确自身和人工智能各自应当承担的任务，对人工智能教育应用做出相应的功能选择。人工智能教育应用根据教师的指令进行相应的数据采集，通过智能算法对数据进行清洗、特征提取和模型构建，从而形成决策。教师对机器决策进行意义理解、情感理解和价值判断，在此基础上做出决策，将决策规则反馈给人工智能教育应用并采取教育教学干预。教育教学干预可由人或机器单独完成，也可由人与机器协同完成。教育应用场景接受干预后，会产生一定的效果，形成新的数据，并反馈给教师和人工智能教育应用。教师对教育教学干预是否解决教育问题、达成教育目标进行评估。人工智能教育应用对教师的决策规则和应用场景中的数据反馈进行学习，从而优化自身算法，提升决策的适切性[32]。

案例

科大讯飞智能教学系统采用了"教师端＋学生端"的模式，AI 以不同的功能角色同时出现在同一课堂中的两个端口，如图 3-28 所示。AI 技术应用涵盖了课前—课中—课后 3 个阶段，渗透于教、学、考、评、管 5个层面。在教师层面，AI 化身全能教学助手与超级助教，帮助教师智能备课，实时反馈班级学情并提供海量的备课资源，创设丰富的互动方式，加强师生交互；实时监测课堂实施过程，收集学习数据，分析学生思维过程，帮助教师精准教学。在学生层面，AI 化身学习伙伴，基于学生的知识图谱，采取针对性指导，为其提供个性化练习；提供 AI 录课功能，帮助学生高效复习。在管理层面，AI 化身管理助手，提供教学资源、学生学情等数据，并形成可视化分析报告，帮助管理者科学规划资源配置，实现教学效果最优化。在家长层面，AI 搭建家校共育平台，将管理者—教师—学生—家长进行串联，实现教学过程透明化。[33]

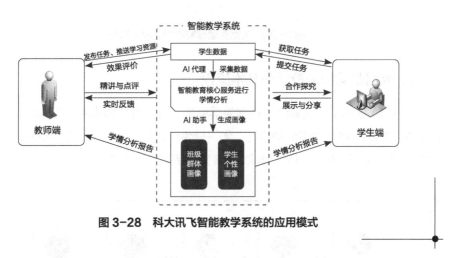

图 3-28　科大讯飞智能教学系统的应用模式

三、数据驱动的精准教学

精准教学是一种依托于大数据技术、立足于处理与分析数据的教学形式，是基于学习者的个性差异与个体需求，立足于因材施教的教学理念，依托智能技术收集、筛选与分析数据，通过人机合理分工，为教师实施差异化、精准化、智慧化的指导与评价以及学生的个性化、整全化发展提供科学依据的教学形态[34]。

1. 数据驱动精准教学的决策模型

数据驱动精准教学的目的是通过数据的流转，连接教学中的"教、学、评、研"活动，如图 3-29 所示，使其从传统教学模式中的相互隔离状态转换并形成一个相互联系、相互反馈的业务闭环，从而有效地衡量是否达成了教学目标，以及评估所有教学活动是否有利于教学目标的达成。

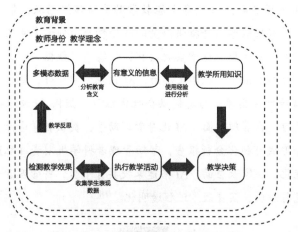

图 3-29　数据驱动精准教学的决策模型

2. 数据驱动精准教学的基本流程

图 3-30 展示了数据驱动的精准教学框架，其中包含精准教学目标设定、精准教学内容推送、精准学习活动设计、学习行为记录与测评以及精准决策与干预 5 个主要环节，并在数据的支持下形成若干相互联系的闭环流程。

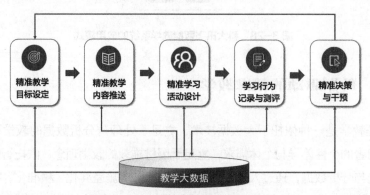

图 3-30　数据驱动的精准教学框架[35]

（1）精准教学目标设定

在综合考虑学生学习现状和学习偏好的基础上，为不同学生精准设定不同的结果预期。对学生需要掌握的知识或技能程度必须有精细的解释和描述；设置的教学目标必须与学生的学习现状、学习风格和学习需求密切相关且高度匹配。

案例

> 北京师范大学未来教育高精尖创新中心研发的智慧学伴平台通过前测可视化图表，建立细化的学习者特征与教学目标维度的一一映射关系，并依据学习偏好来匹配教学目标的差异化设计要素，设定与学习者特征高度匹配的教学目标，如图 3-31 所示。

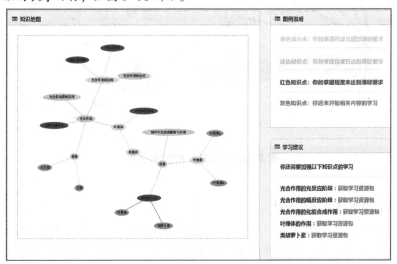

图 3-31　基于学习者知识图谱的目标可视化

（2）精准教学内容推送

根据学生特征，主动为学生推送满足其学习需要的教学内容。通过建立学生模型来记录学生的个性化学习信息是实现精准教学内容定制的前提。精准内容推送包括如下方面：基于内容的推送，是指依据学生特征与教学内容之间的映射关系进行内容匹配，将相似度高的教学内容推送给学生；基于用户的协同推送，是指建立学生与学生之间的关联，为相似学生推荐相同的教学内容；基于关联规则的推送，是指建立不同教学内容之间的关联，根据相关性强弱和因果关系，将符合条件的教学内容推荐给学生。

案例

图 3-32 所示的案例展示了北京师范大学自主研发的学习元平台根据用户角色和学习情况，在同样的学习内容检索下所提供的定制化内容推送。

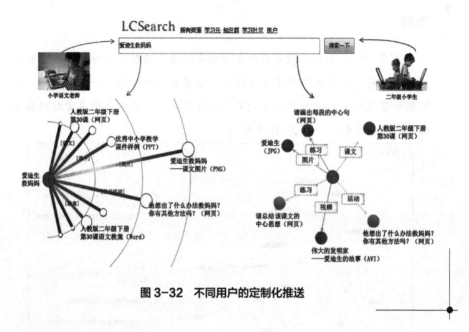

图 3-32　不同用户的定制化推送

（3）精准学习活动设计

精准学习活动设计要以学生特征为出发点，活动目标设计应具体、明确且具有多元性和层级性。在具体设计精准学习活动时，应综合考虑学生的学习偏好、互动偏好、学习支持及活动组织等因素。

（4）学习行为记录与测评

可以通过关注和分析学生的学习行为和参与程度，如课堂出勤、参与讨论、作业提交等情况，预测学生的学业表现和学习动机。教师可以利用这些信息来识别潜在的问题学生，或者进行学生的学业倦怠预警[36]，并采取个性化的教育干预。

（5）精准决策与干预

教师可以通过基于预警机制的教学管理为每个学生设计个性化的学习路径。通过了解学生的学习风格、兴趣和学科偏好，教师可以调整教学策略，提供更符合学生需求的教学内容和学习资源。

四、以能力发展为导向的教学能力

未来学校教学倡导以知识为载体，帮助学生在获取知识的同时获得知识迁移和知识创生的思想、方法等能力，从而指向解决真实问题、探索未知世界的教育目标。以能力发展为目标的教育体系是对延续了 200 余年的教育体系的深度重构，有关学习什么样的知识、如何学习知识、怎么评估学习结果等问题是教育体系转型的关键。总体来看，就是要求学校的育人目标要从"学会"向"会学"转变，从"掌握知识"向"发展思维"转变。学校教育体系将在课程建设、教与学方式、教育评价体系等方面做出实质性的改变。教师必须适应这种教学目标的转向，具备以能力发展为导向的教学能力。当前具有代表性的教学方法有大概念教学法 [37] 和项目式教学等。

1. 大概念教学法

在人类社会知识总量呈指数级增长的背景下，如何提高知识学习的效率是教育体系面临的极大挑战，以 ChatGPT 为标志的生成式人工智能技术的突破则将这种挑战进一步放大。学校的课程体系必须寻找更为有效的途径使学生在有限的、已知的知识学习经历中获得关于知识创生和应用的本质理解，从而获得应对未知世界的能力。布鲁纳（Bruner）的认知结构理论强调，不论教授什么学科，都务必使学生理解该学科的基本结构。布鲁纳的认知结构是以学科基本原理统领的学科知识结构，它不再只考虑学科知识内容间静态的逻辑关系，而是将人类的知识发现和建构过程融入其中，即基于学科的基本原理和思想方法来组织更具统整性、生成性的知识体系结构。我国《义务教育课程方案和课程标准（2022 年版）》中也强调课程内容结构化，这与布鲁纳的认知结构思想有着高度的一致性。

（1）学科大概念的性质

学科大概念是对某一领域或学科中的关键思想、原理或方法的归纳和总结。作为一种高度抽象化、蕴含深刻认识论与方法论内涵的概念，学科大概念具有极强的普适性，承载着深厚的学科内涵与思想精髓，能够充当知识迁移的纽带，推动学生思维的深化与延伸。例如，数学学习中的整数、自然数、实数、负数、有理数、无理数、虚数、计数单位以及 0~9 数字符号等概念或知识点都可以统一在"数是描述现实世界的数量和数量关系的人工符号系统，包括计数单位和计数单位的个数"这一概念之下。在此大概念的引导下，学生可以将其学前知识乃至高等数学的知识点进行整合，形成对知识的整体性和连贯性理解，促进自身的认知结构的形成和发展，这将为学生在不同情境之中进行知识的高通路迁移和创造建立桥梁，使其具备应对未知世界的学习能力。

（2）基于大概念教学的教学特征

学生对学科基本思想和大概念的深度学习有着独特的规律。首先，学科基本思想和大概念的理解必须在学科知识的学习过程中完成，也就是要将知识获取和思维发展融为一体来实施，而不是单纯地进行思维训练；其次，学科基本思想和大概念的学习有赖于对知识的贯通式理解和建构，需要经历一个类似螺旋上升的学习进阶过程。因此，学校教与学方式的变革的底层逻辑必须基于上述规律，要在具有真实性的学习情境中，以学科大概念为统领，根据学生学习阶段在其最近发展区内设定具体的学习目标，以学生感兴趣、有价值的任务或者问题为导向，以主动探究、积极对话、有效指导等多种形式推进教与学活动。这类教与学活动会包含更丰富的学习资源、更深刻的认知活动，以及复杂的任务管理、自我监控等，也有可能延伸至学校教学场域以外的时间和空间。

在教学评价方面，基于学科大概念的学习评价更需要反映出学生在认知建构中的学习进阶过程，促使教师关注学生对知识的主动建构与深度理解的水平及其发展变化趋势，以更好地实施教学活动。学校教学评估体系要更加注重如作业等过程性评估，评价任务设计时，要综合考量知识和技能掌握目标以及思维发展目标等；评价结果分析时，不仅要看到学生对于某些知识内容当前的学习状态和水平，更应建立起发展性、增值性的评估模型，揭示学生的发展潜力。

（3）赋能教师大概念教学的知识可视化策略

长期以来，教师都是以知识内部逻辑体系为依据来组织教学内容和顺序的，而学科大概念本质上要求以学生的观念建构为逻辑来组织教学内容和顺序，加之学科大概念表述本身比较抽象、笼统，其包含的下位概念的范围和边界、下位概念间相互关系以及抽象到大概念的路径和思维方法等尚缺少一种明晰和可视化的方式呈现给教师，这就会使得教师在教学实践中通常依据自身的理解来组织教学内容和顺序。基于大概念的课程内容体系的模糊也会使得学生学习进阶的路径变得模糊甚至断裂，引导学生对知识进行结构化思考、在新的变式下迁移应用等方面的教学活动开展不够，学生对大概念的贯通性理解也难以得到有效贯彻，使得大概念教学在实践中沦为一种形式和口号。这对未来教师的教学而言是一个巨大的挑战。

知识图谱是对课程内容体系的图形化和可视化表征，可以为教师选定教学内容、确定学习路径、诊断学生知识点学习情况等提供教学决策支持。借助数字化技术可开发以学科大概念为核心的知识结构和思维可视化模型。基于大概念的性质，其可视化表征应该同时展示知识基本结构和基本学科思想两个方面，可称为KT 图。其中，K（knowledge structure）图是由"大概念"—"次级概念"—"知识点"等不同知识粒度和抽象层次构成的塔式结构，较底层是相对独立的知识点或下位概念等，如认识阿拉伯数字 0~9 等，这些知识点或概念是上一层概念的实例或构成部分，如整数、多位数、小数等，它们可以继续抽象至更上层概念，如计数单位和计数单位个数等。这样的塔式结构打破了现有教材编排顺序，将不同年级甚至学段的学习内容根据知识的抽象程度、差异呈现给教师。T（disciplinary thinking）图揭示了不同层级知识或概念间通过相应的学科思想和方法进行特征推演的过程，即思维过程，可以直观展示概念之间的关联、知识点之间的迁移路径等。图 3-33 和图 3-34 分别是某小学基于大概念教学开发的"数的运算"的 K 图和 T 图。

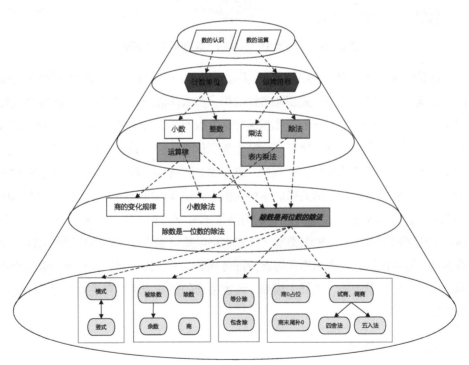

图 3-33　基于大概念教学的"数的运算"K 图示例

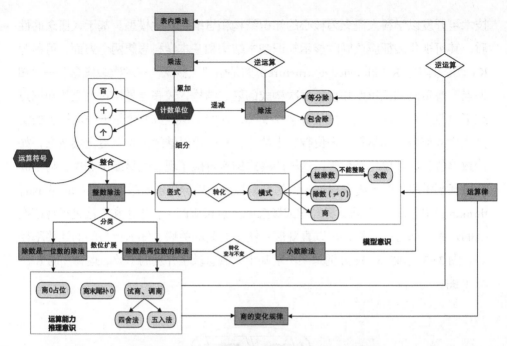

图 3-34　基于大概念教学的"数的运算"T 图示例

这种以 K 图为主体、融入 T 图的多层进阶知识系统的构造和思维可视化表征模式，满足了大概念统领下知识和思维的统一的教学需求，能够引导教师在当前知识学习中更准确地定位前置知识和相关知识，以及落实思维教学目标等。教师可以以大概念可视化图为基础，将学科大概念知识体系，逆向教学设计的思想、流程及教学支架内化在其使用和操作过程中。基于 KT 图结构，系统可根据教师选择的教学主题（知识点）提示教师关联的学科大概念，以及根据以往班级学情推荐合适的知识内容，并引导教师设定可观察、可测量的教学目标。在评价和教学活动设计中，系统可根据 KT 图中知识类型、认知水平以及可能的学习路径和思维方法，生成前测、课中测试以及课后作业等评价任务向导和教学设计向导，教师可以参照提示，选择学科教学资源、工具、模型，设置适当的任务情境，完成教学评一体化的教学设计方案。

2. 项目式教学

项目式教学可以追溯到杜威（Dewey）倡导的"做中学"理念，指的是帮助学生围绕复杂的、来自真实情境的主题，在精心设计任务、活动的基础上，进行开放性研究，最终建构起知识的意义和提升自身能力的一种教学模式。项目式教学就是在真实情境中呈现知识，通过小组合作的方式，让学生像专家一样进行思考和实践，以达到对知识的深度理解和迁移应用。与前面论述的大概念教学法一样，项目式教学同样要求教师转变知识传授的观念，采用逆向思维的方法，从预期的学习成果出发，反向规划教学活动，通过项目产品创造过程来展现学生的学习效果。

尽管项目式教学最鲜明的特点是学生做项目或者解决问题，但项目式教学并不等同于为了做项目而做项目。项目式教学的教育价值在于使学生通过主动的探究性学习活动，达到对知识的深度理解与有效输出，同时体验科学探究和问题解决的过程，并掌握相应的技能，培养学生问题解决的意识、思维方式和态度。因此，教师在项目式教学中要落实知识建构和能力提升两个目标。在知识建构层面上，不仅要落实情境化学习的理念，还要将项目中的知识点与多个课程的概念和知识相关联，只有这样，学生才能在完成项目的过程中建构自己的知识框架。在能力提升方面，教师可充分发挥自身的数字素养，借助技术手段，为学生在整个项目完成和问题解决过程中的探究、推理、反思等认知和元认知活动提供支持，为小组协作提供组织和管理方面的支持，为知识输出提供支持，等等。

五、教师数字化情感育人能力

《礼记·学记》中有"安其学而亲其师，乐其友而信其道"的论述，说明在古代，人们就认识到情感连接是师生和同伴关系中不可或缺的一部分，积极的情感和信任之情是实现全面育人目标的必要途径。未来学校数字化教育生态的不断形成将极大地扩展师生交往的途径，构建师生相互平等、相互尊重的交往空间。但不容忽视的是，技术主导的学习活动以数字分析和学习的程序化为基本逻辑，还无法对复杂而易于波动的情绪、情感进行有效的沟通，学生的心理焦虑和成长困惑难以处理，技术的使用挤压了面对面的人际交流的空间，给师生之间以及学生之间的情感交往带来了挑战。教师的数字化情感育人是构建未来学校数字化教育生态的不可或缺的一块拼图。

内容链接

作者的团队对某市在新冠疫情期间线上教学情况进行了调研。其中，关于师生交往活动的调研结果如表3-9所示。可见，教师在线上给学生提供了多样化的学习支持。首先是学习计划上的支持，这对师生分离状态下的学习是非常必要的；其次是对学习过程的支持，如提供学习资源，进行作业批阅和点评，分析学生表现并给出学习建议等；最后是对学生的身心健康和思想状态的支持，一般通过召开家长会、进行家校沟通等方式进行。

表 3-9　关于师生交往活动的调研结果

选项	小计 / 人	占调研总样本人数比例
A. 提供教学计划 / 学习计划	64058	82.89%
B. 提供学习资源、平台	62581	80.98%
C. 定期开展班会	46531	60.21%
D. 定期召开家长会	37695	48.78%
E. 组成学习小组，开展小组交流	36108	46.73%
F. 各学科教师都对作业进行批阅和点评	51966	67.25%
G. 分析学习表现，给出学习建议	37450	48.46%
H. 关注学生身体健康、体育锻炼	47203	61.08%
I. 关注学生身心发展，开展心理辅导或主题班会	34706	44.91%

事实表明，技术越深入学校之中，就越需要人类教师。教师在教育教学过程中，不仅要关注对智育的培养，更要与学生进行心理和情感的互动。学生在技术给出的各类数据标签中所产生的情绪波动和心理困惑，需要在师生的相互关怀和理解中得到更有成长性的解释和缓解。

1. 教师数字化情感育人意识

教师的数字化情感育人意识是指教师在数字化环境中对情感育人价值的认识和理解，较强的数字化情感育人意识是增进师生和家校间情感互动专业化与可信度的重要前提。首先，教师要认识到情感教育对学生全面发展的重要性，明白积极的情感状态能够促进学生的认知学习、社会交往和个性发展；其次，教师要认识到数字化环境为师生的情感互动提供了新的可能性，并充分重视数字化技术在连接家庭、学校和更广泛的社区方面的作用，包括利用教育软件来增强学生的参与感、归属感和自我效能感，建立虚拟社区以及时和家长进行情感沟通等；最后，教师有意愿借助数字化方式收集和识别学生的情感数据，以了解学生的情感状态，并据此调整育人策略。教师的数字化情感育人意识还包括教师意识到数字化方式的不足，能够主动通过面对面交往来加以确认、补偿等，同时具备数字化情感交往中的道德和伦理意识，尊重学生隐私，合理使用学生数据，并在情感互动中保持专业边界。

2. 明确数字化情感育人中的角色定位

学校教育的职责不仅是向学生传递人类积累的科学文化知识，还承担着引导学生实现社会化的使命。学生是以一个"未完成的人"的状态进入学校的，学校通过教育活动引导学生通过自由、自觉的主体性活动走向"成人"，在基础教育阶段这个特征尤为明显。因此对于教师而言，不仅要关注学生获得多少知识，更要关注学生的主体性发展，唤醒学生内心对自由的渴望[38]。

数字化教育生态下，师生关系演变为"师—生—机"的关系，教师更要在这种新型关系下准确定位自己的育人角色。借助数字技术，教师可以从重复烦琐的知识传授工作中解放出来，而更加注重学生"学以成人"的全面发展，培养学生的学习能力、思考能力，将外在生存能力提升转变为内在灵魂成长[39]。教师除在学生知识和技能掌握领域中承担精准评估和个性化教学的干预角色外，还可以在情感教育领域扮演学生心理素质测评与改进的辅导员、体质健康监测与提升的保健医生、反馈综合素质评价报告的班主任、学生成长发展的生涯规划师等多种角色[40]。

3. 提高数字化情感育人技能

教师应充分认识并剖析数字化情感互动的运作原理及重要作用，培养情感育人技能，具体包括情感认知、情感表达、情感沟通、情感管理、情感调节等技能。一方面，教师要提升数字化情感育人胜任力，充分了解和掌握数字技术的情感工作机理和决策过程，并能对数字技术处理得出的情感分析结果进行评估；同时要有意识地培养自身观察、识别和处理学生情绪的能力，将智能教师帮扶和人类教师情感补位相结合，避免将决策权直接交予数字技术而造成情感盲目和偏见。另一方面，教师要结合教学过程中学生需要达到的情感目标，将自身的社会经验、生活阅历和价值追求以学生乐于接受的数字化方式进行呈现和传播，不断地在批判性思维的引领下构建和完善自身的情感知识体系，成为学生心理和情感的呵护者。

第四节　未来学校教师专业发展体系

未来学校的办学价值和理念突出了人的主体性发展，因此未来学校教师的专业发展必须建立在对教师主体性充分尊重的基础之上，这不仅需要加强教师在教学和育人中所需知识和技能的学习与培训，还应当通过各种途径支持教师构建起自身的教育信念和教育价值，使其成为一个主动的终身学习者。

一、教师的数字化教育信念

教育信念是指教师在教育和教学领域自认为可以确信的观点，通常包括教师对课堂教学、语言、学习、学习者、教师角色、课程改革、教师专业化等问题的态度、看法，这些认识驱动并塑造教师的一系列实践活动。

1. 教师数字化教育信念与教学实践

前面已经通过未来教育的发展趋势和现实案例，充分地证明了未来教师的工作场景是离不开数字化教学环境的。教师数字化教育信念是指教师对于数字化环境下教学、课程、学生、学习评价、教师发展等问题的主要看法和观点，以及对自身是否能够胜任和愿意接纳数字化教育转型的态度。教育政策或教育改革的成功实施在很大程度上取决于参与其中的教师的能动性。教师能动性是指教师为改变自身的发展境遇及所处的发展环境，积极主动地做出选择和努力，主要表现在调节教学活动、建构教师个体身份和组织文化等层面。能动性对教师自身行动调节具有双向性，当教师面对与其自身信念冲突的教育改革时，可能会利用自己较高的能动性来抵制教育创新。教师数字化教育信念和教学实践之间存在比较复杂的关系，二者时而保持一致，时而存在差异而相互影响。因此，未来学校的教师专业发展体系必须能帮助教师构建起正确的数字化教育信念，这样才能使其转变为教师的主动创造性的教学实践。

2. 教师数字化教育信念的影响因素

研究表明，教师数字化教育信念主要受个体、外部环境、教学实践和结果等几方面的影响。具体来说，教师数字化教育信念的影响因素包括如下几方面。

首先，教师个体有关数字技术的知识和技能是影响其数字化教育信念的基础，它决定了教师在面对技术挑战时是否能够保持积极的态度和能否坚持，丰富的知识和技能能够增强教师在实际教学中选择使用数字技术的意愿和信心。教师以往的使用经验会影响他们对新技术的态度，成功的经验会增强信心，而失败的经历可能会让其产生抵触情绪。

其次，学校和同事的外部支持对教师数字化教育信念的形成和发展起着至关重要的作用。学校提供有效的培训和专业发展机会可以帮助教师更新知识和技能，适应教育技术的最新发展。同事、领导和社会网络对教师数字化教育信念的影响也不容忽视。一个支持性的同事群体可以为教师提供实践指导、情感支持和资源共享，从而降低教师对新技术的焦虑感；领导的支持则能够为教师提供必要的时间和空间去探索和实践新技术；加入专业社群和参与网络研修活动可以拓宽教师的视野，使他们能够接触到更多的创新实践和成功案例。

再次，数字化教学实践也会对教师数字化教育信念产生影响。教师更倾向于使用那些易于学习和操作、能够与现有教学流程和资源无缝对接的技术。学校如果能够提供必要的硬件、软件和网络支持良好的数字化教学环境支持，教师则更有可能尝试数字化教学实践，进而坚定其数字化教育信念。

最后，可见的结果对教师的数字化教育信念具有决定性的影响。当教师能够看到技术应用带来的积极变化，如学生学习动机的增强、学习成效的改善以及教学效率的提高时，当技术能够与教学内容和方法相得益彰时，教师更有可能将其视为教学过程中不可或缺的一部分，其对数字化教学的接受度和信任感会显著增加。

二、完善学校教师专业发展体系

教师专业成长是一个多维度、多层次且伴随其整个职业生涯的终身学习过程，建立一个分层分类的知识技能培训体系是促进教师专业发展的基础。同时，批判性教育思维能够促使教师不断反思和质疑现有的教学实践，探索更有效的教学方法和教学策略，以适应不断变化的教育环境和学生需求，这对人工智能越来越多地进入教学决策场景的背景下的未来教师而言尤为关键。

1. 建立分层分类的知识技能培训体系

研究发现，即使在同一种教师工作和专业发展场景下，新手教师、胜任型教师以及成熟骨干教师的专业发展路径也存在显著差异 [41]。学校应当根据岗位、场景和教师职业发展阶段细化知识技能，为每位教师制订个性化的专业发展计划，明确发展路径和目标，如表 3-10 所示。学校可以通过定期的活动和反馈，跟踪教师的进步，并根据需要调整培训的内容和形式；设立奖励和认可机制，鼓励教师积极参与专业发展活动。

表 3-10 教师分层分类知识技能体系

类别	新入职人员	新手	骨干	专家
教学	数字化设备、教学平台使用方法	整合技术的教学法、教学策略	实际教学问题的发现和解决、教师数字化教学领导力	名师工作室、跨学科协作
行政	行政业务管理系统、数据科学和管理基础		基于数据的管理决策等	
德育	德育工具、德育方法		家校社协同育人、基于数据的综合素质评估和分析	
服务	系统平台、数字化服务业务流程		管理效能、基于数据的服务优化等	
全员	智慧校园、校园服务平台、数据安全、网络安全等专题培训			

2. 鼓励批判性教育思维

人机协同下基于数据的工作决策等将成为未来学校各类教师的常规化工作场景。智能技术的应用的确大幅度减少了教师的机械性、重复性工作，解放了教师的创造力。然而，由于智能决策本身对教育业务场景的学习和理解程度以及算法的可解释性等方面都还存在不足，在教师的专业成长中，不断提示教师不能依赖技术的决策，而要重视自身主体性，鼓励教师发展批判性教育思维非常必要。在人机协同中，技术给出的备课方案、推荐资源、学生画像和评定等结果，最终的采纳权应该属于教师。在要求教师具备使用工具和平台教学的能力的基础上，更重要的是要让教师具备数据洞察力，能够查看数据源并对自动化决策做出自己的判断，当教师不认同自动化决策教学建议背后的逻辑时，教师能够推翻并重新决定。

三、技术支持的教师实践体系

教育信念是嵌入教师知行互动过程中的、参与者的、批判建构的、个人的认识和态度，而不是以文字为载体的、旁观者的、权威型的、普遍的、外在的观念，因而教育信念的形成不是简单的知识累积和"照章办事"的过程，而是教师进入某种教学情境，结合自身的经验和视域，进行参与、反思的过程。学校应通过技术方式给教师提供良好的外部支持，强化教师的实践意愿和积极的实践结果，加强从实践到信念的转变。

1. 网络研修社区

网络研修社区是指具有共同知识背景和发展愿景的教师借助资源活动聚集形成的学习型组织，它通过聚焦教育教学的实践问题，共享发展默会性知识和实践性知识，达到专业成长的目的。通过网络研修活动，采集教师的网络资源检索、线下授课行为、线上反思日志、课例资源、竞赛科研、能力微认证等数据，对教师的基本信息、任教学段、教学能力、学习风格等有一个基于数据的了解，可以为后续的研修资源推荐提供依据，以便教师进行更精准的研修[42]。学校除了利用网络教研平台开展校内的网络研修，更主要的是通过网络教研连接地方教研资源，给教师提供更广泛的、开放的研修环境，促进异质的思想交流和碰撞，这有利于教师批判性思维的发展，帮助教师建立更加全面和稳定的教育信念。

内容链接

2021 年教育部推进虚拟教研室试点工作。虚拟教研室是基于大数据技术和人工智能技术，承载丰富的教学内容、教学手段和教学资源，在实体场所开展线上线下相结合的教学研究活动的虚拟组织。它通过先进的技术平台联合相互独立的基层教学组织，将跨时空、跨学校、跨区域的优秀教学团队、教学资源和创新教学模式相互整合，旨在培养更多的具有创造性学习能力的复合型人才，最终实现智能化教育教学新模式。不同于实体教研室，虚拟教研室是由具有共同兴趣、共同使命感的教师组成的教师共同体，为形成共同目标与共同兴趣，其需要具有明确的教研中心。例如，以某一门课程为中心来组建虚拟教研室，参与教师将围绕这门课程进行课程建设；以某一专业为中心来组建虚拟教研室，参与教师需有共同的专业兴趣和话题；以某一教改专题为中心来组建虚拟教研室，参与教师需对此专题感兴趣并进行不同角度的探索与交流。

2. 教师数字化教学工作站

学校可使用新兴技术建立数字化教学工作站，为教师提供接触各类先进教学设备的机会，激发教师主动探索新型教学活动的兴趣。教师可随时在数字化教学工作站自发尝试各类新型的教学活动设计。数字化教学工作站除了提供设备和硬件等环境支持，还可以将优质教学设计方案和教学过程进行智能标注，形成优质教学知识库，在此支持下对特定的教学场景和教学对象进行分析，自动指导教师完成高质量课堂教学；基于沉淀下来的教师教学行为和教学过程数据，进行智能挖掘并形成教学策略库、教学诊断库等，构建教学脚手架，协助教师基于真实教学情境灵活地进行课堂教学决策等；研发教学行为自动采集和分析系统，实现教师课堂教学行为的无感采集和智能诊断，对照优质课堂模型提供改进建议，以帮助教师改进教学薄弱点等；提供教师针对典型教学场景的问题解决库，记录其各类教学问题解决行为，分析个性化的教学实践模式，帮助教师进行自我反思和改进，推动个人教学智慧的生成等。总之，数字化教学工作站可以通过将智能化技术介入教师教学知识的建模、指导、脚手架搭建、反思和实践探究等整个流程之中，全方位地为教师数字化教学发展提供支持。

案例

　　北京师范大学昌平附属学校在校内专门建设"面向未来教育的智慧学习空间站"。通过装备多屏互动设备、智能终端、体感交互机器人、无感数据采集设备、精准教研和智能备课平台、智慧学伴网络学习平台、学生问题解决能力评测等应用平台，空间站可支持教师开展多屏互动支撑下的小组协作教学模式、基于自然数据采集的精准教学模式、"开放辅导"服务支持下的自主学习模式、同频直播双向互动的"双师"课堂模式等新型教学模式的探索。该空间站能够在教师进行教学时提供智能的教研支持，成为教师发展中智能设备支撑下的动作纠偏工坊、精准备—听—评一体化研修工坊（见图3-35）、多功能录课工坊、跨学科融合研究工坊、远程协同研修工坊。

图3-35　精准备—听—评一体化研修工坊示意图

第四章

未来学校的数字化空间体系

继自动化机器拓展了人类的体力之后，智能化信息技术延伸到人类的智力领域，冲击了我们对理性的认识以及对如何获得理性、应用理性的理解。学校是人类知识传承和未来人才培养的专门机构，校园是育人活动发生的场所，面向未来的校园空间必然会体现出人类进化史上这一具有里程碑意义的跃变。信息技术的飞速发展重塑了我们对未来学校环境的想象，未来学校的学习环境将是高度互联、智能化和个性化的学习生态系统，数字孪生技术的应用将为学校提供一个与现实世界完全对应的数字化镜像，这不仅会使教育资源的管理和优化变得更加高效，也会为学生提供更加个性化和沉浸式的学习体验。

第一节　信息技术与未来学校环境

未来学校离不开信息技术，信息技术的介入会把学校的空间从传统的建筑空间、物理空间延伸到数字空间。这种延伸不仅是场所的扩展，还会逐渐由教和学方式改变和行为改变引发师生／生生等人际情感关系的演变、教学流程的转变和教学组织的转变等，是撬动传统学校向未来学校转型的杠杆。

一、未来学校学习空间

学习空间具有悠久的历史，而且伴随着时代的发展和教育形态的转变不断地发生着变化。现代校园空间设计将工业生产领域"标准化""大规模""高效率"等价值追求移植到人才培养领域。在从工业时代向信息时代转型的时期，新旧文化和思想剧烈碰撞，给学校教育体系带来强烈的冲击。学习空间是学校教育体系的具象化表达，是育人观念、教育内容、教育方法的"容器"，面对信息时代学校教育体系的重构，学习空间的设计在世界范围内得到普遍关注。

1. 学习空间的概念

学习空间（learning space）指的是学生学习的场所和支撑学生学习的条件的总和[43]。学习空间不仅是进行学习、教学和课程实施的物理空间，还包括学生在该空间内进行的活动，以及空间对于学生的学习所能提供的外部支持作用。学习空间也是社会关系的一种表现，是物理结构 – 技术 – 学生 3 层因素相互交织、相伴而生的动态的互动模式和学习文化[44]。

未来学校的学习空间是为促进学生发展，特别是高阶能力发展而创设的学习空间，包括物质空间、活动空间和心理空间；学习空间容纳了支持学习的各种要素，通过整体性的顶层设计成为促进学生发展、支持以学习为中心的学习场域。

2. 未来学校的主要学习空间类别

未来学校包括不同类别的空间形态，它们可以发挥不同的教育功能，共同构成校园学习空间主体。如以班级教室、阶梯教室、讨论教室等为主要形式的室内学习空间，能够为师生提供集体学习和统一学习的空间环境；以操场、游戏场、运动场地等为主要形式的室外运动空间，可用于大型室外集体活动、运动、展示、表演等；以花园、温室、体验农场、文化园和公共绿地等为主要形式的景观空间，能够为师生提供体验和感知自然的环境。此外，未来学校的空间类别还包括多样化学习空间、公共社交空间、公共学习空间、室内运动 / 活动空间、过渡空间、虚拟学习空间等。未来学校空间类别及其主要形式和功能如表 4–1 所示。

表 4–1　未来学校的主要空间类别

空间类别	主要形式	功能
室内学习空间	班级教室、阶梯教室、讨论教室、实验室等	提供集体学习和统一学习的空间环境
室外运动空间	操场、游戏场、运动场地（足球场、篮球场、网球场、乒乓球场等）	用于大型室外集体活动、运动、展示、表演
景观空间	花园、温室、体验农场、文化园、公共绿地等	基础空间，用于体验和感知自然
多样化学习空间	满足不同目的、不同人数需求的多样化学习空间，如可用来个体反思、小组合作的讨论室、会议室等	支持每个学生根据自身学习情况、性格特点和兴趣特长自主自由选择
公共社交空间	休闲阅读区、室内休闲区、餐吧、清洁区、休息区	用于讨论、休闲、娱乐等

空间类别	主要形式	功能
公共学习空间	班级教室、多媒体学习中心、讨论室、图书馆、影音鉴赏室、创新实践教室	支持课堂教学、集体学习
室内运动/活动空间	室内运动馆（室内篮球场、羽毛球场、游泳池），舞蹈厅，音乐厅，书法美术教室，3D打印/制作教室和实践活动室，等等	用于室内集体活动，包括艺术活动和运动
过渡空间	过道、走廊、屋顶平台、风雨连廊、底层半开放空间、教室退台	用于休闲、交往、非正式学习，自主探究场所
虚拟学习空间	通过网络、虚拟现实等技术打造的线上空间，如个人学习空间、数字校园等	连通线上线下，用云端的空间和资源拓展和强化有限的校园空间

二、学习空间对学习的影响

研究发现，学习空间会对师生教学产生不同的影响。学习空间感知因素包括色彩、光照、温度、声音、建筑物的形状与排列、设施配置等。师生对学习空间的主观感受会影响教师教学活动的选择和学生的学习效果。

1. 物理环境要素对学习的影响

学习空间中的物理环境要素（如色彩、光照、温度等）会给人带来不同的生理与心理感受，将直接影响师生的情感体验与身心活动。有学者在调查了2011—2012学年7所英国学校的34个班级的751名学生后发现，在学生一学年的学业进步中，25%可以归因为教室设计，设计最佳和最差的教室对学生一年来的学习差异影响显著，73%的学生表现出现差异的原因在于环境因素，其由此总结出6项对学习至关重要的设计参数：色彩、多样性、家具选择、灵活性、互动性和光照[45]。

另外有研究发现，学生的学习效率随光源色温、照度值增加而降低，推测这可能与高色温、高照度状态下人更易疲劳，以及大脑功能分区和光源光谱组成有关[46]。温度是影响学生在课堂上的舒适感受的重要因素之一，一般来说温度在24~26℃为宜。色彩以其独有的感性特征，激发处于空间之中的人的想象力，传递空间的情感，对师生的情绪和学习表现产生影响。例如，蓝色可以营造平静氛围，帮助学习者放松；彩色的设计可以激发学习者的积极情绪，增强学习者的学习动机。声音可能会成为学习的催化剂，或者直接分散学生的注意力。相邻教室中的设备噪声，如电灯、暖风、空调系统、视听设备及计算机的噪声和教师讲课的声音是干扰学习的主要因素，噪声会使学生过早疲劳，降低他们的认知能力，对学生的学习和学业成绩有负面影响。因此，在设计学习环境的过程中，要高度重视空间的物理环境，如光照（人工、自然）、温度、色彩、声音等，并对空间布局和教育功能区域进行综合规划设计，以促进学生学习和全面发展。

2. 教室空间布局对学习的影响

教室空间布局是指在满足和服从校园整体空间规划的前提下，对教室这一具体学习空间形态进行设计布局，通常包括教室选址、教室形态、建筑材质、门窗设计，以及与其他校园空间的对接等。学习空间的多样性可以为师生提供更丰富的信息，而长期处于单调的环境则不利于思维能力与智力水平的提高。

一切发生在教室中的教育教学实践和学习活动都高度依赖于教室空间的整体架构和布局，教师的教学设计、学生的学习实践和各种技术装备，都需要适当的空间设计方能充分发挥作用。例如，法国巴黎长颈鹿育儿中心用一个巨大的黄色长颈鹿雕塑贯穿学校，用城市丛林的形象激发儿童的想象力。学校打通教室与走廊的墙壁，建设开放式教室、教学楼，将走廊开辟为不同学年、不同学科学生的公共学习空间，促进学生的协作学习，形成良好的人际关系；建立连廊模式连接教学楼和不同功能区域，有利于学生互动玩耍、学习交流，适应选课走班的教学模式；此外，灵活弹性地摆放课桌椅、改造教与学的空间，可支持学生的主动学习和团队合作。又如，芬兰东部的 Heinävaara 是一所开放式学习环境学校，学校创建移动式教室，并设置移动隔板，根据不同的教学需求进行改造，引导学生主动参与学习。

教室空间布局应当以为师生的教育学习活动提供功能性支持和为学生全面发展创设和谐环境作为基点来开展。

（1）提供功能性支持

学习空间的首要目标是为教育教学提供功能性支持。所谓功能性支持，即空间环境及其要素能够为各种教育教学活动，如教师讲授、学生自习、协作化学习、个性化学习、探究性学习，提供适宜的活动场所、技术设备和学习资源。

案例

芬兰埃斯波市的桑拿拉赫蒂学校采用创新型设计，将非传统课堂融入教育体验之中，为各种类型的小组学习和协作学习提供支持。例如，教室与教室之间采用玻璃墙，让学生可以分组学习（见图4-1）；用于集体研讨的教室安装有玻璃门，可向隔壁的学习小组敞开；宽敞的走廊内也有足够的开放空间，可供学生坐下交流和学习。

图4-1　透明连通的学校教室

（2）创设和谐环境

教室的空间布局除具有明确指向的功能性支持以外，相对隐性的环境条件同样不可忽视。教室是教师和学生在校园中工作、学习和生活的主要场所，教室及其周边空间的环境质量和条件会直接影响教育教学的效率和效果，也关系着整体校园生活的质量。因此，教室空间布局设计需要遵循以人为本的原则，创设和谐舒适的空间环境，为师生提供高质量的学习空间条件。

3. 数字化设施配置对学习的影响

教育信息技术的发展革新了教学的学习设施配置，并为学习空间赋能，推动学生核心素养的发展。纽豪斯（Newhouse）认为计算机是一种具有双向交互功能的设备，计算机软硬件增加了教师、学生、教材之间的互动途径，从而提高了整个学习系统的复杂度和学习的多样性，增加了学生开展个别化、探究性和协作化学习的机会。随着移动终端技术、云计算技术等在教育领域的应用，教室技术装备有了极大的扩展，能够为学生提供情境感知、多种交互通道及自适应学习等功能。例如，智慧教室所装备的技术融合了真实和虚拟学习空间，多层次、多通道地扩展教学交互活动，支持学生获得真实的学习体验；智慧教室还具备对学习过程数据和学习环境数据的自动化采集、分析、建模能力，为教师和学生提供全程化的教学管理和支持。

三、走向数字孪生的学习空间

数字孪生是以数字化的形式对某一物理实体过去和目前的行为或流程进行动态呈现。近年来，数字孪生开始从工业制造领域延伸到教育领域，并对教育改革和课堂模式产生了深远影响，教育数字孪生的概念也随之产生[47]。

1. 数字孪生的特征

数字孪生原理如图 4-2 所示，包括 3 个主要部分：物理空间的物理实体；虚拟空间的数字模型；物理实体和数字模型之间的数据和信息交互系统[48]。

图 4-2　数字孪生原理图

数字孪生的特征具体体现在如下几个方面。

（1）实时映射性

数字孪生可实现物理空间与信息空间的实时映射，通过双向动态映射，物理实体和数字模型共同演化，确保两者之间的即时更新和一致性。这种映射关系使得数字孪生能够准确反映物理实体在信息空间中的状态和行为，实现物理世界与信息世界之间的无缝交互和同步运作。

（2）完整性

数字孪生具有完整的环境和过程状态，涵盖全生命周期，从设计、建设直到运行和管理阶段，它都具有统一的数据源，避免了数据孤岛问题。所有传感器感知或执行系统生成的信息都存储在数字孪生体中，并随着物理实体系统的变化而实时更新，具有超写实性。

（3）自主性

数字孪生是"自主"系统而不仅仅是"自动化"系统。它基于对环境的认识来理解任务，对自动异常和错误处理的情况做出反应，而无须人工对系统进行重新配置。数字孪生所存储的数据信息和所提供的数字模型将作为系统行动规划所需的前向模拟的一部分，用于预测在给定情况下系统的行为结果，使系统能够对行动方案做出自主决策，具有更高的灵活性和适应性。

（4）一致性

数字孪生可以将实时数据与数字模型紧密结合，使管理人员能够在实体系统正常运行的同时，在与实体系统对应一致的数字系统中预先对控制与管理带来的影响进行预演和验证，动态调整，及时纠偏。物理实体和数字模型通过双向动态映射共同演化，可实现物理世界和信息世界之间一对一的对应关系。

（5）智能决策性

数字孪生中的物理对象和数字空间可以实现动态交互和实时连接，因此，数字孪生智慧教学手段能够通过海量教学数据的收集和智能分析，客观评价教学效果，并给出合理有效的决策建议，以未来视角智能干预传统教学的发展轨迹和模式，进而指引和优化教学的规划、管理和深度改革[49]。

2. 数字孪生在教育中的应用价值

数字孪生可以扩展学校的学习空间以及优化空间使用体验，为学校数字校园生态构建、学校业务流程和治理方式重塑提供模型和数据基础。数字孪生校园将实体校园中的人、机、物等空间要素接入数字化系统之中，通过实时映射实现虚实空间的实时同步或定期动态更新，可以完整地表现学校整体的环境状态和过程演变。在数字孪生校园空间沉淀的有全景价值的数据，成为学校发展取之不尽、用之不竭的数据资产。

数字孪生技术对教育领域的学习空间、学习资源、学习角色、课堂设计等进行多源数据采集，全方位地进行数字建模，实现对物理实体的精准映射，将数字孪生校园建设成为可计算的"教育实验室"，实现对实体校园教育事务的预测和干预，支持各类校园智能应用服务，包括校园运行监测、智能运维、预测预警、校园管理、决策支持等数字孪生服务。比如，在教学跟踪和评估上，能通过数据收集和分析对教学进行溯源，预测教学效果和趋势，同时结合教师的教学智慧提出客观的教学决策建议，从而实现教育领域虚拟课堂和物理课堂的互控互联与融合共生[50]。

案例

扬州大学将数字孪生技术应用于实验室安全管理，设计了数字孪生实验室安全管理平台，连接虚拟与物理世界，其技术路线如图 4-3 所示。其中孪生数据是数字孪生的核心驱动。

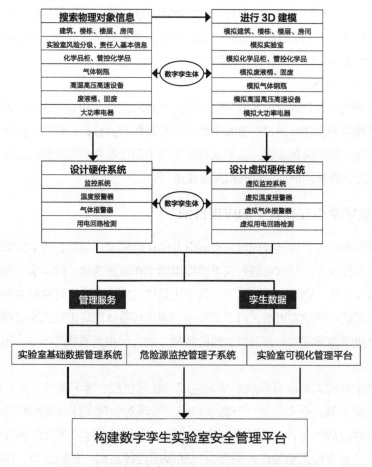

图 4-3 数字孪生实验室安全管理平台技术路线图

数字孪生实验室安全管理平台打通了实验室管理系统已有的数据（如实验室名称、坐落位置、负责人、安全等级等信息），确保各系统的核心数据实时、一致、准确；实现了实验室危险源信息化、智慧化管理，如危化品全生命周期的数字化管理，高压灭菌器、钢瓶等特种设备的使用和数字化管理，大功率设备的用电安全、温度监控管理等；对现有系统的业务数据进行了归纳整合，传输到可视化系统并在大屏终端显示，实现实验室安全管理相关数据的查询和预警。如对实验室楼宇和房间进行 3D 建模，构建重点管控楼宇及其实验室的"数字孪生"模型，对实验室的开放情况、人员准入情况、危险源等进行可视化管控。对安全等级较高（大于 2 级）的实验室所在楼宇及其内部房间进行 3D 建模，利用数字孪生技术，将实验室内的危险源复制到实验室 3D 模型中，实时查看危险源的运行情况，实现对风险源的可视化管理，如图 4-4 所示。

（a）实验室楼宇实景　　　　　　　　（b）实验室楼宇数字孪生体

图 4-4　动态实验室安全数据可视化平台

第二节　未来学校学习环境设计

2021 年 7 月，《教育部等六部门关于推进教育新型基础设施建设构建高质量教育支撑体系的指导意见》中提出要深入应用 5G、人工智能、大数据、云计算、区块链等新一代信息技术，充分发挥数据作为新型生产要素的作用，推动教育数字转型；到 2025 年，基本形成结构优化、集约高效、安全可靠的教育新型基础设施体系，并通过迭代升级、更新完善和持续建设，实现长期、全面的发展。文件中将信息网络新型基础设施、平台体系新型基础设施、数字资源新型基础设施、智慧校园新型基础设施、创新应用新型基础设施、可信安全新型基础设施作为重点方向。结合指导意见的这六大重点方向，从世界各国学校环境的建设来看，工作主要集中在 3 个方面。

一是优化信息与通信技术设施。在互联网快速普及的信息化社会中，加快数字访问的可及性是数字革命的内在要求。因此各国纷纷加大宽带网络和移动通信基站建设的投入，加快信息化基础设施建设进程，消除学生网络接入机会的不平等。例如，英国于 2020 年启动新的"千兆计划"（Project Gigabit），致力于提供更快的数字访问；针对偏远农村地区分阶段实施"共享网络计划"（Shared Network Plan），以破解网络的接入性难题。

二是构建数字教育资源平台。许多国家和国际组织通过平台建设增强教学资源的可获取性，提高人才培养质量和学校间的协作效率，助力教育数字化发展。例如，德国于 2021 年出台"数字教育计划"，创建一个以用户为中心、连通各平台的国家级数字教育平台，以支持学校内部及跨校协作，为师生提供全面且多样化的学习材料。

三是打造全新的混合学习空间。传统教室已难以满足混合式学习的需要，许多国家加大对学校的资金投入，配备高清互动、虚拟仿真、智能感知装备，让学生可以在技术丰富的环境中开展深度学习。美国高等教育信息化协会发布的《2022 年 EDUCAUSE 地平线报告：教与学版》（*2022 EDUCAUSE Horizon Report: Teaching and Learning Edition*）提出，打造混合学习空间是促进高等教育数字化转型的六大技术之一 [51]。

一、学习空间设计的 PST 框架

澳大利亚教授拉德克利夫（Radcliffe）于 2009 年提出了基于下一代学习空间的 PST（Pedagogy-Space-Technology，教学法—空间—技术）框架，如图 4-5 所示。PST 框架注重整体设计，从教学法、空间、技术描述了学习空间设计应当考虑的关键问题以及这 3 个要素之间的相互关系。如框架图中所展示的，教学法的实施需要特定学习空间设计的支持和信息技术的赋能；教学法的改进也会驱动新型学习空间设计的变革和推动教育信息技术产品的发展；空间通过嵌入相应的信息技术，功能和用途得以加强和扩展。教学法、空间和技术三者之间的关系是两两交互、不断循环的。一方面，新技术的涌现可能会使得某些教学理念更容易被实现，如计算机的出现为程序教学提供了比程序课本、教学机器更有效的支持；另一方面，融合了技术的教学法的改进使得传统的学习空间的规模、样态、功能的边界不断地延展。尽管 PST 框架没有严格的流程，但它直观地将学习空间规划、设计和评估中的核心问题呈现了出来，使得与智能学习空间所有潜在的利益相关者，如学校管理者、教师、学生、建筑设计师、技术装备提供者和服务商等都能参与到设计、实施和应用的整个过程之中。

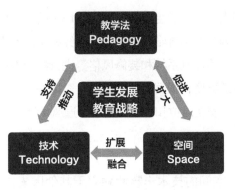

图 4-5　基于下一代学习空间的 PST 框架

1. 教学法

教学法的选择与当前社会对学习者能力的需求紧密相关。目前我们常见的教室样态是适用于传授式教学法的，是和工业社会对劳动力的需求相一致的。工业社会需要的是具备专门知识或技能，可胜任工厂流水线的标准化工作的人。学校教育体系关注的是知识的传授和反复的技能训练，而教师作为知识的拥有者，自然居于教学系统的中心地位，学生是被动的知识接收者。教室的空间布局、家具陈设以及技术配备都是为了强化教师讲、学生听的模式，一方面要放大教师作为信息源的功能，另一方面要尽可能地提高信息传递的效率并增大其覆盖面，最高效地批量培养专业化人才。

到了信息时代，生产方式从标准化、统一化走向智能化、定制化。人才要求方面强调创新能力、沟通能力、解决问题能力，这些能力无法通过知识传递的方式获取，需要学习者结合自身的经验在真实的情境中通过主动质询、探究、反思来获得。以教师讲授为主的被动式教学法终究会被以学生建构为主的主动式教学法所取代。

2. 空间

空间是教学活动得以实施的场所，因此教室的空间设计首先要服务于教学活动的需求。由于当前倡导以学生为中心的教学法，因此当前教室的空间设计应立足于学生学习和活动的视角开展。首先要考虑教室空间功能上的多样性和丰富性，能够保证在开展知识传递、师生互动、同伴交流、自主探究等多种教学活动时，每个学生和教师都有足够的活动场域，而且这些教学活动可以便捷地实现相互转换。其次要考虑空间环境的舒适性。2022 年，中国教育科学研究院发布的《中国中小学学习空间调查报告》中指出，中小学生非常重视空间环境的舒适性，其中温度是影响舒适度的最主要因素。因此要结合学习科学、脑神经科学以及人体工程学等理论依据对教室家具、采光、环境控制系统和装修风格等进行综合考虑。最后要考虑空间设计和技术设备之间的适配度，根据教室的面积、容纳的学生人数、学科用途等选择合适的技术设备选型、安装点位和电气、用水、通风设计等。

3. 技术

研究表明，学习空间的技术丰富性独立于其他因素，如课程材料、作业、时间表和考试等，对学生的学习有显著和积极的影响。技术丰富的教室易于激发学生的学习动机，有利于学生获取知识，取得更好的学术成就，还会对学生的课程学习态度产生积极影响。未来具备如下特征的技术将越来越多地配置在学习空间之中。

（1）智能感知

通用人工智能赋能下的物联网智能可以更好地满足人类在特定场景中的特定需求，它不需要像人类大脑或是通用人工智能那样具备完备的智能体系或框架，其可以专注于某一特定问题，为用户带来定制化和个性化的服务。基于物联网的智能媒介物又可以拓展人类感知与认知世界的方式，多维度的传感器可以向用户展示人类无法感知的数据采集信息。例如，湿度传感器可以实时监测教室空气中的水分含量并控制机器进行加湿或者除湿，从而为师生提供舒适的学习环境；可穿戴设备可以在学生运动时检测生理指标，以准确判定其动作规范性以及运动负荷等，从而为学生提供科学的体育运动指导等。

（2）具身性

具身性是指人类认知的很多特征在很多方面是由人类生物意义上的"身体组织"所塑造的，而不是与身体绝缘的类似于精神实体的衍生物。视觉、听觉、嗅觉、味觉和触觉是人类的五大感觉，现有的教育技术（如投影等）实现了人类在视觉和听觉上的延伸，未来在触觉传感器、嗅觉传感器与虚拟现实技术融合后，感觉的补充将对"现实"与"虚拟"进行重新配置，为个体带来真实逼真的"临场感"，实现真正意义上的具身性。

（3）沉浸感

以人工智能为代表的智能技术的融合以及增强现实、混合现实、全息投影等其他类型的沉浸式技术的发展会创造出更为丰富的、具有沉浸性的传播与互动空间。未来的学习空间中，参与者能以自然方式，即不使用键盘和鼠标等常规输入设备，而使用手势（数据手套）、体势（数据衣服）和自然语言等方式与虚拟空间中的对象进行交互操作，参与者可以在虚拟空间中实现身体感受、情感浸入等全方位的、纵深感强的交互式叙事。

案例

上海开放大学建设了线上线下融合的 5G+ 元宇宙孪生智慧学习中心，为学生提供混合弹性沉浸式学习体验，如图 4-6 所示[52]。学习环境中包含 5G、人工智能、扩展现实等在内的多项前沿技术；包括通用型智慧教室、学生活动中心等具备多种功能和用途的学习空间，并通过建设 5G 虚拟直播合成系统为师生提供虚拟直播服务。元宇宙空间通过 VR 终端等设备为师生之间的交互创造更真实的教学情境，元宇宙虚拟直播还有效丰富了教学场景的多样性。

图 4-6　5G+ 元宇宙孪生智慧学习中心学习空间

二、物理学习空间设计

教室、实验室和操场等是学校主要的学习空间，未来学校中学生的学习应当贯穿从正式学习到非正式学习的连续的谱系，未来学校也应当整体规划学校的各类建筑和景观等场所，将其设计成可支持学生五育并举、全面发展的多样化学习空间体系。

1. 师生互动式智慧教室

师生互动式智慧教室主要用来支持师生开展交互式教学活动，促进由以教师为中心的讲授型课堂向以学生为中心的生成型课堂的转化。借助教室中装备的各类软硬件系统，可实现师生之间的双向互动以及学生学情收集与分析，从而开展基于有意义对话的教学、生成式教学、分层教学等；学生可通过教室配备的智能终端或自带终端访问教师提供的教学资源或互联网资源，开展自主学习和混合式学习；教师可利用教室中的设备对教学过程进行全程直播或录播，积累优质课例，丰富国家教育资源库建设。该类教室不仅适用于 40 ~ 60 人的常规教室建设和改造，还适用于小班授课教室及阶梯教室、剧场式教室等建设和改造，在此基础上还可以进行如语音实验室、计算机机房等专用教室的建设等。

（1）教学场景

①师生互动课堂：借助互动设备和应用，教师可以随时发布学习任务，学生可以通过配备的智能终端完成相应的学习任务并提交学习结果。系统能够实时统计全班学生的表现情况，筛选出典型的问题，并能展示任意一名学生的表现，供教师向全班学生进行示范讲解，或者进行一对一的指导教学。系统支持学习时间管理、随机点名、分组等功能，以辅助教师进行必要的班级管理。

②大班额互动教学：在阶梯教室等座位容量大、不方便移动的空间，可以在不同位置配置多个智能大屏和扬声器，使得所有学生都能清晰地观看和听到教学内容。在学生座位上配置吊麦和答题器等，系统还支持无线投屏功能，帮助教师准确定位到学生，也可以保证参与课堂互动的学生的声音和展示能被其他学生听见和看见，以提升师生的互动体验。教师通过智能中控完成学生考勤和点名提问等课堂管理和教学活动，以更好地了解学情并获得教学反馈。

案例

台湾的一所大学构建了配备 NFC 的智能教室系统，并应用于一门为期 18 周的计算机科学导论课程，其整体架构如图 4-7 所示。基于 NFC 技术的智能教室，其硬件系统框架包括教师端（一台带有多点触控显示的 AIO 计算机和一个微软的 SQL Server 数据库服务器）和学生端（LED 显示屏，带有多点触控显示的 AIO 计算机、NFC 读卡器、NFC 智能卡和 NFC 移动设备）。该教室主要提供自动考勤管理、定位学生和实时学生反馈等功能，可以解决管理大型教室的相关问题。该系统可以智能确定学生的位置，实时显示学生的姓名和学习进度。此外，该系统还允许学生登记出勤情况，通过点击屏幕立即表达他们对课程内容的理解程度，以及从其他地点监测他们的课程成绩记录。

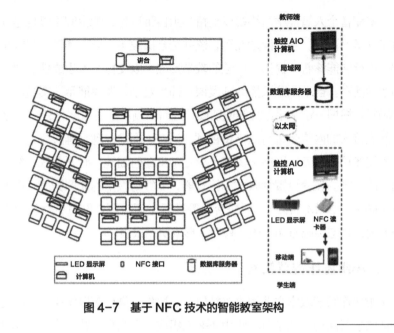

图 4-7　基于 NFC 技术的智能教室架构

③直播授课和公开课：教室里安装的高清摄像头可将教师上课内容进行录制和直播，制作为公开课、示范课等优质课例，并开放到相关课程平台上，供更多的人学习，实现优质资源的共享。学生可以在计算机、手机上随时点播查看教师的授课，重温课堂内容。

（2）教室设计和技术装备

为利用空间布局来营造师生平等交流的课堂教学文化，教室采用了去中心布局设计。教室装备可自由移动的课桌椅和讲台，师生可以根据教学活动的需求自行调整教室布局，如图 4-8 所示。教室内有多个位置提供充电岛或移动充电车，满足不同布局下设备充电需求。

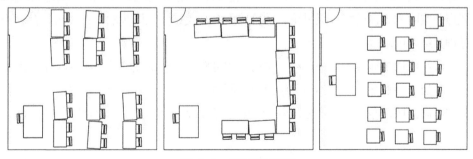

图 4-8　教室布局样例

教室配备个人智能学习终端或支持学生自带设备，师生间可以稳定地开展双向实时交互学习活动。通过课堂互动系统并结合摄像头、拾音器等随时收集学生学习数据，进行智能诊断，提供适应性的教学反馈，以支持开展生成性、建构性、个性化的教学活动。自动跟踪录播教师授课、师生互动、课件展示、实验演示、板书等活动场景，根据一定策略进行智能切换并同时录制，生成数字化教学资源。

教室接入的网络带宽可以支持视频、语音、图像、动画等大容量、多媒体教学资源的流畅访问；无线网络全覆盖，满足学生随时随地实时开展线上线下融合的学习活动的需求。教室设置物联网和传感器，能够对教室的光照强度、温度、湿度、二氧化碳浓度、$PM_{2.5}$浓度、甲醛含量等进行全面监测，同时可对教室内所有联网设备的运行状态实施监测和统一管控，形成使用报表。

2. 小组协作智慧教室

小组协作智慧教室主要用来支持研讨、协作、辩论等以学生之间深度交流合作为特征的学习活动。通常每小组由 4~8 人组成，可共享一整套小组协作学习支持系统，用于查阅资料、加工信息、多人协同编辑、信息展示和分享等。各小组可以进行组内交流，也可以面向全班展示小组作品，教师可以利用多屏显示等功能对不同小组作品进行对比展示，用以发展学生的批判性思维。小组协作智慧教室可对全班和每个小组的学习过程分别进行记录，并通过智能分析揭示学生协作学习的规律和策略。小组协作智慧教室可利用小班额授课教室、标准教室等进行改造。

（1）教学场景

①小组协作学习活动：学生进行作品的协作创作，如设计项目作品、协作编程等。学生可以以小组为单位协作查找资料、讨论问题，并可以在小组讨论的过程中将自己的想法在小组屏幕上书写标记，或者讲解、展示其他资料，与小组内其他成员进行问题分析、讨论。比如进行头脑风暴时，小组屏幕支持不同成员标注和编辑观点并实时同步，进行班级讨论；屏幕协作书写支持多人同步输入，并可保存讨论过程、结果记录。

②小组成果展示与汇报总结：进行小组经验分享、课堂案例分析、小组点评交流、项目成果展示。不同小组的结果可以同时展示在不同屏幕上，或者投影到主屏幕的不同区域，方便进行对比，激励学生进行分析、比较、评价等高阶学习活动。

案例

Chan[53] 等人基于 4C 模型设计并实施了协作学习智慧教室。第一个 C 是指内容（content），包括在教室里展示教学材料（如幻灯片和其他多媒体材料）。第二个 C 是指协作（collaboration），在课堂上，学生不应该是被动的听众，教学应该调动学生的注意力、感知和记忆过程，从而获得知识和期望的心理表征。一般来说，教材（内容）的设计应使学习活动促进所需的认知过程（即主动和有意义的学习）。在 4C 模型中通过协作或协作学习活动来实现这一目标。第三个 C 是指社区（community），在有效的课堂中，学生应该在一个社区中学习，而不是单独学习，即学生要有学习的社区意识。最后一个 C 是指交流（communication），学生需要提出问题并与教师和其他学生互动。在具体内容设计中包括有效地使用演示幻灯片、注释、聊天框、开放教育资源、选择题、小组练习等，如图 4-9 所示。

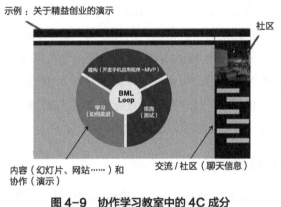

图 4-9　协作学习教室中的 4C 成分

（2）教室设计和技术装备

小组协作智慧教室在师生互动式智慧教室的基础上加强了对同伴交互和协作知识建构的支持，以小组为单位，采用"集中展示＋分散展示"的形式进行数字化装备和平台的配置和布局，如图 4-10 所示。主展示区用于集中式内容呈现，可向全班学生展示；各小组分别拥有独立的内容展示区，包括小组内部使用的大屏幕或交互式电子白板、个人终端和协作工具等；小组之间没有物理阻挡，可以直接交流。教室的任何位置都可以成为临时的焦点，在其他位置可以清晰地接收来自该位置的信息。

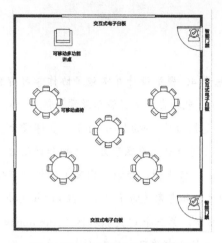

图 4-10　小组协作智慧教室布局

小组协作智慧教室致力于为小组内部的协作学习和小组间的信息交流提供支持。教室配备主显示屏及小组信息展示设备和个人学习终端。小组内部利用协作工具，实现协同编辑和结构化研讨，小组屏幕支持多点触控或无线投屏，小组成员的学习可以同时进行，研讨过程可记录、可回溯，并能可视化展现。主显示屏可分区对比展示多个小组上传的实时动态信息，主屏幕和小组屏幕可根据具体教学任务，随时切换为主展示区供全班学生学习。在采集全班和个人学习信息的基础上，增加小组学情采集设备和相关学情分析软件。分别为每个小组配备表情、动作识别和拾音设备，避免小组之间相互干扰。分析工具能够通过言语分析、社会网络分析等挖掘小组协作学习策略、评估小组学习表现等。

3. 远程交互教学教室

远程交互教学教室主要用于跨校区、跨校的远程互动教学以及教师研讨和学术交流等活动。远程交互教学教室可通过视频双向传输实现同步教学，突破时间、空间界限，实现教学资源的共享流动与互联互通；可以通过数字人技术打造虚实融合的"双师"课堂，实现智能助教、虚拟教师等功能；可以打造跨校区的学习共同体，实现不同校区学生对优质教学资源的共享。远程交互教学教室包括授课端教室和听课端教室两部分，两部分可以同时建设，也可以分别建设。

（1）教学场景

①直播式课堂：适用于混合式教学场景，可开展线上线下同步教学。主讲教师在教室内通过网络平台进行直播教学，学生可使用计算机、平板计算机、手机等设备学习并参与课上互动。在这种模式下，主讲教师不仅可以给线上学生上课，也可

以同时给线下学生上课。

②"双师"课堂：将直播式课堂的直播画面传送到集团校或帮扶校的课堂之中，直播教师与在地教师共同开展"双师"课堂教学活动。直播式课堂中教师的讲授和资源可以实时地传送，在地教师可以对学生进行面对面的指导以及与直播教师进行教学情况的交流等。

③多校协作式课堂：适用于不同学校间远程协作互动的教学场景。同一学校的不同校区也可在此课堂通过网络平台互联互通、协作学习，这样学校可在不同校区建设远程交互教学教室，以信息化手段实现课程共享，解决跨校区师生课堂互动的问题。

④远程培训、教研及讲座活动：技术技能培训、中小学教研活动等需要用到远程交互的场景均可通过远程交互教学教室实现。学校也可通过远程交互教学教室跨校区开设远程讲座，如学校可以根据课程或讲座的报名人数，在几个校区开放远程互动教学教室并同时开课。

案例

图4-11显示了伦敦国王学院HyFlex（Hybrid Flexible，指混合灵活教学方式）教室的教学场景。在具体的教学策略应用中，教师在课程初始直视镜头，关注在线参与者，直接对学生讲话；学生把注意力转移到与实体房间里的人的联系上，当教师向教室里的学生提问时，同时也向在线参与者提出了问题。

图4-11　HyFlex教室的教学场景

⑤数字人云课堂：数字人可以成为虚拟教师、虚拟学生、虚拟助教等多元角色，既可以辅助授课端教师教学，又可以为听课端学生解答疑惑。例如，真人教师与虚拟教师共同实现"双师"课堂；在远程线上课程中，上课的师生可以用虚拟数字人形象替换视频流中的个人形象；构建虚拟数字人会场，开展虚实融合的沉浸式讲座；数字人担任不同学科智能助教，实现个性化指导等。

（2）教室设计和技术装备

远程交互教学教室包含授课端教室和听课端教室，如图4-12所示。借助高清摄像头，可以对教师特写、学生全景、板书特写、教学屏幕等信号实时跟踪采集，能自动识别教师授课、学生发言、师生互动等教学行为或教学活动，实现任务动作和移动变化的特写、近景和远景拍摄。通过高速网络，可将其低延迟传输至听课端，同时在上课过程中，授课教师也可实时看到听课端学生全景，观察学生上课状态。

授课端教师与听课端学生可同步互动，教师在主讲屏幕上的板书内容可在远程教室屏幕中实时同步；师生可以在两端教学屏幕中互动答题、同时书写，相关内容将同步显示。在听课端教室中，交互式大屏幕可直接播放教师授课场景或多媒体课件。由授课教师切换授课场景和屏幕画面，学生的注意力始终在主屏幕区，避免分散注意力；当教师演示示范时，学生可在大屏幕中清晰地看到教师；当教师进行知识讲解或书写板书时，学生可清晰地看到课件或板书内容。听课端可对学生声音、视频进行实时采集。在教师授课过程中，学生可以通过终端提交回答、举手示意、提出问题。在课堂视频录制方面，支持本地教学录制，生成的直播视频可存储在课程教学空间中，便于师生课后查看。

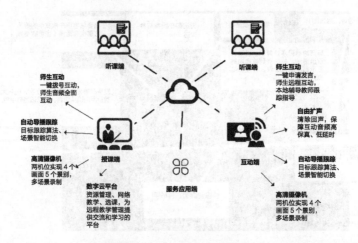

图4-12　远程交互教学教室

案例

录播教室包括多媒体录播主机（含控制面板、显示器）、全自动跟踪定位系统（含定位主机、超声波或红外探头）、摄像机（学生摄像机、教室特显摄像机、板书摄像机）、音频系统（麦克风、调音台、音箱等）、音视频切换控制主机、多媒体设备（计算机、投影机）等。在录播教室中，有的学校采用班班通录播系统，能智能实现课堂实况自动拍摄，真实、完整地还原教师讲解、学生听课、提问等各个环节的授课情况。师生无须佩戴任何设备，录播系统凭借强大的图像识别跟踪技术，可以按照授课逻辑自主对教师行为、学生行为、计算机画面进行跟踪拍摄，并自动制成优质的教学视频，真实记录整个教学过程。录播教室能立体式、多角度摄像和录音，可以基于教师现场授课自动生成课堂教学实况录像。每间录播教室的录播系统之间的运作是相互独立、互不冲突的。随着录制的教学视频资源逐渐增加，分散于各录播教室的视频资源通过与教学视频应用云平台的无缝对接，向平台推送视频资源，实现视频的整合管理，如图 4-13 所示。录播集中管理系统可以解决录播教室数量的增加带来的系统与设备管理问题，管理人员可通过系统实现对前端各个录播教室的实时监控、远程设备开关机等。

图 4-13　录播教室和录播系统界面

案例

远程参与现场课堂的混合式教学法正在被学生所接受和期待，通过对教室影音系统进行永久性的改造来实现这一点既昂贵又耗时，HELIX 便携式混合教室（见图 4-14）是一种可替代固定改造的解决方案。其通过在教室中架设高清摄像头、接入远程会议系统、安装课堂管理交互平台等途径，以灵活和经济的方式，为学生提供高质量的混合学习体验[54]。

图4-14 HELIX便携式混合教室

4. 智慧实验室

智慧实验室是利用智能技术对当前中小学校科学、物理、化学、生物等实验室进行升级建设，升级后的实验室不仅可以支持中小学学科真实实验的开展，通过技术设备增强学生在实验过程中的探究体验和学习体验；还可以通过环境感知和监测设备对实验室器材、药品、样本等进行智能化管理，对实验室有毒有害气体等进行监测、报警，提高实验室的安全性。

（1）教学场景

①虚实融合的探究式实验学习：智慧实验室通过虚实结合的方式创设真实实验情境，学生可在虚拟环境下提出实验假设，设计验证方案，并进行模拟，最终在真实的实验环境下进行实际操作和验证；借助可穿戴设备或传感设备等，对学生实验动作、技能进行训练和检测，保证其实验操作的规范性。在发展学生的科学思维的同时，可以降低实验成本、提高实验的安全性。

②实验教学优化：智慧实验室借助物联网设备可以全面感知学生的实验全过程、持续记录学生的实验表现、支持教师与学生的实验分析、自动化评测学生的实验技能等，并形成学习报告，有助于教师进行实验教学改进。

③实验室设备环境智能管控一体化：智慧实验室安装多种传感器设备，可以实时、智能监测并显示实验环境的温度、湿度、有毒气体浓度，一旦发现威胁师生安全的情况，立即进行预警，确保师生的安全；对实验室器材、药品、样本、模型等进行智能管理；对于存储或使用时易燃易爆或对人体有较大毒性的危险品，可以通过智慧实验室管理系统进行智能上锁，取用进行严格登记、申请，保证全程可追溯。

（2）教室设计和技术装备

智慧实验室在符合教育部印发的《中小学实验室规程》的基础上，进行信息化设备的安装和空间布局的设计和改造等。可按照教学区、交流展示区、预处理区、实验操作区、设备药品管控区等进行分区设计。配备可升降的实验操作台。在安全关键点位安装环境感知传感器等，以检测实验室环境。实验器材可内置传感器或者 RFID（Radio Frequency Identification，射频识别）标签予以位置标记、状态标记等，支持学生进行探究活动时的数据采集。

5．虚拟仿真实训教室

虚拟仿真实训教室是通过设计数字化虚拟环境，使学习者进入与真实场景相同的空间场景进行交互操作和体验，能够进行反复训练、实践并获得理想的数据进行分析和处理等。学习者借助体感交互设备，可以从视觉、听觉等多种感知通道来感知虚拟实训环境中的信息，并与之进行交互，这种教室尤其适用于科学和工程类课程。

（1）教学场景

①虚实结合的仿真实训课堂：使用虚拟现实、增强现实等技术，结合虚拟实训软件，为一些受客观条件限制而难以开展或危险性高的实验、培训等提供逼真的模拟实验机会。

②远程虚拟仿真实训课堂：利用多媒体技术、网络技术、虚拟现实技术、仿真技术等，通过网络构建远程线上虚拟教学实训，是对实践环节的创新。与传统实训手段相比，远程虚拟仿真实训不受时间和空间限制，具有开放性、可扩展性、安全性等特点。

③虚拟探究实验：利用虚拟现实、增强现实技术创建互动和沉浸式学习环境，学生可以在其中开展实验探究，通过高质量的 3D 建模和逼真的物理效果，探索复杂的科学概念和原理，体验在现实中难以完成的实验操作，从而加深对学科内容的理解和兴趣。

案例

中国人民大学附属中学为"汽车模拟驾驶与保养"课程建设了汽车模拟驾驶教室，如图 4-15 所示。教室里整齐排列了多台全真驾驶模拟器，可以让学生在高度逼真的环境下学习和体验汽车驾驶。每一台模拟器都是严格按照现代汽车主流车型制作的，可以提供与真实汽车完全一样的培训环境，转向盘、手刹、转向灯、雾灯、加速踏板、制动踏板和离合器等部件一应俱全。模拟器的显示屏可以完美地模拟出车窗视觉效果和各种路况，并对应调节刹车力度、离合器松紧等设置，营造出高度真实化的驾驶环境。

图 4-15　汽车模拟驾驶教室

案例

斯坦福大学聚焦 STEM 学习主题，建立了虚拟人类互动实验室，为学习者提供完全沉浸式的学习空间，如图 4-16 所示。学习者可以身临其境地观察海洋酸化的具体过程，可以与虚拟环境实时互动，可以进行自主学习、探索和研究。

图 4-16　斯坦福大学虚拟人类互动实验室打造的沉浸式学习空间

（2）教室设计和技术装备

在虚拟实训过程中能够产生多种互动，主要涉及用户终端设备和教室物联网设备之间的交互，前端用户界面的人机交互、多人交互，虚拟现实、增强现实技术及配套终端支持的协作交互等。涉及的技术包括 5G、人工智能、扩展现实、数字孪生、情感计算、拟像搭建、触觉反馈、手势识别、360° 视频、全息技术等，这些技术的有效融合和恰当应用，可以为学习者创造沉浸式的体验，支持学习者线上线下融合（Online-Merge-Offline，OMO）的智能化学习、游戏化学习、AR 可视化学习、沉浸式故事讲述、模拟社交等多种学习方式。

案例

Spatial 是由阿南德·阿加拉瓦拉（Anand Agarawala）和金哈·李（Jinha Lee）共同创办的元宇宙协作平台，如图 4-17 所示。该平台支持团队成员在沉浸式的虚拟学习空间中进行协作学习与交流。学习者可以通过远程连接（AR 和 VR 设备或者网络浏览器）进入该平台。此外，学习者可以创建逼真的自定义头像来提升其沉浸式学习体验。Spatial 能够将学习者附近的空间变成一个共享的、可扩展的学习场所，从而使学习者在这种场所中进行协作与分享及头脑风暴等。目前，Spatial 已在 K-12 教育、高等教育、职业教育等领域获得广泛的应用。

图 4-17　元宇宙协作平台 Spatial

Spatial 的主要特征包括：提供多平台支持，包括比较少见的浏览器端支持；提供手部追踪功能，并嵌入了不同肢体及舞蹈动作，学习者可以根据需要自由选择；目前已经支持导入 Slack 和 Figma 工作流，学习者可以在该平台中使用浏览器进入各种网站；支持共享个人计算机桌面，可以插入便签、画笔，还可以导入各种 3D 模型以供多人协同；能够根据照片创建 VR 头像，学习者可以在此基础上进行修改，从而创建专属虚拟现实头像；能够还原线下的会议场景，分享 PPT 或发言都和现实中类似，由此提供优秀的交互体验。此外，在进行资料分享时，Spatial 远比在实体教室中简单、方便、直观。

6. 专业教室

未来学校要求学习者能真正理解所学习的内容，能够将知识的内容和知识产生应用的情境紧密联系，各类专业教室就是从各个特定的教育主题、各个特定的学科或各个专业领域的职业素养出发，定制化地创设适合其学习的场景需求，可为学习者提供从脑到身的学习体验的一类专门化的学习空间。它主要包括根据某一鲜明主题理念来规划设计，可以促进该主题教育的主题教室；具有鲜明学科特征，专用于该学科教学的学科教室；等等。

（1）主题教室

主题教室是结合学校的特定教育理念和教育需求而建设的学习空间，具有鲜明的、符合某一特定主题的特征要素。主题教室类型和形态灵活多样、不拘一格，需要根据教育目标和具体条件因地、因时制宜。主题教室的功能性指向相对明确，为了达到培养学生特定技能、拓展特定领域知识、提升专门领域的问题解决能力等目的，主题教室通常围绕着建设理念在总体布局、功能分配、设施配备、课程配套等方面进行设计。

主题教室有 3 个特点。一是功能性，以教室发挥的功能为主题来布置教室空间及配置设施，以便更好地为学生的学习营造相应的环境和氛围。例如，用于学生学习和练习书法的专用教室的装修风格需充分展现文字美的艺术特色，同时配备桌子、笔墨纸砚等基本的用具，学生进入这种环境就会感受到临摹字帖的仪式感。二是开放性，教室的整体格局采用小组讨论的形式，桌椅可以自由摆放，适合学生围绕研究主题进行协作交流，而且教室采用小班化教学，突出教学课堂的互动性。三是体验性，主题教室旨在为学生提供某种领域的学习或工作的体验，以促进学生的兴趣发展，激发自身潜能。例如，创新实验室为学生提供感受从事科学领域探究工作的环境，各种体验馆则让学生有身临其境的学习体验。

案例

FIND 智慧钢琴系统打造了智慧钢琴教室，如图 4-18 所示。讲台教师端和台下学生端分别配置了与钢琴同宽、融为一体的高清大屏幕。这一互动屏幕显示系统可清晰展示教师手型、指法、按键，在学生练习时还具备同步纠错功能，方便学生自主练习和调整；通过内置测评系统智能反馈，学生既可以独立演奏，又能通过"双师"教育模式，学习中国九大音乐学院的著名钢琴家及其助教教师编制的课程，这突破了本地师资水平限制，保障了教学质量。教师可在教师端钢琴上控制学生端钢琴，实现高效管理课堂；利用摄像装置了解学生的弹奏情况，并通过大数据分析学生的弹奏成果，及时了解学生的学习情况。学生端钢琴也全部互联互通，支持合奏、伴奏和对比演奏等多种交互方式。

图 4-18 智慧钢琴教室

（2）学科教室

学科教室是指为特定学科教育教学服务的专用教室，作为学科教学的基本阵地，具有专业的学科情境、课程实施的场所、多维度的认知设计、学科教室的设计与建设、技术的深度融合、动态的建设过程、常态化的互动性教学、非标准化的技术装备八大要素。它的设计和规划要求从具体学科出发，满足该学科教学需求，强化学科特性，建构高度适配学科教学的物理空间环境，是更好达成学科教学目标、落实学科教学实践与应用的必要措施。学科教室的建构理念不仅要体现学科的专业性，而且应突出学生学习的主体性，能够满足学生学习的实践性和体验性，满足师生的互动需求，同时应与计算机、互联网等现代信息技术相融合。在面向未来学校转型和建设中，学科教室成为重要的规划内容。如深圳市南山区面向未来学校数字化建设规划中就将学习环境建设作为未来学校建设的 5 项行动之一，其中包括语言学习室、数学思维室、英语创客室等学科功能室建设。

案例

  北京亦庄实验中学学科教室的建设遵循"学科全配置"的原则，尽可能将本学科的关键元素和设施都汇集到教室之中，使得资源设备和学生在课堂上零距离对接，提高课堂效率和学习环境便利度。其中，物理学科教室将物理实验室和学习课堂合二为一，如图 4-19 所示。学生在教室中间的集中学习区域进行学科知识的学习，可实时在教室两侧的实验区进行操作。这样的设计彻底改变了传统上教室和实验室分离的情况，可以将理论学习和实践操作无缝对接，真正实现"做中学"和"学中做"，大大提升学习效率和学习效果。

图 4-19　北京亦庄实验中学物理学科教室

7. 学习中心

  未来学习方式会让课上课下学习、线上线下学习、个人自学和教师指导、学科学习和兴趣探索等多种学习方式之间的界限变得模糊。在学习空间的设计上，强调多样性、舒适性和可及性等，充分利用学校的各类建筑空间，因地制宜地进行学习中心建设，实现对学习者不同学习需求在学习空间上的充分供给。

（1）图书馆

在未来学校，图书馆的功能不局限于提供各类文献资源的阅览、检索、借阅等服务，它会被改造成为支持学生开展研究性、项目化、合作式等多样化学习的空间，可进行自主学习、交流研讨、智能体验、音视频欣赏、演讲报告、展览展示等活动的空间，以及学校服务于社区、家长等的社会公共文化服务空间，等等。

案例

上海中学的图书馆增加了图书馆阅览空间，满足了师生交流互动的需求；通过创意设计，将空间细化分割，满足了小组活动的需求；改造学术活动空间，形成了可移动、可定制的环境，满足了专业研究需求；优化电子阅览室和信息共享空间，满足了资源共享的需求。

（2）公共学习空间

未来学习环境设计中要考虑为学生不同学习需求匹配不同风格和功能的学习空间。根据学生对空间私密性和学习同伴的不同要求，可以将公共学习空间分为 4 种不同类型，如图 4-20 所示。学校可以此为主要依据，对散布在学校内的不同面积、形状的建筑空间加以改造。

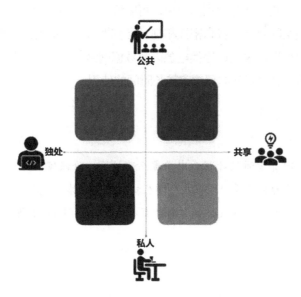

图 4-20　学习空间四象限图

私人/独处学习空间：学习者喜欢寻找类似"洞穴"的隔离场所独处，用于埋头苦学或内心反思。这类空间有较高的语音和视觉私密性要求，适合选择封闭或半封闭的建筑空间。空间内可以安装可控制的人工光源或保证良好的自然采光；提供电源以及数据网络；配备让学习者感觉舒适放松的家具。空间支持预订或者临时使用。

公共/独处学习空间：学习者喜欢在有他人在场的环境中自主学习，在某种程度上甚至享受因他人存在而产生的混乱感。这类空间对语音和视觉的私密性要求较低，可以配备隔音耳机；空间内提供人工光源或保证良好的自然采光；提供电源以及数据网络；配备的家具可以支持学习者个人学习与同伴学习并存或者在两者间快速切换；赋予学习者对部分空间位置的暂时使用权等。

私人/共享学习空间：随着教学法不断侧重小组学习和项目式学习，学习者需要找到能够支持小组成员聚在一起共同完成作业的场所。这类空间应选择面积相对较大、形状比较规范的建筑空间，可以设计为"浸入式工作室""露营地""小组工作室"等多种形态。这类空间对语音私密性要求较高，需要保持一定的视觉私密性（如使用磨砂玻璃间隔等）；提供可以多种方式控制的人工光源和自然采光；提供电源以及数据网络；配备多种设备以支持不同规模的小组学习，学习者能够重新调整房间家具布置来支持小组的共同需求；支持学习者对空间的预约和较长时间的使用。

公共/共享学习空间：这类空间支持即兴会议以及头脑风暴式的讨论，也适用于辅导、指导或者同学间互助式的讨论，可以设计为"混合学习合作体""合作休闲厅"等。这类空间对于语音私密性和视觉私密性有不同的要求；提供以多种方式控制的人工光源和自然采光；提供电源以及数据网络；家具和设备等视特定需求进行摆放；支持学习者对空间的预约和较长时间的使用。

案例

上海市同济黄浦设计创意中学虎丘路校区，除教室之外，70%的学校建筑面积设计为公共学习空间，为学生提供更多"体验式""沉浸式""互动式"的学习场景，释放公共空间的育人功能，如图4-21所示。

图4-21 学校的公共学习空间

8. 室外空间

（1）操场

操场是学生进行体育学习和户外运动的主要场所，往往根据不同的体育运动项目分区设计，如跑道、足球场、篮球场、体操区域等。以往学生进行体育学习或训练时，教师很难实时采集反馈信息，用来评估其动作的准确性、运动强度等。未来学校可通过配置智能体育器材、让学生佩戴智能手环、安装高清摄像头等手段，对学生身体运动状态进行实时监测和评估，建立学生体质档案，兼顾体育课程的学习质量提升和学生的身体健康保护。

案例

北京师范大学昌平附属学校通过在操场等体育活动空间合理安装学生运动评估设备等，智能化完成国家体质健康测试、体态检测（见图4-22）等，并形成学生个性化的体态健康报告、步态分析报告、健康体适能报告、竞技体适能报告等，如图4-23所示。通过智能系统可以有效监测学生的体质和健康状态，及时发现体态不良的学生，通过家校沟通协同进行专业矫正，促进学生身体健康发育。

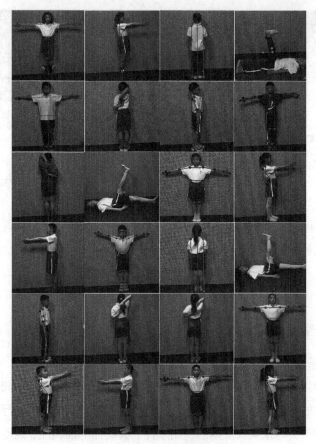

图 4-22　学生体态智能检测

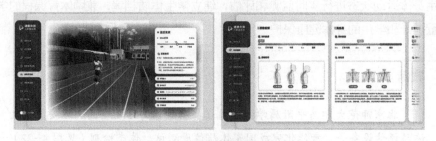

图 4-23　学生身体健康发育报告

（2）楼顶 / 屋顶空间

楼顶 / 屋顶空间的有效利用会大大拓展校园空间，为教育教学和各类学生活动的开展提供良好的空间保证。在保证安全的前提下，这类大面积的连续空间可以用来开展群体性活动。同时，这类空间一般位于教室等师生最常用空间的上方，增加了学校空间的垂直性，一经改造便可以与其他教学空间无缝对接，增加了校园内活动的便利性。

浙江省天台县赤城街道第二小学由于学校建设用地不足，将 200 米环形跑道放在教学楼四楼屋顶，有效解决了学校用地面积紧张的问题，如图 4-24 所示。楼顶跑道设有 3 层防护以确保师生安全，最外一层是 1.8 米高的强化玻璃防护墙，中间是一层 50 厘米宽的绿色隔离带，最内层是 1.2 米高的不锈钢栏杆。为了解决噪声问题，设计师也做了巧妙的安排，每隔 50 厘米就在塑胶地面下安装一个弹簧减震器，这样就可以通过双层结构来减震，减少剧烈活动带来的噪声和震动。

图 4-24　楼顶跑道

（3）绿色空间

绿色空间包括校园里开辟的植物种植园、树林、花园、体验农场、公共绿地等，是为师生提供的体验和感知自然的空间。绿色空间是未来学校建设的重要组成要素，做好校园绿色空间的设计与规划是打造良好育人环境的重要方面。我国在 GB/T 51356—2019《绿色校园评价标准》中将环境教育、环境管理、绿色校园、绿色生活等列为不可或缺的内容。在设计校园环境时，要将自然植物、美育、自然教育课程等完美融合，让校园里的每一株花草树木都成为学校教育理念、课程实施的载体，为全学习生态校园建构更多学习赋能场域。

内容链接

　　绿地与健康之间的关系已被大量学术文献探讨，研究证实绿地能够带来各种健康效益，如改善整体健康状况，缓解压力、抑郁和焦虑、多动障碍，利于术后康复，降低肥胖与 2 型糖尿病、心血管疾病、呼吸系统疾病患病率和全因死亡率等。中国科学院华南植物园生态与环境科学研究中心的研究人员发现，绿地自然暴露与自然联结度对心理健康有显著影响。绿地暴露可以降低心理疾病患病率并提高主观福祉。有关城市绿地与居民健康关系的研究进展显示，城市绿地的可获得性、可达性和绿地的自身特征是影响健康效益发挥的直接因素。[55]

三、数字化学习空间设计

　　以物联网、云计算、大数据等技术为支撑的数字化学习环境，有利于将学校内部各个环节进行信息化建设和智能化改造，实现信息的高效流转和共享，提高教学、科研、管理和服务水平[56]，驱动教育组织向系统更加集成、数据更加联通、应用更加智能和决策更加智慧化发展。

1. 数字化校园空间

　　数字化校园平台架构如图 4-25 所示，由基础设施层、数据层、应用层和用户层 4 个层次和安全机制构成。

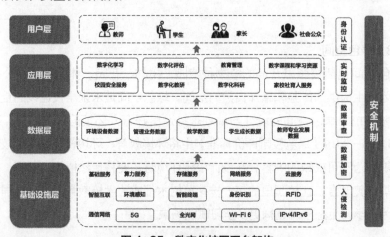

图 4-25　数字化校园平台架构

（1）基础设施层

基础设施层是数字化校园提供各类服务的底层设备和设施，包括以下方面：通过 5G、全光网等技术构建的能支撑数字化教育服务的校园高速网络通信设施；通过环境感知、智能终端等设备和技术，实现对物理校园的全面感知和实时监测以及动态数据交互的智能互联设施；可以提供算力服务、存储服务、网络服务、云服务等功能的基础服务设施，为教育资源访问、多模态数据存储、智能分析算法的应用提供保障。基础设施层决定了数字校园所能提供服务的性能。

（2）数据层

数据层汇集各类静态数据和动态实时数据，包含环境设备数据、管理业务数据、教学数据、学生成长数据、教师专业发展数据等，通过数据中台进行数据汇聚、数据传输、数据交换、数据治理等，支持智慧教育各类应用。

（3）应用层

应用层是通过数字化技术支持学校各类业务场景的应用平台汇总，主要包括数字化学习、数字化评估、教育管理、数字课程和学习资源、校园安全服务、数字化教研、数字化科研、家校社人服务等应用。应用层可以伴随学校数字化业务的扩展而不断扩充，各应用间可以通过数据层实现数据的交换和共享。应用层也可以包括网络应用和移动应用，以提升用户的使用体验。

（4）用户层

用户层是校园网的使用者，包括教师、学生、家长以及社会公众，不同的用户有不同的访问权限和访问方式，这样可在提供优质的信息服务的同时保证安全。

（5）安全机制

网络安全是数字化校园建设的一项重要任务。建立完整的安全策略，细化对网络、数据库和应用程序的安全审查标准，包括对用户身份认证和数据传输过程进行加密处理，保障敏感数据不被泄露；限制网络访问权限、规范数据库访问规则以及审查应用程序的漏洞，以最大限度地减小潜在的安全风险；实施定期漏洞扫描和修复计划；建立入侵检测系统，通过实时监控网络流量和系统行为，及时发现任何可能的入侵行为，提高系统对恶意攻击的抵抗能力。

2. 校园数据系统的建设方案

数据系统是数字化校园体系的核心，服务于学校的协同办公、政务服务、教学教研、资源服务、督导督查等主要应用场景，目的在于帮助管理部门和教师进行科学决策、智能管理，促进学生个性化学习，辅助教师精准教学，形成智慧教育生态。

（1）系统架构

校园数据系统的框架如图 4-26 所示，由数据源、数据中台、数据前台和用户4 个层次构成。

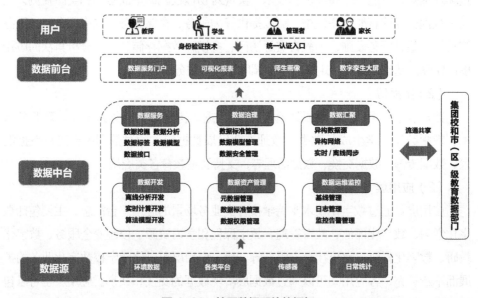

图 4-26 校园数据系统的框架

系统通过身份验证技术和统一认证入口，确保各类用户可以安全可靠地获得数据服务。数据前台提供了用户获得数据服务的界面，主要分为数据服务门户（如一网通办）、可视化报表（如校园设备管理）、师生画像和数字孪生大屏四大类，供用户在不同场景和不同终端使用。数据中台是整个系统的核心部分，它负责对数据进行全生命周期的管理和应用。一方面要保证数据汇聚和交换的效率、质量和运维的安全性，另一方面要通过深度数据分析和机器学习，为学校各类用户提供个性化且精准的教育服务。可以说数据中台是学校提供智慧服务的"大脑"，是学校数据资产增值的引擎。数据源是提供数据服务的原材料，它负责通过数字化校园中的物联网、互联网服务和其他方式采集各类数据，为进一步分析应用提供基础支持。

学校的业务是开放的，因此学校的数据系统也应该是开放的。通过数据交换标准、接口标准等流通共享机制，学校数据系统要和集团校以及市（区）等上级教育数据部门实现数据互通、共用等。

（2）数据能力水平建设

数据能力水平是对教育数据收集、存储、分析、应用等阶段中数据处理情况的阐释，描绘了学校教育数据从收集到应用的完整生命周期历程，可以形成"从教育中来"（基于教育问题和教育的实际需要产生），"到教育中去"（反馈并解决教育的实践问题）的闭环。从数据收集能力、数据存储能力、数据分析能力、数据应用能力4个子关键域判定数据能力水平。建立与教育主管部门的信息共享机制，学校及时共享系统的使用情况、教育教学数据以及系统改进计划等信息，有助于政府及时了解学校系统的运行情况，为政府提供更全面的决策依据。

（3）运维与安全体系

为了保护个人隐私和数据安全，系统需要建立健全的权限管理系统，确保不同用户只能访问其具备权限的信息和服务。建立严格的数据管理政策，规范数据的采集、存储、处理和传输流程。对数据采集和处理的合规性进行检查，确保学校的操作符合相关法规和标准。建立详细的数据使用日志系统，记录系统中的每一次数据操作，包括教师、学生、家长以及管理者的使用情况。定期制作监管报告，对系统的整体运行情况、数据使用趋势以及教育教学效果等方面进行全面分析。定期进行系统巡检，包括硬件设备和软件应用的检查，以便及时发现和解决潜在问题。建立故障排查与修复机制，定期进行系统性能的评估和优化，确保系统在面对日益增长的数据和用户量时能够保持高效的运行状态。

3. 数字学习空间

（1）数字资源空间

学习者可以通过网络获取很多优质教学资源，如大量的公开课、录播视频等。数字资源空间的建设能够满足学习者随时随地的学习需求，让学习者足不出户就享受到优质教育资源。

（2）个人学习空间

为每个学习者提供个性化的个人学习环境及一站式学习平台，面向学习者课内外、多学科学习需求的业务场景，系统采用单一登录技术，确保用户无论在何种角色下都能方便地切换身份，将多个系统的功能和服务集成到个人学习空间中，这一设计有助于用户在不同场景下获取符合其需求的服务，是数字化服务支持学习转型的基础应用。比如嵌入学科知识图谱，基于学习者在知识图谱上的学习轨迹对其知识掌握情况进行预测，并在其个人空间显示为其推荐的教学资源和学习路径建议等；汇聚学习者不同应用中的数据信息，实现个性化学习课表和任务安排等。

重庆市沙坪坝区的树人景瑞小学着力构建学生管理空间，从学生的学业能力、品行习惯、身心健康、实践活动、成果分享等多维度进行数据采集，形成学生成长画像，从而为每一位学生的全方位、个性化成长提供重要的参考，为管理者进一步明确育人目标、调整办学方向、制定办学规划、设计教学课程提供重要的参考数据。在学业能力数据采集上，借助学习终端采集设备采集学生的学业成绩、学习行为、思维发展等相关数据；在品行习惯数据采集上，采集学生校内外的日常行为、文明礼仪、阅读习惯、生活习惯等数据；在身心健康数据采集上，对学生日常的身心情况进行实时记录，如每日运动量、体重、身高等，同时将学生每日的阅读信息、浏览网页数据等进行实时记录，据此分析学生的兴趣爱好和身心健康发展状况；在实践活动数据采集上，同伴、家长、教师共同参与对学生成长中的关键实践活动（如社区义工活动、素质拓展基地训练、徒步行走、野外求生等）数据的采集；在成果分享数据采集上，通过视频、图片、文字等方式对学生表彰获奖、才艺展示、创新发明等数据进行采集。

（3）虚拟学习空间

使用虚拟现实和增强现实技术构建空间，可以突破时空的限制，为学生提供仿真的环境。虚拟学习空间可以将学习活动压缩到分子内部，也可以将感知活动拓展到太空中，这种沉浸式的、逼真的情境演示在知识呈现、环境体验和模拟训练上均能取得良好的效果。

Virbela是一个企业级的在线教育和远程协作服务平台，该平台为人们创造了一个沉浸感极强的虚拟世界，人们可以在该世界中学习和工作，像日常生活中一样进行交流和沟通。Virbela支持定制虚拟校园，在虚拟校园中，教师与学生能以更自然的方式进行教与学。美国达文波特大学使用该平台建立了一个定制的虚拟校园——Davenport Global，如图4-27所示。这个虚拟校园中包含了达文波特大学的课堂文化和实践体验，学生能够拥有如同在真实校园中的归属感。

图 4-27　使用 Virbela 定制的虚拟校园

使用 Virbela 定制的虚拟校园的主要特征包括：具有高安全性，其非常重视学习者的隐私和其相关信息的安全，会定期进行安全性和遵从性测试；拥有专有语音技术，会模仿现实世界空间的语音动态，使得通信更加自然；提供多种演示工具，教师可以利用幻灯片、屏幕共享、激光指针和便利贴等教学辅助工具进行网页浏览、文档展示或重新装饰学习空间；可以定制虚拟的办公室、小隔间、体育场、实验室以及各种校园活动所需要的空间，学习者可以进行自由探索或参加相关活动；支持学习者创建自定义头像，也有服装和发型可供选择，以生成虚拟形象；支持远程学习，学习者之间能够突破物理空间的限制进行远程合作，还可以打开私有区域，不受干扰地组成小组。

（4）网络教研空间

网络教研空间对教师教研的支持重点关注如何借助智能技术赋能教研的全流程，为教师提供覆盖课前、课中、课后等教学全流程的智慧教研支持服务。因此，需从教研工作开展的实际需求出发，精准涵盖教师教研过程中的备课、上课、听评课、学习等不同环节，支持规范备课模板引导、实用备课方案推荐、群体协同备课、听课邀请一键发送、评价反馈多维汇聚、诊断报告科学全面化、听课记录富媒体化、听课数据可视化、课后研讨精准化、个性化学习资源推荐、系统性教研专题学习、群体性教研活动等功能。

（5）云考场

云考场是一种充分发挥云计算特性的全新教育业务场景，也是教育新基建的典型应用案例[57]。智慧云考场系统使用 AI 技术对考场内行为进行智能采集与分析，其核心在于使用 AI 视频分析技术对学生的考试行为和教师的监考行为进行自动采集与分析，从而实现对考场异常行为的全自动监控和报警，同时通过对学生的入场与离场时刻进行统计，实现考场考勤、考试完成情况等数据分析，如图4-28 所示。

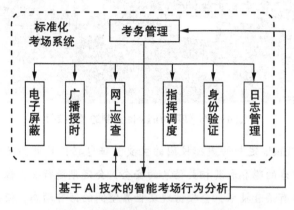

图 4-28　云考场的系统架构示意图

云考场的建设不仅可以满足远程考试的需要，还能规范考场管理的业务流程，整合考试信息，实现招生单位、考官和考生的数据共享与同步，解决考试信息孤岛的难题，从而提高考场管控效率。通过采用云网融合的服务定制模式，有考试组织需求的单位不再需要自己搭建、维护考试平台与硬件设施，直接购买端到端的解决方案即可获取所需服务，从而可以把更多精力投入整个考试流程的设计和实施，这样不仅能够节省时间，最大限度地降低成本，而且可以获得比自行组织更优的稳定性、安全性与可靠性。

4. 教育管理服务空间

数字化智能技术可以有效赋能教育管理流程和关键业务，在校园环境与安全、校园运行基本业务、校园生活服务管理和校园大数据管理层面发挥重要作用。学校的教育管理服务空间涵盖校园安全、校园基本教育业务、校园智慧生活服务和校园大数据四大方面的数字化支持，具体业务主要包括教务、行政、安全、后勤、财务、人事、学生及设备资产管理等，支持全流程、全业务线上办理，使得管理工作数据互通、管理流程互联和管理业务共融，提升管理的有效性；基于智能卡、智能班牌、智慧教室等感知环境，建设基于云计算、虚拟化和物联网等技术的智慧校园综合管理平台。具体可以参考本书第五章"未来学校的数字化治理体系"中相关内容。

第三节　未来学校学习环境的核心设备和技术

如果期待未来学校的学习环境能为各类教育教学和管理工作提供体验良好的支持，那么有些关键的软硬件设备和技术是必不可少的，它们覆盖了数字校园体系从基础设施到应用层的各个部分。

一、高速网络

为广大师生提供无处不在、稳定、安全、易于管理的网络环境是构建未来学校数字化学习空间的基本条件。需要在高速率、低时延、大连接 5G 技术支持下，完成校园网络布置。校园网络要实现室内、室外，包括、宿舍、礼堂、图书馆及其他公共场所之间的无缝漫游，避免出现局部空间通信拥塞的现象。校园网络可以依托区、市进行教育网建设并和省、市级教育网保证互联互通。

二、物联网

物联网指通过信息传感设备将各类物体与互联网相连而形成的网络，可实现物与物、人与物的泛连接，所有物体与网络的连接使系统可以对物体进行识别、定位、追踪以及监控。物联网使我们在信息与通信技术的世界里获得一个新的沟通维度，如图 4-29 所示，将任何时间、任何地点连接任何人扩展到连接任何物体，实现万物的连接。

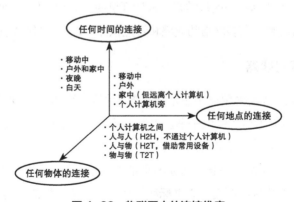

图 4-29　物联网中的连接维度

环境感知技术是智慧校园的基础技术，有助于实现对校园中各种物理设备的实时动态监控与控制。RFID、二维码、视频监控等感知技术与设备已经在校园安保、节能、科研教学等方面得到应用。例如，将 RFID 技术整合到校园一卡通、图书、仪器设备、电梯、灯具等物品上，可以实现楼宇出口人员管理，教室与会议的智能考勤，图书自助借还与自动盘点，贵重设备防盗及定位，实验室开放控制以及照明、空调与通风系统控制等节能控制。在泛在学习中，环境感知被用于识别学习者的位置、设备、学习活动等信息，从而根据学习者的实际情境提供更加个性化和精准的学习资源。

三、普适性智能终端

各类终端设备是师生认知和感官的外延，是他们接触各类信息的载体和工具。终端设备分为个人终端和放置于走廊、图书馆、活动室、行政楼等公共服务区域的电子屏、计算机及电子班牌类公用终端。其中，个人学习设备让学生在知识获取的环节摆脱对教师的依赖，促进学生的自主学习，并能够在使用和互动过程中获取学生各类学习行为的过程数据。常见的个人学习设备包括平板计算机、电纸书阅读器、数码笔等。

1. 平板计算机

平板计算机是一种以触摸屏作为基本输入设备的小型、便携式个人计算机，不受使用场所的限制，保证用户能够随时随地使用。平板计算机中可以安装操作系统，能够满足用户连接互联网和使用各类软件工具的个性化需求。还有专门针对学生开发的学习平板计算机，这些学习平板计算机使用有视力保护功能的显示屏幕，内置丰富的学习资源，安装网络防火墙和管控软件等以保证学生安全健康使用。

2. 电纸书阅读器

电纸书阅读器是指采用电子墨水技术显示屏的阅读器，主要用来阅读 PDF、CHM、ePub、TXT 等格式的电子书。电纸书阅读器与手机、平板计算机等相比功耗较低且基本无辐射，使用者长时间阅读不易产生视疲劳，为使用者提供了高度模拟纸质书籍的阅读体验。电纸书阅读器具备大容量存储和支持无线网络接入等功能，有些产品还支持触屏翻页，高亮标注、注释和笔记，关键词搜索，即时字典查询等功能。

3. 数码笔

数码笔就是通过红外识别技术，利用铺有点阵码点的纸张和红外高速摄像头捕捉技术，将信息纸屏同步的书写设备，如图 4-30 所示。数码笔的优势是在不需要改变传统的纸笔书写习惯的基础上，采集笔迹数据，通过蓝牙或 Wi-Fi 将数据传输到 App 上供相关业务使用。在教学中可以使用数码笔实现纸屏同步、手写笔迹电子化、客观题自动批改、作业批改和分析统计等。

图 4-30　数码笔和点阵纸书写

四、云计算技术

云计算包括信息基础设施以及建立在基础设施上的信息服务，提供各类资源的网络被称为"云"，在使用者看来，"云"中的资源是可以随时获取、按需使用、弹性扩展的。学校具备一定的计算能力和存储空间，云计算技术允许将学习资源存储在云端，学习者可以通过互联网随时随地访问这些资源，这使得学习变得更加灵活；云计算技术还允许学习者在不同设备之间同步学习进度。边缘计算将计算任务从传统的云中心移至网络边缘，即设备、传感器或其他本地处理单元，这意味着数据不必全部发送到云端进行处理，而是可以在接近数据源的地方进行处理，从而实现即时响应——通过在本地设备上处理学习者的数据，提供更快速的反馈。

五、人工智能

人工智能技术主要包括机器学习、自然语言处理、计算机视觉、图像识别等方面的技术。在人工智能技术的支持下，计算机可以模拟人类的思维过程，从而实现智能化的数据处理和决策。

1. 自然语言处理

自然语言是指人们日常使用的语言，自然语言处理（Natural Language Processing，NLP）主要研究人与计算机之间用自然语言进行有效交流的各种理论和方法，如人机问答、浏览器搜索、智能电子设备的信息沟通等。计算机可以通过语言理解进行智能创作，包括写作辅助、图文自动生成等。2022 年 11 月，生成式人工智能系统 ChatGPT 正式发布，可以通过接受人类指令自动化生成文本、图像、视频、音频等多类型内容[58]。截至 2024 年 5 月，ChatGPT 中的 GPT 模型经历了从 GPT-1 到 GPT-4o 的进化，具备图像识别、文本生成、文字生成图片以及文档自动编辑等多项功能[59]。

2. 图像识别技术

计算机视觉是将采集到的图像信息转换为数字信号并通过计算机进行处理的技术，目的是让计算机能够理解外界环境并给出解释和表达。计算机视觉的核心研究问题是如何对图像进行有效的组织、对外界环境和物体进行准确的识别以及对获取的图像信息给出准确的说明。计算机视觉和图像识别在教育领域中的应用非常广泛。比如可基于笔迹的形状、顺序和方向等特征，自动检测学生的书写错误。基于图像识别的在线视频教学平台系统，利用表情识别模块分析、推断学生在学习过程中是否认真听讲或听懂等，并根据学习状态调控视频的播放；基于人脸识别技术，可通过教室中的摄像头捕捉人脸进行识别签到；利用计算机视觉技术和机器学习技术，并基于拍摄的实际课堂教学视频对学生课堂行为进行自动识别和分析等。图像识别技术让教学过程更加便捷高效，在提高学生自主学习能力和积极性的同时，节省教师精力，推动教育发展[60]。

内容链接

2024 年 5 月 14 日，OpenAI 推出了名为 GPT-4o 的人工智能模型。OpenAI 首席执行官奥尔特曼（Altman）在自己的社交媒体账号上发文表示新的 GPT-4o 是 OpenAI"有史以来最好的模型"。GPT-4o 支持文字、图像、语音、视频输入和输出。GPT-4o 不仅能够准确识别图片，还能以类人的思维理解图像内容。例如，选取一张波士顿动力机器人跨越障碍物的图像，图上无文字，随后要求 Chat GPT-4o 仔细识图并描述内容。GPT-4o 能准确无误地识别出机器人的运动状态、地面障碍等丰富细节，如图 4-31 所示。

图4-31　GPT-4o 对波士顿动力机器人图像的描述

　　另外，GPT-4o 能够准确地识别数据图上的信息，并按要求以图表的形式重新呈现，准确率高达 100%。用手写的逻辑推理题来测试 GPT-4o 的识图和逻辑推理能力，GPT-4o 不仅准确识别出了手写体文字并遵照指示答题，且答题逻辑完全合理，最终也给出了正确答案[61]。

3. 自动语音评价技术

语音识别技术以语音为研究对象，通过编码技术把语音信号转变为文本或命令，让机器能够理解人类语音，并准确识别语音内容，实现人与机器的自然语言通信。比较知名的语音识别应用包括 IBM 公司推出的 Via Voice、苹果公司研发的

Siri、华为公司的小艺、小米公司推出的小爱等语音助手。

以语音识别技术为基础的自动语音评价技术广泛应用于语言学习中，特别是外语口语训练。学生通过软件进行口语练习，系统可以实时分析他们的发音、语调、流利度和词汇使用等，并给出详细的反馈和改进建议，从而使学生在自主学习中不断提高口语能力，而无须依赖教师的实时指导。目前可以使用自动语音评价技术监测课堂上的学生参与度，通过分析学生的发言次数、发言时间和内容，教师能够了解每个学生的参与情况，及时调整教学策略，鼓励更多学生参与讨论，提升课堂互动质量。

4. 智能教学系统

智能教学系统（Intelligent Tutoring System，ITS）是以认知科学和思维科学为理论基础，利用计算机模仿教学专家的经验、方法来辅助教学工作，达到为学生提供高度个性化和智能化的学习体验的目的的计算机系统。它综合计算机、教育心理学等多门学科的知识，是人工智能在教育中的重要应用模式[62]。常见的智能教学系统包括 4 个部分，如图 4-32 所示。

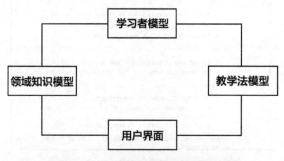

图 4-32　智能教学系统四模型结构图

领域知识模型用于存储所要教授的学科领域内的知识，主要包括元知识、陈述知识和过程性知识。领域知识模型的内容可以随智能教学系统使用时间的增加来逐渐积累、整理，从而可以根据要求检索出有关的知识，生成问题并评价学生的解答。学习者模型用于记录学习者的知识水平和认知能力，始终依据学习者的实际知识水平来指导学习者学习，并根据其学习情况进行动态调整。教学法模型主要包括用于指导学习的各种策略和相应的逻辑推理。在教学法模型的支持下，智能教学系统可以根据学习者的认知情况和领域知识库的内容，做出智能化的教学决策。用户界面支持学习者和系统之间的交互，需要进行自然语言处理、人机对话内部处理、知识库系统化维护、学习者模型初始化、教学法模型自适应调整等。

设计完备的智能教学系统在拟人能力方面能达到相当高的"智能"水平，主要表现在如下方面：能够记录学习者的学习过程与结果，自动分析学习者的个性化学习特点；能够根据学习者的学习特点，为学习者制定个性化的学习方案；能够模拟人类的似真推理，自动生成问题并求解方案；能够提供即时、有效、全面且有针对性的学习诊断，及时为学习者提供学习建议和反馈。目前很多学校尝试建设答疑教室，接入各类生成式人工智能大模型，为自主学习的学生答疑。

案例

图 4-33 所示为学生向人工智能大模型求助如何理解冒泡法排序，以及在这个过程中关于算法效率的对话的部分截图。

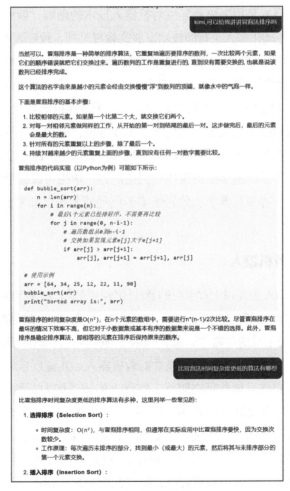

图 4-33　智能问答示例

六、教育机器人

教育机器人是面向教育领域研发的以培养学生分析能力、创造能力和实践能力为目标的机器人，具有教学适用性、开放性、可扩展性和友好的人机交互等特点。最早的教育机器人来自 20 世纪 60 年代麻省理工学院佩珀特（Papert）教授创办的人工智能实验室。教育机器人是多学科、跨领域的研究，涵盖计算机科学、教育学、自动控制、机械、材料科学、心理学和光学等领域，可分为教育活动机器人和教育服务机器人两类。

1. 教育活动机器人

教育活动机器人是用来培养学生对机器人技术的理解、编程和应用技能，以促进其未来推动自动化和人工智能技术发展的教育工具。教育活动机器人能够激发学生对智能技术学习的兴趣和动力，并大幅提升学生的信息技术能力及其在数字时代的竞争能力。教育活动机器人主要应用于：组装——动力机械学习，如物理学原理、空间结构、机械传动、电与磁等；控制——智能操控学习，如执行机构、驱动装置、检测装置和控制系统等；竞赛——实战对抗，如按竞赛所设计情境完成机器人搭建，并对机器人进行任务编程、问题解决等操控。比赛型机器人的发展历史较长，主要是为了训练学生的设计与创造能力，学生可以编程控制机器人的行为。通过机器人竞赛来培养学生的科学素养已经成为当前非常盛行的 STEAM 教育的重要内容。

2. 教育服务机器人

教育服务机器人主要用于对学生的智能陪伴和陪学。在学生学习时，教育机器人可直接讲授或即时回答学生提出的问题，感知并调整学生的情绪，这类机器人往往兼具玩具和学习工具的功能[63]。教育领域中的机器人将增强或延伸教师的表达能力、知识加工能力和沟通能力，如课堂助教机器人、儿童娱乐教育同伴等服务机器人；也可以增强或延伸教师在时间、空间上的表达能力，如韩国 EngKey 教育机器人可以替代英语教师于教室内授课，新加坡 RoboCoach 教育服务机器人可以作为老人康复教师，引导老人进行康复训练，如图 4-34 所示。教育服务机器人也可以增强或延伸教师的知识搜寻、梳理、分析等能力，如图 4-35 所示，中国的小优机器人作为儿童娱乐教育同伴，陪伴儿童唱歌、读诗词、学英语、练习对话等各种知识学习。

图 4-34　RoboCoach 教育服务机器人
引导老人进行康复训练

图 4-35　小优机器人

　　此外，教育服务机器人还可以增强或延伸教师在教学过程中的沟通、情感、社交等能力。美国 Meet Milo 教育机器人可以针对孤独症儿童进行语言、行为、情感等沟通能力教学 [64]，如图 4-36 所示。

图 4-36　Meet Milo 教育机器人

七、VR 与 AR 技术

　　VR 技术是指利用计算机技术模拟产生虚拟世界，用户通过佩戴 VR 头盔或者 VR 眼镜等设备，获得具有沉浸感和临场感的视觉、听觉等感官体验。VR 技术的应用十分广泛，比如学习驾驶时可以采用 VR 仿真技术进行训练。AR 技术是一种将真实世界信息和虚拟世界信息无缝集成的技术，它把原本在真实世界的一定时间和空间范围内很难体验到的实体信息（如视觉、听觉、味觉、触觉等信息），通过计算机等科学技术模拟仿真后叠加，将虚拟世界信息应用到真实世界并使之被人类感官所感知，从而使人获得超越现实的感官体验。比如利用手机摄像头扫描现实世界的物体，通过图像识别技术在手机上显示现实物体以及叠加在现实物体上的图片、音视频、3D 模型等，如图 4-37 所示。

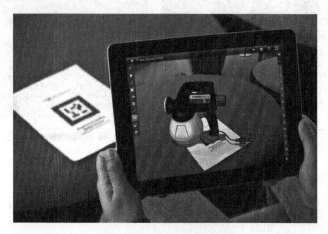

图 4-37　AR 技术应用场景

VR/AR 与 5G、云计算、人工智能、数字孪生等新兴信息技术整合于一体，推动了人类社会对元宇宙这一概念的关注。在此基础上衍生出的教育元宇宙被认为是虚拟与现实全面交织、人类与机器全面联结、学校与社会全面互动的智慧教育环境高阶形态。

案例

Horizon Workrooms 是 Meta 公司的 Oculus 虚拟现实团队推出的一款面向办公场景的虚拟协作平台，旨在让 VR 办公更易用、更好用。Workrooms 提供了基于 Oculus Quest 2 硬件的 VR 协作工具，可实现虚拟化身、AR 透视、手势追踪、桌面识别、多任务模式等功能。该平台功能列表如图 4-38 所示。在 Horizon Workrooms 中，身处世界各地的学习者都可以进行如同面对面般的对话交流，也可以通过该平台提供的虚拟白板来全方位展示自己的所思所想，支持的接入硬件包括 VR 设备、移动设备和个人计算机，从而实现人的认知世界与虚拟再生的感知世界相融合。

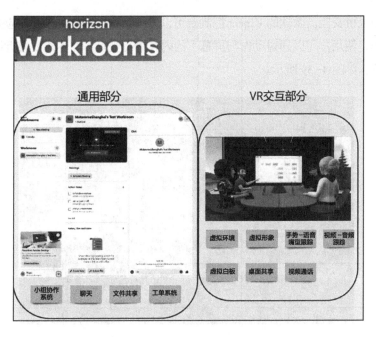

图 4-38　Horizon Workrooms 功能列表

　　Horizon Workrooms 的主要特征包括：使用混合现实技术，允许学习者将合适的物理实体，如书桌等带入虚拟空间，从而能够增强学习者的体验感；提供优化的虚拟化身和空间音频技术，使师生能够进行更自然的对话；提供无限的白板空间，师生能够利用该白板实时勾勒脑海所想，也可以将图像等文件移到白板中进行展示；教师可以对虚拟房间的布局及规模进行自由更改以满足不同场景及活动的需要；学习者可以通过多种形式进入虚拟协作平台，如利用虚拟化身进入虚拟现实环境中，也可以通过视频通话等较为熟悉的方式从 PC 端进入并参加相关活动；可以利用手部追踪功能使沟通与交流更加自然，体验感更好；允许师生在上课过程中记录笔记、共享链接和文件以及同步日历，以便更好地进行学习或按照指定日期来安排课表和发送相关通知等。

八、自然用户界面

　　自然用户界面（Natural User Interfaces，NUI）是指用户不借助鼠标、键盘、遥控器等外部设备，只使用触摸、手势或语言等与机器交互的界面，通常包括通过语音识别、触摸屏界面、手势识别、人眼追踪、触觉技术、脑机接口、可穿戴设备等方式实现人机交互。微软的 Kinect 控制台可以感知用户的动作，实时响应并跟随用户的动作，使用户可以通过动作与屏幕上的内容进行交互，而不需要靠近屏幕或者触碰屏幕，如图 4-39 所示。

图 4-39　用户通过动作与屏幕内容进行交互

使用自然用户界面能够发掘教育中学习和交流的新形式，比如将电感应触感技术应用于移动设备，能够创建互动式教科书，可以让学生直接在页面上操作 3D 对象等。学生戴着智能手表或其他设备，可以方便地参与课堂互动、提交作业、接收通知等，实现了信息的即时传递，提高了学习效率。教师也能够通过这些设备更好地监管学生的学习进度，进行个性化教学。可穿戴设备还有助于校园安全管理。学生佩戴设备时，学校可以实时追踪他们的位置，提高校园安全性。在紧急情况下，学校能够更迅速地做出反应，确保师生的安全。

九、学习分析

学习分析是指对学习者以及学习情境的数据进行测量、收集、分析和报告，以便更好地理解和优化学习以及学习发生的情景，从而提高学习效率和效果。学习分析技术可作为教师教学决策、优化教学的有效支持工具，也可为学生的自我导向学习、学习危机预警和自我评估提供有效数据支持，还可为教育研究者的个性化学习设计和增进研究效益提供数据参考[65]。

学习分析在教学中的使用情境丰富多样。通过收集和分析学生学习进度、知识掌握情况、作业完成度和考试成绩等，系统能够识别每个学生的学习优势和薄弱环节，从而为他们定制个性化的学习计划和资源推荐。在教学管理中，可以利用学习分析平台实时监控整个班级或学校学生的学习动态，了解学生的整体表现和学习趋势。通过数据可视化和报告生成功能，可以发现潜在的教学问题，如某些课程的难度过高或教学方法不适合等，以及时调整教学策略和课程设置。学习分析技术还可促进学习过程中的反馈和互动。通过即时的数据分析，教师可以获得学生在学习过程中的实时反馈，了解学生在课堂上的参与度和理解情况，及时给予个性化的指导和帮助。此外，学习分析还支持在线学习社区的建设，通过分析学生的互动行为和学习交流，优化学习资源的分配和社群管理，增强学生之间的合作和交流。

十、知识图谱

知识图谱是一种揭示实体之间关系的语义网络，可以对现实世界的事物及其相互关系进行形式化描述。知识图谱的体系架构和关键技术如图 4-40 所示。通过知识抽取技术，可以从公开的半结构化、非结构化的数据中提取出实体、关系、属性等知识要素；通过知识融合，可消除实体、关系、属性等指称项与事实对象之间的歧义，形成高质量的知识库；进一步经过知识推理，可以在已有的知识库基础上进一步挖掘隐含的知识，从而丰富、扩展知识库，满足知识检索等应用需求[66]。

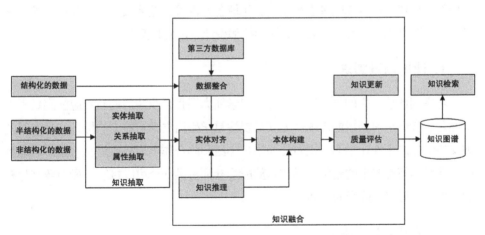

图 4-40　知识图谱的体系架构和关键技术

在教育领域有专门的教育知识图谱，它不仅包含知识间普遍的逻辑关系，还包含学生认知和教师教学的相关属性和联系，从而更适应个性化教学推荐场景使用。知识图谱为教师和学生提供了更清晰、直观的学科知识结构。在教学设计方面，知识图谱可作为教师的得力助手，协助他们更精准地规划教学内容和活动，确保课程的系统性和一贯性。同时，基于知识图谱的教学资源推荐系统能够根据学生的个性化需求，为其提供量身定制的学习路径和资源，促使学生在感兴趣的领域深入学习。学生通过与知识图谱进行互动，能够更全面地理解知识之间的关联和演变，培养跨学科思维，激发创新潜能。这种交互式学习模式使学生能够更积极主动地参与学习过程，增加学习的深度和广度。此外，知识图谱还有助于发现学生的学科兴趣和潜在天赋，为个性化教育提供科学依据。

第四节 未来学校学习空间改造案例

本案例来自国内某知名学校，该校为了支持开展贯通式人才培养和提升教师的数字化教学能力，对教室学习空间进行升级改造。现将学校教室改造情况进行整理，以供参考。

一、改造需求分析

教室改造之前，设计方多次和校长、学校教学业务部门、教师发展业务部门、学校数字化建设业务部门等进行交流，了解各方诉求，厘清教室空间改造需求，解释空间改造设想和出发点，最终委托学校和设计方达成共识。

1. 使用场景需求

考虑到该校学生的学习基础较好，自学能力很强，改造后的教室应能满足学生个性化、合作学习场景的需求，尤其是要注重学生自主学习能力的提升，最大限度地支持学生的个性化学习，同时要为学生小组间的合作学习提供解决方案。考虑到数字化教学将是未来的趋势，学校希望能给教师提供一个可以接触到最新数字化教学技术并进行自由探索的空间。

2. 学习资源需求

学校应提供丰富、可选择、高质量的学习资源，既要为教学提供丰富、优质的教学资源支持，根据不同学生的学习需求给予相应的个性化资源推荐，又要满足资源获取的便利性和实时性需求。考虑到该校高质量的教学，可以在无感、不打断正常教学秩序的情况下，进行教学过程的全自动录制、直播、存储等，供师生课后查看或进行资源的校际共享。

3. 教学支持需求

教室应能够服务于生成式、交互式教学。教师可以方便地发起互动交流活动，能够及时获取学生的学习表现，并进行相应的教学活动的调整。教室应能满足对外远程互动的需求，可支持远程端师生实时观看，可远程连接不同的校区以开展同步课堂教学。

二、整体设计思路

在充分了解学校教学和管理需求的基础上，结合未来学习空间的设计思想和方法以及可行的技术方案，设计方提出了整体的设计思路。

1. 设计理念

①符合学生认知规律和生理发育特征。教室的使用者包括初中生、高中生，未来可能还有小学生，因而设计时和选择电子设备时要充分考虑不同学段学生的认知规律和生理发育特征。

②利于学生自学能力形成的教学情境。符合贯通式培养的人才培养方案要求，支持学习方式和教学组织管理方式的转型，营造师生平等的教学情境。

③多模态数据的采集和学习分析。在无感、自然的环境下对学生全学习过程进行数据采集和建模分析。实现"一生一档"，为实施个性化、精准化学习和分层分类的教学组织管理提供支持。

④丰富的教学交互。通过不同的信息化设备、软件平台等实现高效的师生互动、生生互动，并支持远程互动，从而促进社会化学习和认知建构。

⑤师生数据安全保护。在全学习过程中，环境数据及师生的各种行为数据通过各类传感器、录播系统、智能终端及平台等进行采集，并通过边缘服务器进行汇集、存储和分析，保护师生的数据安全。

2. 整体架构

教室系统架构分为基础设施层、服务层和教育应用层 3 个层级。基础设施层主要体现在硬件配置和系统应用上，用来确保智慧教室和研习教室实现无障碍、安全、可靠的信息网络传输，并为各类教学应用提供硬件和基本环境条件，具体包括计算机网络基础设施、教室物联网设备传感器、边缘服务器、无线网络连接等。所部署的无线 AP 路由器的数量和位置能够支持高峰期的群体并发访问，网络带宽要满足对大容量、多模态数据的高速率、低延迟访问的要求；配备环境照度传感器、温湿度传感器等多种传感设备，支持环境和设备的自动管控，并服务于未来开展情境感知的学习场景。

服务层主要借助云计算和大数据等技术实现智慧教学中的信息计算与存储、数据采集与管理、数据挖掘与分析、设备智能化控制和安全管理等功能。

教育应用层面向最终用户，支持智慧教室中的教师和学生在任何时间和任何地点，采用任何通信方式访问学习资源、处理教学任务、开展学习活动，具体包括内容呈现、资源获取、高效互动、智能录播等。内容呈现通过智慧黑板等教师端设备以及平板计算机等学生端设备，实现学习内容的呈现和传递，也为将来接入 VR/AR、全息投影等智能设备留下接口。资源获取实现资源的调用、捕获、入库、排序、评价、汇聚、订阅和推荐。高效互动实现教师与设备、教师与学生、学生与设备、学生与学生、设备与设备的自然、流畅、高效互动，以及师生远程互动。智能录播实现教学全过程的无感式视频、音频数据采集。

三、智慧教室设计方案

将学校原有的教室升级改造为智慧教室，主要供教学活动使用。智慧教室可支持不同类型的教学活动；同时考虑到使用学生的年龄特征等，不同智慧教室在具体设备选型上有所不同。

1. 智慧教室功能和布局

智慧教室前方为主讲授区，放置大屏幕智慧黑板，另外三面墙可放置屏幕或白板。智慧教室内的桌椅均可移动，借助教师平板计算机、可控学生平板计算机等设备可以实现师生、生生互动学习及个性化学习与教学。图 4-41 展示了小组学习的智慧教室布局。可控学生平板计算机中安装有与学习相关的软件平台、教学与学习资源库等，智能管控系统可对与学习无关的上网请求、应用软件下载等进行智能拦截。同时，可控学生平板计算机具有护眼功能，以防止长久使用对学生视力造成伤害。

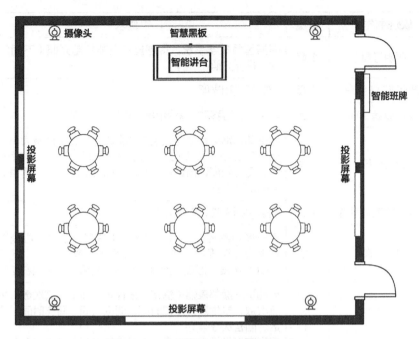

图 4-41　智慧教室布局（小组学习）

智慧教室四面墙壁贴有纳米书写膜，学生在课上小组活动或课下讨论时可随时在墙上进行自由涂写。在整个学习过程中，每个学生的课堂问题回答情况（回答问题次数、正答率、错题情况等）、课堂小组讨论结果、上传作业情况、平台测试完成情况（测评次数、知识掌握情况等）、资料查阅情况、教师及同伴评语等将被系统记录并分析，形成针对每个学生的学习过程画像。

2. 智慧教室通用主要设备清单

表 4-2 展示了智慧教室主要通用设备和需求。

表 4-2　智慧教室主要通用设备清单

软硬件设备	数量	需求
数据管理中心	1 个	对接教学系统、数码笔、传感套装、高清摄像头、照明灯具和新风系统
无线 AP 路由器	2 台	支持群体并发访问
新风系统	1 套	及时控制 CO_2、$PM_{2.5}$ 浓度等
传感套装	1 套	检测声音、光强、CO_2 浓度、温度、湿度等

软硬件设备	数量	需求
照明灯具	1套	根据智慧教学系统、传感器等智能控制光照（不同学习活动，最佳光照不一样）
智能窗户/窗帘	1套	控制通风和光照
360°收音话筒	4支	可吊顶，可移动。采集语音信息。全指向
音响系统	1套	可主动识别语音信号强度，并实时分析教师音量大小，自动调整输出电平和频谱，使教师和学生无论在教室哪一个位置，无论距离话筒远近，都可以相互听清对方的话语。能够准确识别方言
智能人脸识别系统	1套	准确识别人脸，自动考勤
电子班牌	1块	支持多点触控。显示学生信息（姓名、学号、班级）、课程信息（课程名、单元名、简介）、教师信息、环境信息（CO_2浓度、温度、湿度、噪声、光照、$PM_{2.5}$浓度）
高清摄像头	4个	自动识别面部表情（情绪、注视）、师生交流次数、生生交流次数、学生离开座位时间、朗读时间、写作时间、提问次数、回答次数等。 保证在摄像机跟踪教师时所呈现的视频图像稳定平滑，不会出现跟踪丢失的情况，画面无明显抖动。 不需其他辅助设备即支持随动跟踪、虚拟多机位跟踪两种跟踪模式，算法智能识别并跟踪老师的速度，移动速度超过一定值时提供全景跟踪，移动缓慢时进行平滑跟踪。 实现在远端教室屏幕上直播任意一个教室中师生互动的过程
录播系统平台	1个	操作简单，一键录像，一键上传，一次设定。 高清画面，高质量采集信号源，支持4K高清。 建立高清真三维场景库，一键导入3D场景道具。 虚拟多屏视频开窗增强多元化互动形式。 画面合成，设备可支持各通道单画面、画中画、三画面、四画面合成模式。 安全可靠，采用嵌入式主机系统，稳定性高，可支持7×24小时正常运行，维护工作量少
可移动智能讲台	1个	可升降机架，可根据演讲者身高自行调节，方便移动。 集高性能工控计算机、电容触摸屏、照明设备、音响、话筒、升降停触控面板于一体
教研系统	1个	为教师提供智能诊断教学、资源推荐、知识图谱、人际关系等服务。可对教师备课、上课、听/评课、反思数据等从个体及群体维度进行汇聚，实现对教学全过程数据科学、系统的挖掘和分析，让教研工作更加科学、客观

软硬件设备	数量	需求
互动教学系统	1套	教师终端和学生终端均可与讲台大屏互动，教师可使用移动终端发起评测，将移动终端画面同步投射到大屏，还可将移动终端上的课件、音视频文件、图片和文档等分享到大屏，利用高效无线网络传输引擎，全面打通讲台大屏和师生手持设备。 实现无线投屏、在线出题测试等教学及课堂互动，也可以随时从互联网获取课件、试题进行课堂教学、测试等。 支持分组讨论模式，教师可以将学生任意分组，给每个小组下发讨论任务，学生自由讨论并各自将答案写在移动终端上反馈给教师。 支持云笔记，学生可以同步记录笔记，支持文字、拍照等模式，笔记内容自动在平台保存，后期可以随时查看笔记内容。 提供挑人功能，支持从班级名单或自定范围随机挑选一名或多名学生，可显示学生座位号、姓名、照片等信息
远程会议系统	1套	支持师生与校外专家或校外其他师生等进行课堂远程互动，支持多用户并发使用
智慧教学支持系统	1套	面向中小学生，提供在线测评、个性化诊断报告与学习资源包智能推送等教育服务，实现学生学科能力与核心素养的测评与分析、学科优势的发现与增强，构建学生认知模型
问题解决能力测试系统	1套	跟踪记录学生在解决问题过程中所有学习活动的行为数据，并根据学生全学习过程数据进行深度建模，从而帮助学生提高问题解决能力。 系统通过采集学生解决问题的过程数据和结果数据，评测学生高阶认知、问题解决、创新迁移、协作学习、科学素养等方面的能力，给出能力评估报告和能力提升建议
智能设备管控系统	1套	用于对教室中智能设备的功能和访问权限等进行控制，保证师生能在安全、可控的学习环境下使用设备各功能，包括摄像功能、Wi-Fi、蓝牙、截屏、卫星导航系统定位等。 支持与学习无关的上网请求拦截、网址白名单等功能，拥有内核级引擎，可基于应用设置网络拦截。 安全桌面，支持用户信息隔离存储、裁剪版"系统设置"。 设备安全，支持设备授权、地理围栏、时间围栏、内容筛查

四、研习教室设计方案

研习教室用于智能技术支持下的创新型教育教学探索。研习教室将为师生创造自然无感的技术支持环境，为教师将5G、VR/AR、全息投影、可穿戴设备等各种技术设备或系统引入课堂教学提供实验机会；为学生创建强体验、沉浸式、交互流畅的 VR/AR 场景。研习教室可供其他教师观摩学习，以促进教师 TPACK 技能的发展，培育未来教师。

1. 研习教室功能和布局

研习教室将利用全息投影、VR 头显、互动桌等为学生创建强体验、沉浸式、交互流畅的 VR/AR 场景，如图 4-42 所示。在课堂教学过程中，教师通过手势识别等智能系统对智慧黑板进行控制，提高教学效率与学生的参与积极性；学生可每 6 人一组利用互动桌进行虚拟环境下的多人协同任务、头脑风暴等形式的学习，对在课堂学习过程中产生的疑惑、新想法、新假设等可通过 VR/AR 场景进行实验检验。同时，研习教室支持学生在动手操作实践时连线远程专家进行实验交流，根据专家的知识与启发进行专业性的操作学习。

研习教室支持教师随时随地了解学生学情。智能手环等可穿戴设备可伴随式地采集全过程的教学与学习行为数据，确定学生的位置，感知学生的情绪情感、注意力与认知负荷，分析结果可实时传输到教师戴的智能眼镜上，帮助教师及时获取学生的学习状态，及时采取干预措施。增设单向玻璃，在不打扰正常课程开展的前提下，允许其他教师进行观摩与研讨。教师也可以通过远程的方式观看课堂教学直播。

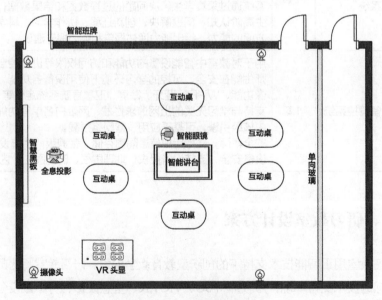

图 4-42　研习教室示意图

2. 研习教室特有设备清单

研习教室在智慧教室的基础上，针对特定的需求配备或定制设备，主要设备和需求如表 4-3 所示。

表 4-3　研习教室特有设备清单

软硬件设备	数量	需求
全息投影	1 套	可以获得与原物体完全相同的立体像。 从不同角度观察全息图的再现虚像，可以看到物体的不同侧面，有视差效应和景深感
全沉浸 VR 系统	1 套	支持 VR 实时人机互动。 采用第一人称及第三人称双摄像头，将个人与虚拟空间相结合，录制体验视频，可作为体验教学讲解工具，也可记录个人体验的全过程。 关键文字、语音、图片提示，引导学生自助式学习。 全方位立体透视分解演示，方便学生理解复杂结构。 可用手柄点击各部分提示，轻松掌握课程关键知识点。 教具可在全景教室随意拖动，进行各角度呈现
VR 头显	10 套	用于 VR 资源的显示
互动桌	6 张	运用混合虚拟现实技术与动感捕捉技术让桌面成为多媒体中心和信息平台
教师智能眼镜	1 副	便于教师追踪学生实时状态并随时进行教学策略调整
可穿戴设备	40 套	支持课堂上复杂的协作学习活动
手势识别智能系统	1 套	可以使用人体姿态轻松控制与计算机的交互，无须借助键盘和鼠标等传统输入设备

第五章

未来学校的数字化治理体系

人工智能技术的发展及其对社会的影响会冲击学校的文化氛围和运行方式，促使学校不断地根据外在社会发展变化和人才培育需求做出回应和调整，进而对学校发展产生较大影响。作为人工智能技术支撑的数字技术在学校教育中的应用直接推动了学习方式的转变，也改变了师生关系，并逐渐改变学校的各项资源管理分配方式，推动学校组织流程的更改或组织模型的转型[67]。

第一节　未来学校治理面临的挑战和应对

信息技术加速了人类社会知识生产和知识更新的速度，拓展了人类活动的空间，也进一步唤醒了个人对主体性和自由的追求，这些变化意味着曾经可适应工业时代发展的现代化学校教育体系的基础在信息时代逐步瓦解。未来学校的治理体系将在当代充满不确定性和复杂性的语境下被思考和构建。

一、未来学校办学形态的不确定性挑战

经济合作与发展组织在 2001 年发布的《未来学校是什么样的？》（*What Schools for the Future?*）报告中提出了 6 种未来教育的图景，在此基础上，2020 年所发布的《回到教育的未来：OECD 关于学校教育的四种图景》（*Back to the Future of Education: Four OECD Scenarios for Schooling*）报告中进一步提出了学校教育扩展、教育外包、学校作为学习中心、无边界学习这 4 种未来教育可能的选择路径。

1. 学校教育扩展

大多数国家将继续普及 K-12 并扩展高等教育，使接受正规教育的人数继续增加。由于学校教育在执行和延续国家的教育意志，其课程会受到重点关注。很

多国家会实施统一的课程标准和评估标准；此外价值观和态度等方面的教育目标，如合作、创业精神等也日益得到重视。在这种场景下，学校的教学组织和师生关系基本保持现状，但受到混合学习等学习方式的影响，学校的分工会更加明显和专业化，并催生出新的职位。学校治理会面临保持共同标准和创新之间的潜在竞争。

2. 教育外包

当前学校教育体系会被各种形式的私人和社区计划所替代，家庭教育、在线学习和基于社区的学习等组织形式变革持续推进，专业的学习平台和咨询服务企业越来越多地参与到教育事业中来。公立学校的工作队伍会由更多的教学背景、工作安排、专业和声誉地位不同的人员构成，比如独立护理人员、职业顾问、技能市场分析师、私人平台的教育专家等。某些传统的学校组织文化，如教师和学生的角色定位等可能会被保留下来。各国政府可保留通过基线评估确定基准和引导市场经营者的权力，当前学校教育官僚治理模式和问责制将大幅减少。学校治理将面临和其他教育服务提供者的竞争以及确保信息流通的挑战。

3. 学校作为学习中心

受到劳动力市场上更为复杂和多样化的能力认可形式的影响，学校会在保留大部分功能的同时弱化文凭教育，学校被定义为与社区和其他地方服务密切联系的地方，正规和非正规学习之间的区别变得模糊。学校成为一个更广泛、动态发展的地方教育生态系统的中心，在相互连接的教育空间网络中规划学习机会。学习建立在由集体和学习者特定需求和本地发展所定义的"可教时刻"基础上，而不是建立在统一的课程基础上。学校也将开放非教学专业人员参与教学。除教师、社区工作者、家长之外，其他专业人士也将扮演重要角色。另外，博物馆、图书馆、住宿中心、技术中心等外部机构将成为学校教育的重要资源。学校治理将面临地方标准和统一标准之间的冲突以及地方教育能力的巨大差异。

4. 无边界学习

在人工智能、VR、AR 以及物联网等技术的介入下，现有学校教育体系和课程结构将被替代。数字化使人们能够以深入和几乎即时的方式对学生的知识、技能和态度进行评估和认证，不再需要受信任的第三方（如教育机构、私人学习提供者）在评估和认证过程中提供中介服务。以前用于大规模学校基础设施的大量公共资源被释放出来，通过其他途径为其他目的或教育服务。

上述 4 种学校教育图景显示，未来学校教育体系从和当前保持基本一致到被完全颠覆及其中间各种可能性都存在，各个国家会选择什么样的学校教育体系此时尚不明晰，这让当前学校治理体系转型的方向充满了不确定性。

二、未来学校办学形态的复杂性挑战

学习发展的不确定性增加了未来学校治理的难度，除此之外，未来学校还面临着来自自身系统复杂性、学生主体复杂性和外界环境复杂性的挑战。

1. 学校系统的复杂性

叶澜教授将教育看作人类社会所特有的更新再生系统，因此称教育是"人世间复杂问题之最"[68]。智能技术的引入则更大限度地赋予教育活动开放、动态、自主、协同等特性，这些特性恰好和当前工业化学校教育体系中固有的封闭、稳定、线性、机械等特征相对立，使其处于一个失衡的状态，学校教育活动运行的复杂性急剧增加。

2. 学生主体的复杂性

尊重个体，承认每一个人的差异性是未来学校办学的核心价值观之一，与此同时，学校的学生还处于快速成长的人生阶段，其思想、情感、价值观、知识体系持续变化，受到外界的影响和自身发育特征的影响后还会在特定的时期发生剧烈的波动。这些不同价值取向的个体和群体在学校空间中相互交往、相互影响而形成错综复杂的人际关系网络。识别不同个体和群体的发展需求，为其提供合适的教育服务，已经超越了传统学校对人、财、物进行分配的管理范畴和能力范围，需要新型的治理理念和工具支持。

3. 外界环境的复杂性

在社会转型的关键节点，学校所处的社会环境，特别是社会治理政策快速变化。基于大模型的生成式人工智能技术几乎以天为单位地快速进化，不断地颠覆学校教育的知识观、能力观、人才观以及学校教育体系等。智能技术和市场化机制对于教师角色定位和教师身份的取代效应越发明显，传统学校教育体系的稳定性遭遇巨大的环境冲击。学校这个主体以及学校中教师和学生等每个个体都需要依据情境对外界进行快速反应。缺乏个体激活能力或者权力链条过长的学校科层制组织结构和管理流程难以应对快速变化的外界环境。

三、未来学校治理体系的转变

在过去百余年的工业时代，学校科层制组织结构在规模化人才培养、规范学校管理、提升学校的教育教学效率等方面发挥了重要作用。但是随着时代的变迁，未来学校对人的培养目标和方式发生变化，高度科层化的学校容易造成少数教师主体性过强，而多数教师的主体性缺乏的现象，难以激发教师的育人热情和创造性开展教育教学工作的积极性，易导致唯知识、唯成绩的不良导向，对学生学业成就和创新能力产生消极影响。科层制组织结构所彰显的等级制、规范性、程序化、非人格化等特性与未来学校所追求的人本性、民主性、自主性、多样性、创新性等相背离[69]。

基于未来学校所面临的不确定性和复杂性等多重挑战，学校正由"管理"角色转向"引导"角色，积极主动地谋求和多元主体的合作，促成家校社协同育人、协同治理的格局；摆脱追求同一性或一致性的惯性思维，承认个体的差异性、成长性和偶然性，关注具体的人和事及其行动策略，积极预防和应对可能的风险；积极主动适应社会环境的变化，即要强化整体性思维、战略性思考和前瞻性意识，探索和运用多样化的治理工具和手段，发展具有科学性、弹性化和灵敏性的治理机制。解构科层制组织结构已成为学校现代治理改革的实然要求。具体来说，学校的组织结构和治理方式从当前的条块分割的科层式向开放融通的扁平化转变，从集中决策向分散决策转变，从以往结果管理向事前干预转变，从粗放式管理向精准化治理转变，以激发学校组织中每个个体的活力，促进学校治理的专业化，最终提升未来学校育人效果。

1. 学校治理从执行性控制转向专业型服务

当前学校多从教学和日程事务管理的角度设置自身的组织结构，实现对人、财、物、事的条块分类、自上而下式的计划和配置，相关部门如党校办公室、教务处、后勤处等。这类管理方式具有权责清晰、工作效率高的特点，但部门之间缺少业务协同，当学校规模扩展、业务复杂度增加后，往往会存在管理专业性不足而制约业务发展等问题，或出现管理的灰色区域，造成政出多门或者无人管理的局面等。因此未来学校将从学校核心业务场景出发，重新组建学校的组织结构，如课程中心统筹传统的教务、年级组教研等教学和教研业务；学生发展中心统筹政教、学籍、德育等业务，强化学校治理的主动性和专业性。

2. 学校治理从集中决策转向分权赋能

学校组织通过在不同的群体内建设正式和非正式的赋能型组织分散决策权力[70]，将过去集中在少数人手中的权力合理赋予基层个体。在组织内部，促进业务部门之间的互动与信息共享，以良性的互动支持匹配学生综合实践、深度学习的教学组织形式的实现。在组织外部，提高多元主体的参与度，吸引价值观一致的多种力量参与到学校治理过程中，以协调促进的方式促成各利益主体间的共识[71]，形成协同创新的治理结构。

3. 学校治理从事后结果性处置转向事前预判性干预

借助新型的治理手段和工具，对于教育业务关键流程进行动态监测与分析，能够提前诊断和发现异常状况，预判在教育教学发展过程中可能出现的风险，实现教育危机预警，从事后补救转向事前洞察并干预，提高教育治理的质量和效率。例如，通过综合分析学生异常的活动轨迹、消费记录和上网行为等预判学生心理状态。美国普渡大学的"课程信号灯"项目就是通过分析学生的学业表现，提前发现学生可能出现的学业问题，及时补救以减小学生学业失败的概率。学校还应预判数字技术在给学校治理带来便利的同时，可能存在的潜在威胁，借助治理制度对数据的安全、隐私、应用边界、伦理等进行提前设计，规范师生依法合理使用数字产品和服务，防范数字化治理风险。

第二节　构建未来学校的学习型组织

未来学校的办学价值强调"以人为本"，其最终目的便是促进学生和教师的学习和成长。基于此，学校更应该成为一种学习型组织，教师和学生需要作为学校管理主体在组织中获得尊重，得到支持，不断地提高创造能力和实现目标的能力；参与者会共同学习，以培养协作精神，而学校组织也在不断地提高自身的创新与解决问题的能力。管理学家彼得·M. 森奇（Peter M. Senge）等认为，构建可以持续地支持教与学的组织结构，提高组织对个体的适应性和管理的灵活性，推动变革型领导开放和持续的沟通以及形成共同决策机制，吸引可靠、有效的利益相关个体参与学校管理变革，发展开放、合作和自主治理的组织文化等是学校构建学习型组织的关键。

一、未来学校学习型组织结构变革

未来学校要实现从科层制组织结构向学习型组织结构的变化，意味着应通过协调组织结构中的人和事，而非依靠层级制度来实现教育目标。

1. 围绕学校治理任务建构组织结构

未来学校应当以学生、教师和组织发展为目标，解构当前以行政管理为逻辑的组织结构，围绕学校核心业务，赋权学校办学的各个直接利益主体有效参与、监督学校重大决策和规划，构建未来学校学习型组织新结构。

首先，融入多元主体，构建学校发展战略和决策机构。利益主体包括学校党组织、教职工代表大会、校务委员会、学术委员会、家长代表大会和学生会等。学校党组织全面负责学校重大事务的领导和决策；教职工代表大会参与民主管理和监督；校务委员会和学术委员会负责发挥其行政和教学、科研方面的专业能力，为校长提供决策支持，彰显学校治理的科学性和专业性；家长代表大会参与学校重大事项的协商治理，支持家校社协同育人；学生会参与学生事务的治理和决策建议工作。

其次，重构学校治理的中层职能和人员。以学校核心业务为逻辑组建学校中层管理组织，使其能准确地理解学校战略和决策，并能在学校核心业务中有效地执行。中层管理者由年级组（学部、学院）负责人、学科教研负责人、数字化建设负责人等业务领导构成；将现有的以管理调配资源为逻辑的中层管理部门，如教务处、总务处等进行重组，将与核心业务密切相关的并入相应的中层管理部门，非核心业务可合并为学校的支持部门，或借助数字化进行业务流程改造。

最后，倡导教育教学基层组织形式创新。年级组和学科组是学校最基层的组织结构，是实现学校微观治理的主体，因此未来学校应探索基层组织形式的创新，鼓励教师和学生作为管理主体来激发业务能力，提高他们实现目标的能力。比如，北京市海淀区中关村第三小学的"班组群"、深圳市罗湖未来学校的"团队负责制"都是通过基层组织微观治理的变革持续地推动教育业务的创新。

2. 建立正式与非正式相融合的组织结构

学校除实体性组织结构这类正式组织机构之外，还应当以灵活的机制支持非正式的虚拟性组织结构的建设。学校可以鼓励教师或学生为解决学校教育教学、课程改革、治理改革等问题组成临时工作组或研究组，这些工作组或研究组，与教师原来所属的年级组、学科组没有隶属和管理关系，成员由具有共同兴趣、工作性质、认知水平、思想观念的个体组成，承担学校发展过程中涌现出来的一些任务，如研发校本课程、符合本校师生需求的数字化教育产品、教师培训课程等。

这类非正式组织是对正式组织职能和目标实现的有益补充，加强了学校应对临时问题的灵活性和敏感性，同时组织产生的研究成果也可以为学校所用，将师生个人目标与学校发展战略紧密融合，对于释放师生群体的积极性、创新性，促进个体多元发展需求非常重要。

3. 未来学校的治理部门架构和职能

未来学校可从自身办学条件出发，参考国内外课程和教育改革方向，依据国家教育政策导向改造传统的教务部门、政教部门、后勤部门等，组建如综合服务中心、课程与教学中心、评估中心、师生发展中心、资源服务中心、数据中心、公共关系中心等专业部门，使其同时承担行政管理与专业服务的职能。

（1）综合服务中心

综合服务中心负责学校的综合事务管理和资源调配管理，保障学校日常的正常运转及可持续发展，根据学校发展的需求，使人员与资源围绕学校工作的战略规划、设计建设、使用维护、迭代改进等方面展开工作。例如，根据学生学习需求，设计建设学校多元化、开放式、互动式的学习空间，维护智能、智慧的信息环境；配置、管理和维护学校一切虚实形态的资源，包括所有系统中流转、存储的数据资源，以及现实空间中物理形态的资源，如课本、教具学具等；合理利用资源，避免重复建设，同时保障个体数据信息的安全。

（2）课程与教学中心

课程与教学中心负责学校课程体系设计与开发工作，并为教学事务提供支持服务。在课程方面，确保学科课程设计符合教学目标和学科特点，课程与教学中心需要研究国家课程标准，追踪学科发展趋势和最新的教育教学理论，优化学校课程体系设置，建立丰富多样、可选择的课程体系，落实国家课程的校本化实施要求。通过学生分班、教师配备、师生培训、教学计划安排、课时安排、制定课表、评价制度、考核安排等制度设计，为多元的课堂教学模式开展专业指导和管理保障。为了更好地支持课程实施与课堂教学，该中心还负责教育科研，根据教师在教育实践活动中的疑难点、创新点进行指导并支持开展教学研究、课题研究工作等。该中心可以指导教研组、备课组的工作，组织教科研论坛、校内学术交流活动等；支持学校教师申报国家级、市级等科研课题，负责学校申报课题的各项管理工作，做好学校微型课题的申报、立项、监督、评价、结题等管理工作。

案例

北京育英学校建立课程研究院，由校长任研究院院长，试图创建一种以课程建设为中心、用学术影响力引领学校发展的新型治理文化。课程研究院直接面对各学部和校区，探索与之相匹配的 12 年一贯制课程开发、课程管理及课程评价机制 [72]。

（3）评估中心

评估中心主要起到评估、诊断、督导管理的作用，负责对学校的教育管理与教学的实践活动进行形式与内容的监测与评估，对学校整体的发展及各中心、各年级和教师进行过程性评估、表现性评估、增值性评估等。该中心可与专业性强、开放度高的第三方专业机构联合，对学校开展专业评估，根据评估的结果不断调整学校的发展路线，根据存在的问题研究学校进一步发展的思路与举措。评估中心还应当承担教育教学评估研究工作，积极探索符合学校学情的学生综合性评估模型和评估方法、手段等，以评估为手段落实五育并举。

（4）师生发展中心

师生发展中心负责促进学生成长和教师专业发展的服务和管理，具体工作包括两个方面。一方面，促进学生的德育、身心健康教育、特长发展、职业生涯规划等，帮助学生全面发展、学有所长，围绕职业生涯规划提供咨询和资源等。另一方面，服务教师的专业成长，为教师的学历提高、继续教育，以及相关的培训、教研、外出交流等提供资源服务、实践操练的情境支持；针对教师专业发展的不同阶段，研发职初教师、青年教师、成熟教师的发展课程；建立名师工作室等非正式组织，搭建平台，促进不同发展阶段的教师主动突破自身的发展瓶颈，找到专业发展的自我路径。

　　史家教育集团不断整合师资培训资源，成立基于真实场域和伙伴资源的师资培训载体——"史家学院"。"史家学院"按照学科研究领域成立8个研究分院，下设60余个教师研究室，激励全体教师在专业发展中自觉融合教育要素，全面提升教师专业化水平。各研究室为教师建立源于实践、依于实践、用于实践的研修情境，以"任务驱动、项目推进、伙伴学习、平台集成"的发展思路，开展以问题为导向的伙伴学习活动，经历"问题—反思—交流—行动"的学习路径，在问题解决与新问题生成的多个循环中不断实现专业学习与职业成长[73]。

（5）资源服务中心

　　资源服务中心的主要任务是围绕一线教学需求研究、开发、汇总、筛选和推介教学和学习资源，沉淀学校涌现出来的优秀课例、活动设计、应用工具、研究论文等，形成体系化、层次化、多元化的校本资源库。该中心注重与国家、区域的智慧教育平台的资源共享，以云共享的形式与其他学校建立资源互助联盟，扩大学校师生可使用的资源范围。通过开发教程、小策略的方式为教师、学生提供教学资源的使用指导、应用建议，并在理解师生需求的基础上实现从"人找资源"到"资源找人"的转变，优化教学资源的供给侧结构。

（6）数据中心

　　数据中心聚焦在教育数据应用和服务方面，以充分发挥数据的驱动作用，构建学校的数字生态。该中心与多个业务部门协同共建学校的数据中台，培育数据流转意识，合作梳理和共建跨部门业务流程，以数据为媒介构建协作、共享应用模式，推动学校办学业务趋向流程化、智能化。基于一线教学、中高层决策的需求，不断丰富、研发数据应用场景，完善数据中台、业务中台、技术中台等的匹配工作，夯实数字治理的架构基础。此外，教育数据的应用能力建设也是该中心的职能之一，因为其能有效提升高层管理者的数字领导力、中层管理者的数字化胜任力以及师生的数字素养，完善学校数字治理的制度机制。

案例

北京师范大学附属实验中学将信息中心变更为信息化与数据资源中心，建立数据资源部，负责数据资源战略的落地。该中心联合学部和课程教学评价处、学生教育指导处、学生综合评价中心等部门，优化跨部门协同工作中数据流动的上下游逻辑，重新梳理新生入学、教学班分班、选课选科、考勤、评教评学、成绩填报等关键和重要业务的工作流程。同时，该中心以数据中台为基底，专门设置数据岗位来负责相应流程数据的建设和运维。该中心通过重构流程、权责到位，提高跨部门的协同能力，实现流畅工作，促使管理事务和业务工作数字化、流程化、智能化，助力学校高质高效运转。[74]

（7）公共关系中心

公共关系中心主要负责处理学校与校外多元利益主体的合作事务，多方吸纳办学资源和支持，做好学校的品牌宣传和公关宣传。组织家长委员会、搭建家校沟通的窗口、建设班级宣传窗口、管理学生个性化档案等，让家长能够及时了解学生的发展状况、发展需求，使得家校协力为学生发展提供适合的环境和条件；支持实践育人课程，与博物馆、实践基地、公园等建立密切联系，为学生深入生活实践的学习研究提供资源支撑；搭建校企交流的平台和良性循环的机制；与政府、高校、研究机构等联合开展课题合作、培训等活动；开发国际项目，建立国际合作伙伴关系，促进国际宣传、推广与交流等活动。

案例

美国"未来准备学校"（Future Ready School）项目[75]鼓励学校与社区、家长建立合作关系，共担未来学校变革的责任与义务。为了让学生对接劳动力市场需求，获得面向真实生活和工作实践的学术指导，该项目在高中阶段开展基于工作的学习，结合核心学习内容、技术教育与实际应用，建立行业机构与学校（K-12 学校、职业学校、社区大学等）、公共服务机构（图书馆、科技馆等）之间的伙伴关系。邀请家长参与学校活动，一是为不熟悉技术的家长提供技术培训，引导他们以建设性的方式支持学生的个性化学习；二是帮助家长理解学生的学习，向家长介绍基于能力的学习及其评估方式，帮助他们理解这种学习方式与传统学习方式之间的差异，确保家长建立与学校一致的话语，引导家长熟悉个性化学习计划并支持学生发挥能动性，共同帮助学生建立能力优势与未来职业目标之间的联系。

二、未来学校组织文化变革

组织文化是指一个组织内部共享的价值观、信仰、习惯、行为规范和符号系统，这些因素共同影响着组织成员的行为和决策方式。未来学校要建立起和学习型组织相匹配的学校组织文化，以促进学生全面发展和教师的职业发展。

1. 推动知识管理，加强共享文化

学习型组织中将知识的共享与管理看作提高组织效能和个体价值的重要制度设计，未来学校强调组织内部和组织之间知识的循环，以实现更多的知识创新与价值创造。学校促使组织和教师个人将自身经验转化为组织智慧，在不同组织部门和教师群体之间形成以知识为基础的互动关系，在知识共享与组织智慧提炼内化的过程中促进组织文化的更新和教师自我的专业发展。如有的学校设立"首席知识官"岗位，其负责挖掘个体经验，联手不同的专业人员促进知识的产品化，并搭建流通机制，通过出书、经验虚拟购买等方式把知识输送到有需求的人那里，使教师个体知道应该获得什么样的知识和从哪些组织成员那里可以获得这样的知识，形成知识导航路径。

2. 激发个体潜力，营造善治文化

未来学校将立德树人、五育并举、尊重个体、尊重差异、追求教育公平、构建人类命运共同体等价值观融入学校治理理念，对学校治理制度进行系统性思考和结构化设计，以追求师生成长利益的最大化为目标。从"限制性制度"向"鼓励性制度"转化，制定能够激励师生的制度，而非仅仅在他们表现良好或取得创新成果后才给予鼓励；通过公开透明、多元协商、民主监督等制度设计来调整学校中师生发展切身利益和资源配置，通过治理激活教师的主人翁精神，激发学生的生命成长动力，营造善治的治理文化。

3. 分享决策权力，落实赋能文化

"决策权力的去中心化"就是将过去集中在少数人手中的权力合理赋予基层个体，能够提高组织应对不确定性风险的灵活性[76]。未来学校决策权力的行使取决于资源运用的合理性，而非单一的由上到下的单向指示。赋予年级、学部等教学专业单位中层管理的权力，达到使组织变得灵活、敏捷、富有柔性和创造性的目的。

案例

山东省潍坊广文中学设立各学科首席教师，全面负责本学科的学科建设。首席教师通过竞聘上岗，全权负责学科教研组的相关工作，教学进度不受学校干涉；青年教师自订培养计划，自行联系校内外培训资源，自行开展科研活动，学校提供财力、人力资源等支持；学校组建项目研究执行中心，制定教学评估和教师绩效评价的准则和标准，负责对学校各部门、各年级和教师进行过程性评估，并在学期末邀请第三方机构进行专业评估，充分保证评估的科学性、专业性和民主性。教学服务中心统领各年级德育管理工作，选聘各年级首席班主任，组成学生学习成长共同体核心团队，整体负责学生管理的相关事宜，包括研制学生综合素质评价方案和实施细则，收集学生思想品德、学业水平、身心健康、艺术素养和创新实践等方面的过程性材料。

4. 增强资源整合，借鉴企业文化

前文提到新加坡等在国家未来学校相关规划中强调企业文化或企业精神。一般认为，学校和企业是两类不同的组织，而在有关未来学校规划中出现了企业的字眼，本书从两方面理解。第一，学校要培养社会生产、发展所需的人才，因此需要加强对企业人才需求的了解，从而在课程和教学方式上加以适当的调整；第二，面对未来学校治理的复杂性，学校治理要能够建立起广泛的合作网络和联盟，注重多方资源的汇聚与利益诉求的整合，构筑学习型的生态系统。上述原因都会促使学校适当地借鉴现代企业的管理文化，以更有效地提升治理的效率，在增强学校应对外界变化的能力的同时，保持学校的社会公共属性和人文关怀。

三、未来学校组织业务流程变革

科层制组织结构中，决策权力集中在少数人手上，同级部门间管理业务相对独立、相互隔离，组织业务流程主要以垂直单向度的信息流动为主，决策效率相对较高，但有可能导致决策结果缺乏普遍的认同，难以被有效执行。学习型组织中强调系统思考、共同愿景、团队学习等，这就要求未来学校治理者理解学校作为一个整体系统，各个部分密切地相互作用，在此基础上合理地设计组织业务流程。这种横纵交织的网络化的信息流动和决策需要新的治理工具介入。

1．基于数据思维的业务流程体系

基于未来学校组织结构和组织文化的转型，组织业务流程会追求透明性、便捷性、灵活性。透明性是指向组织内部或外部的利益相关者清楚地展示业务流程的各个方面，包括流程设计、执行、监控和改进等，如公开决策的依据、标准和过程，让利益相关者了解如何做出关键业务决策；通过流程图、工作流模型或数字仪表板，将业务流程的每一步可视化，使所有参与者都能清晰地看到流程的走向和关键节点，并实现对业务过程的实时监控和跟踪；明确每个参与者的角色和责任，确保每个参与者都了解自己在流程中的任务和期望成果等。便捷性是指简化流程、降低复杂性、提高效率和提升用户体验，如利用技术自动化执行重复性任务，减少人工干预；可以通过移动设备提供随时随地访问的便捷性；整合不同的业务系统和数据源，避免信息孤岛，实现无缝的数据流动，等等。灵活性则是指业务流程考虑不同用户的需求，提供定制化选项，以及不断地收集反馈并持续优化业务流程，确保流程能够适应不断变化的学校内外部治理环境。

基于上述要求，无论是在学校宏观治理还是在课程、教学评价等微观治理层面，都需要将整个治理环节中的人、财、物、事进行数据化，形成跨部门事务的数字化流程，示例如图5-1所示。以数据思维来解构和重建学校业务流程，在保证数据安全和隐私的基础上，打破阻碍数据流通、使用、综合使用的制度壁垒，利用这些数据为决策提供有效的证据，甚至借助数据孪生平台利用数据预测最优决策并在现实中执行。

图 5-1 跨部门事务的数字化流程示例

2. 技术赋能的智能化治理环境

借助数字技术赋能，可以为未来学校组织业务流程的有效实施提供工具性支持。从宏观治理层面，搭建基于网络和基于移动端的数字校园综合治理业务平台。平台可以发布、处理各类业务流程，为各类用户提供个人空间，汇聚个人综合治理画像，可以汇聚各类用户、业务的数据并进行综合分析，为学校提供决策服务；搭建数字化绩效支持系统，为师生提供可支持知识交流、团队学习和群体互动的协同知识管理空间，用来沉淀、管理组织内的知识，并促进知识的创建、获取、存储、检索和共享，支持学校内部的正式和非正式学习。从微观层面，利用数字技术搭建课程、教学、综合素养评价等智能化平台，将智能辅导、自动化测评等技术应用到学习过程中，促进创新学习。

第三节　未来学校治理体系的数字化实施

技术对于教育的变革并不是传统模式上的增减损益，而是通过技术赋权的方式促进整体的生态变革[77]。互联网技术既是一种技术形态，也是一种思维方式和文化。互联网文化的核心是开放、共享、平等，恰好与科层制结构的学校治理文化相背离，而与学习型组织的学校治理文化相吻合。目前兴起的数字技术和人工智能技术等继承了互联网文化，同时在技术路线上更强调把信息转化为可测量的数据以支持进一步的分析处理，因此数字技术能够更加广泛地搜集信息、快速地处理信息以及快捷地传播信息，使得治理过程能更好地触及、关注个体，能更主动和及时响应外界的需要，也能更好地协调多元社会主体的关系，为学校提供精细化、灵活化治理的可能。可以说未来学校治理体系的实现路径必然走向数字化治理，而数字技术的应用也必然会推动新型的学校组织结构、组织文化和业务流程的实现，从而促使未来学校治理生态转型目标的达成。

一、数字化赋能未来学校构建宏观治理生态

未来学校治理新生态涵盖的内容非常丰富，限于篇幅，这里主要讨论其中的两种。第一种是未来学校办学要打破封闭的环境，面向社会开放带来的多元利益主体的协同治理生态；第二种是未来学校的服务供给和人才认证将走向多元化，人才培

养周期更加灵活，治理生态面向终身学习管理。数字化能够为这两种生态提供治理支持。

1. 多元利益主体的参与权和知情权

多主体协同治理是未来学校治理的重要表征，关于该制度的建立和落实，知情权和参与权的体现尤为关键。未来学校通过有效的机制和平台，使与学校教育利益相关的群体可依法有序地了解学校办学真实情况，让政府、学生、家长、社会公众等能参与到学校的治理活动中。知情权的获取要求学校有透明的教育政策，提供相关途径公布所有教育政策、课程设置、教学计划等信息，确保所有利益主体都能及时获取；学校财务状况、预算分配和资金使用情况应公开透明，接受社会或资助人监督；学校校园安全、健康政策、活动安排、学生个人在学校的表现等都可以及时、便捷地告知家长。参与权则是指学校在制定重要政策或计划时，应邀请学生、家长、教师和其他关注群体参与；学校与社区合作开展项目，邀请社区成员参与，增强学校与社区的联系；鼓励学生和教师共同参与课程内容和校园活动的规划；设立家长委员会等，让家长参与学校管理，反映家长和学生的意见和需求。

数字技术为保障多主体对学校治理的知情权和参与权提供了条件。通过学校公众号、校园网站等可以发布学校的所有重要信息和通知，各类社交媒体和移动应用不仅可以接收信息，还能快速转发，有效地提高信息传播的速度和覆盖率，确保每个人都能及时获取信息。也有学校通过 VR 和 AR 技术，让学生和家长能够更直观地了解学校设施和教学资源。学校建设智能学习平台，基于大数据分析学生的学习成果和行为模式，诊断学生的学习问题，并及时向学生和家长反馈。使用在线投票和调查工具，以及各种云协作工具，如腾讯文档等，促进学生、教师和家长之间的协作和沟通，使得所有利益主体都能在决策过程中发表意见。

通过这些数字技术的应用，未来学校治理能够更加高效、透明和包容，使所有利益主体的知情权和参与权得到充分保障。

案例

北京十一学校龙樾实验中学为了让学生、家长以及其他群体更加了解学校，采用 VR 技术展现学校的各空间环境。参观者可从学校官网中的"探访小镇"链接下选择想要了解的空间，通过 VR 技术获取沉浸式的体验，如图 5-2 和图 5-3 所示。

图 5-2　北京十一学校龙樾实验中学 VR 参观入口

图 5-3　学校空间环境的全景和 VR 展示

2．开放性办学

技术进步缩短了世界的距离，使跨国家、跨文化的交流变得非常容易，未来的公民名副其实地生活在"地球村"，各国的教育应当培养具有全球化视野和能力的人才，显然，封闭的学校治理体系是无法实施这种颠覆性的学校教育生态的。未来学校的开放性并非只体现在校园和社区的连接，更本质的是要从课程制度和学生培养制度上有更为开放和包容性的设计，借助于数字化资源将更多的社会资源纳入学校的办学体系之中，为学校和社会建立起便捷、稳固的联系。

案例

密涅瓦大学致力于全球化人才的培养，因此，学校要求学生每个学期都要到一个不同的城市生活和学习，包括美国的旧金山（第一年）、印度的孟买、巴西的里约热内卢、中国的香港、澳大利亚的悉尼、英国的伦敦和南非的开普敦等，整个城市就是他们的校区。学生要学会融入当地的文化，掌握当地的语言，并充分利用所在国家和城市的社会特点进行实践性活动。经过4年学习，学生可以真正建立全球关系网络，并深化对这个世界的理解。学校不提供新生入门课程，而是设置4门进阶课程，分别是"理论分析""实证分析""综合系统分析""多元模式交流能力"。课堂上，在保证每一堂课都控制在20个学生以内的前提下，通过先进的技术平台，学生和教师将展开互动式的交流，借助数字技术支持，教师可以充分评估每个学生的互动反应，跟踪学生的学习进度。学校和许多世界顶尖的营利及非营利机构建立了关系，这些机构将接收学生参与实习和工作，毕业后，学校还会为学生创业提供人力资源和风险投资等。

3. 弹性学制

未来学校针对每个学生的不同情况，提供个性化、弹性化的教育周期，实行更加灵活的学制，学生可以在做好科学的生涯规划的前提下自由选择入学时间，打破现有以年龄分班、逐级学习的固化机制，学习、就业、创业相互穿插，让学习伴随一生。数字技术可以帮助学生突破学习生活在时间、空间上的限制，支持学生根据自己的时间和地点安排学习计划，为弹性学制奠定重要的时空基础。为满足不同学生的个性化学习需求，学生画像、自适应学习、智能辅导等技术可根据学生的学习行为和表现提供个性化的学习资源和教学知识。学习管理系统（Learning Management System，LMS）则能够帮助教师和学生有效管理学习过程，包括课程安排、作业提交、成绩跟踪等。数字技术的应用能支持学生更加灵活、个性化和高效地开展个人学习，能不断挖掘和实现弹性学制的发展潜力。

4. 全学习历程管理

未来学校支持人的终身学习。全学习历程管理是要全面记录、跟踪和管理个人从学前教育开始的所有学习经历和成果，不仅关注正规教育体系中的学习，也包括非正式和非正规的学习，如工作经验、在线课程、社区服务等，以为个人形成一个完整的学习档案。其典型的应用案例是学分银行，如上海市通过学分银行允许市民积累和转换自己在不同时期获取的不同类型的学习经历和成果，构建市民"一人一档"，有力地支撑市民未来的学习与职业规划，助力全民终身学习[78]。

区块链是支持全学习历程管理的技术基础，其具备完整、公开、透明、不可篡改和可追溯的特征，可用来收集学生的各种成绩，支持新的"混合"选课的模式，给学生和未来的用人单位提供一份可靠的个人贡献记录。学生可以将泛在学习获得的不同课程的学分进行记录，区块链平台为每一个学历证书创建全新的电子证明，将学生姓名、基本信息、参与考试时间、考试成绩等都记录下来，生成一个以区块链哈希值作为编号的独一无二的区块链微证书，学生、用人单位扫描证书上的二维码即可查询[79]。

案例

2017年，麻省理工学院利用区块链为100多名毕业生颁发数字证书，毕业生可以以数字化的方式管理自己的学术履历，成为自己证书的管理者。学生可自己规划课程，也可选择下载区块链钱包，安全存储和分享自己的证书，第三方可以很容易地验证证书是否真实合法，而无须接触学院的注册处办公室。

二、数字化赋能未来学校微观治理流程再造

数字技术有利于促进学校治理的变革，实现学生个性化、差异化的成长，可从课程治理与教育管理两个层面进行考虑。从课程治理的角度看，可提供丰富的分类分层的课程群，使学生可以基于自身的需求进行个性化选择。对教育管理而言，通过数字化可以对学生进行画像和预测等，及时解除潜在风险，实现科学管理与智慧决策。

1. 选课走班

选课走班是一种灵活的教学组织形式，允许学生根据自己的兴趣和能力选择不同的课程，并在不同的教室或班级之间流动上课，这种制度的设计与实施关键在于打破传统行政班和教学班制度。这将带来一系列的问题，比如课程和学生的匹配，规划课程时间表以确保学生能够根据自己的选择安排课程；教室、教师和教学资源的合理配置，及时了解师生的反馈以进行课程的优化设置等。总之，设计和实施选课走班制度是一个复杂的过程，需要综合考虑教育目标、学生需求、教学资源和学

校环境等多方面因素。

此时数字化系统显得尤为关键。借助数字化系统可以存储和展示课程的详细信息，包括课程描述、选修要求、授课教师、上课时间，还可以实时更新课程信息和选课状态，并推送给学生，以保证信息的公开透明和传输的及时性；学生通过在线平台选课，系统会为学生提供个性化的课程推荐，还能根据学生的选择自动检测是否存在时间和课程冲突，从而提高选课的科学性，减少时间成本；通过学生的选课情况，系统可以有效地分配教室、教师和其他教学资源，保证资源的合理配置；系统还可以跟踪学生的学习进度和成绩，为教师和学生提供实时反馈，帮助学校了解选课走班制度的实施效果等，以提升治理水平。

案例

浙江大学附属中学丁兰校区启用"学科潜能测评"系统来测评学生个人的学科潜力，为学生选课提供建设性意见，实现与学生个人兴趣、潜力发展相匹配的选科模式。再通过"智能排课系统"并基于高效人工智能算法引擎，结合含有特殊规则的实际情况，做到一键输出最优的排课方案。比如通过系统教学数据设置，可以轻松实现某学科在邻近的几个教室走班，这样学生上课不用走很远的路，而且便于行政班主任管理学生。平台系统支持任课教师、班主任、备课组长、年级组长、校长等不同的角色在线查询不同维度的课表，实现了学校对教师、教师对学生的点对点高效管理。

2. 学生综合评估

随着国家对学生核心素养的日益重视，全面、正确、客观地评价学生的学习绩效、个体发展和价值观念等变得尤为重要。《深化新时代教育评价改革总体方案》中要求提高教育评价的科学性、专业性和客观性。创新评价工具，利用人工智能、大数据等现代信息技术，探索如何开展学生各年级学习情况全过程纵向评价、德智体美劳全要素横向评价。数字技术可以在不干预学习者学习活动的前提下，通过学习管理系统、在线学习平台等收集学生的学习行为数据、学习成绩、学习轨迹、学习偏好等相关信息；利用数据挖掘、机器学习等技术手段，分析和挖掘学生数据，提取学生的特征和模式；基于分析的结果，建立学生的学习画像，反映学生的知识能力水平、行为特征、兴趣偏好和潜在需求等，从不同维度对学生进行全面、细致的描述。

北京师范大学未来教育高精尖创新中心研发了智慧学伴平台，通过对学生全学习过程的汇聚和分析，构建学生综合素质模型，涉及学科领域核心知识、学科核心素养、通用心理和认知能力、体质健康4个层次，具体包括人格特征、心理健康、认知能力、学习品质、学科素养、学科知识、体质健康、教育环境和发展倾向9个方面，共有300多个表征指标，以全面描述学生发展，发现学生个性[80]。

3. 风险预警

利用数字技术，通过数据可以及时识别学生在学业表现上遇到困难或面临挑战的迹象，以便及早采取措施并提供支持和帮助。预警的目的是在学生遇到明显学业问题之前，通过收集和分析相关数据，发现可能的风险因素，并通过提供适当的支持来促使学生改进学业表现，而非针对已经发生的事情采取措施。目前一些机构和学校已经运用学习预警系统，并且取得了较好的效果，如美国可汗学院将学习仪表盘与学习管理系统结合，学生通过学习管理系统能够可视化查询自己当前的预警状态。

数据的汇聚与分析也可对校园安全和教学管理进行实时监控和预警，远程控制和督导教学实施情况，帮助学校管理层随时诊断和发现学校运行的异常状态，进而提出更具针对性的改进措施，实现事后补救提升向事前洞察干预的转变。如加拿大一所大学将相当数量的被留校观察的学生的SAT成绩、师生电话联系情况、宿舍停留时间等作为数据源进行分析，提前识别出他们在学业和生活中可能出现的问题；天津市第十九中学根据学生在学校不同空间活动的轨迹，绘制校园各空间利用率的热力图，以及学生的社交关系图，为了解学生活动规律、提高空间资源的管理水平提供了证据支持。

三、未来学校数字技术治理机制

高速泛在的互联网络、智能的管理平台等为学校开展高效、科学的治理提供强大的技术支持。技术支持的表现包括创建智能办学空间，推动教育治理实现自动化、智能化；以数据为媒介，支持学习、教学、评价、教研、管理、培训、服务等核心业务，促进不同主体的协同合作，促进学校治理机制发生意义深远的改变 [81]。

1. "一网通办" 智慧管理

未来学校借助技术进行流程的优化，以效率为中心，借助管理系统与智慧校园的统合，对日常管理进行梳理和反思，减少传统业务管理的步骤，优化管理流程。如以复学申请为例，原有流程中包含学生的补选课申请，需要学生查询培养方案和班级课表，并根据课程实际进度，填写补选课申请并报送教务处，教务处核查通过后学生再进行选课。而在流程改善后，所有流程都在网上进行，系统直接将学生需要且符合选课条件的课程推送给学生，学生直接选课即可，简化了流程，提高了效率，方便了学生。智能管理系统支持有关招生、学籍、财务、设备、办公、资产、人事、成绩、就业、科研、德育等的所有教育管理业务在线上流转、办理与管理，师生以单点登录、统一认证的方式进入智能管理系统，根据个人需求办理业务。各部门的信息可有效集成，不同业务的数据在同一平台上得以无缝流转，这将打破学校内信息和资源共享的壁垒，助力学校管理者实现基于数据驱动的科学决策。学校管理者能及时了解学校的教学动态，根据能够反映全貌的现状分析来合理规划和部署教育资源，提升学校应对风险的能力和管理的效率。

案例

杭州市胜利小学从场景出发构建"胜利魔方"平台，优化学校治理体系，工作台是集多个小端口于一体的平台应用界面，这些小端口联结着场景中的数字基础设施。"胜利魔方"上有 30 多款高频数字化应用，覆盖常用的办公、管理和教学场景，涵盖校务管理、教务管理、家校共育、校园安全、后勤管理、五育融合等应用，如图 5-4 所示。近年来，杭州市胜利小学教师、家长日均在线活跃人数超 6000 人。平台启用云上排课，"课务管理"模块不仅支持智能排课，还公开了全校教师课务和班级课表，支持线上开展调代课操作，提高了事务性工作的效能，如图 5-5 所示。

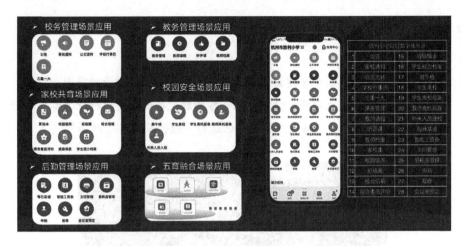

图 5-4　杭州市胜利小学"胜利魔方"平台的各场景应用

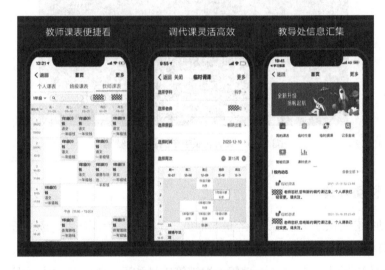

图 5-5　调代课业务流程优化

2. 数据驱动的管理"驾驶舱"

为了让学校的管理团队有效掌握学校运转的信息，学校的教育管理系统将各业务运行过程数据进行收集和数据可视化，构建"学校大脑"及可视化数据看板，打造数字时代的校园新形态和治理新样态。"学校大脑"及可视化数据看板可为管理团队提供有关师生的多个方面的信息，可视化显示分析结果，使过程和结果能够清晰、直观地呈现出问题，使管理团队在清晰掌握教育实际情况的基础上，得以高效分析学校在教育中存在的优势和不足，从而做出科学决策并制定管理措施。

　　山东省潍坊北辰中学建设基于云脑的数字化智能物联管控平台，校园内监控、门禁、水电照明、访客系统等各物联设备的实时运行情况都集中反映在领航驾驶舱中，方便学校的日常运行管理，如图5-6所示[82]。

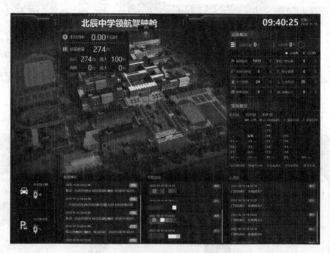

图5-6　潍坊北辰中学的领航驾驶舱

3. 移动办公

　　移动办公打破了学校治理在空间与时间上的限制。教职员工可通过智能手机、平板计算机等移动设备办公，提高工作的效率和灵活性。如教师和行政人员可通过移动应用程序进行考勤打卡、请假、报销等审批流程；教师可在线授课、布置作业、分享教学资源；教师、学生和家长利用智能手机实时沟通交流；管理人员通过移动设备实时查看学校安全状况，通过"问卷星"等收集学生的学习数据，等等。

四、未来学校中校长和教师的数字化领导力

　　领导力是领导者影响他人，实现组织目标的能力。未来学校治理体系中有两个角色的领导力非常重要。第一个是校长，在未来学校的建设过程中，校长作为学校改革发展的带头人，担负着引领学校和教师发展、促进学生全面发展与个性化发展的重任，校长的领导力对学校整体发展的重要性不言而喻。第二个是教师，教师深度

参与到未来学校微观治理活动中，在课程设计与开发、教学实施与评价、家校沟通与协作等关键育人活动中承担主要职责，教师的领导力也将决定学校的育人质量。

1. 校长的领导力

校长的领导力是未来学校治理成功的关键，校长的领导力不仅体现在管理和决策上，更体现在对教育价值的引领和对学校文化的塑造上。未来学校校长应具备时代的洞察力，能带领学校开展教育数字化实践，理解技术、拥抱技术、善用技术，充分认识信息技术的有效应用对于优化教育教学、创新人才培养的重要作用，能够遵循适度超前和简洁高效的原则，推动学校数字化环境的建设以及鼓励教师利用好技术[83]。国际教育技术协会（International Society for Technology in Education，ISTE）发布的《教育领导者标准》中对教育领导者提出了 5 项要求，如图 5-7 所示，包括领导者要利用技术来促进公平，提升包容性，引领数字公民实践，成为公平与公民权利倡导者；领导者与其他人一起制定愿景、战略计划和持续评估周期，以利用技术改变学习方式，成为有远见的规划师；领导者要创造一种文化，使教师和学习者能够以创新的方式使用技术来丰富教与学，成为授权的领导者；领导者要建立团队和系统来实施、维持和持续改进技术的使用以支持学习，成为系统设计师；领导者要为自己和他人树立榜样并促进持续的专业学习，不断地自我超越，成为互联学习者。

图 5-7 ISTE 教育领导者标准

推动未来学校治理文化变革需要有效的数字化领导力，数字化领导力的提升需要聚合多种思维方式，如设计思维、用户思维、数据思维、共生思维等。总体而言，未来学校校长需要具备前瞻性思维，能够制定和实施符合未来教育理念的学校愿景和战略规划；校长应识别变革的障碍和机遇，制定变革策略，通过有效的领导和沟通，确保全校师生的理解和支持，引导学校适应快速变化的教育环境，推动未来学校治理的创新和发展。校长要善于平衡师生和学校发展之间的关系，激发师生的自治内驱力，以支持者和促进者的角色促进师生在未来学校共同愿景下实现个体发展，为学生提供高质量的教育。校长要根据学校业务需要和教师的特长进行职能分工和岗位安排，帮助每名教职工找到自己在学校育人中的位置；通过聘任、薪酬、奖励、评价等赋能个体，确保人人各司其职并得到公平的待遇；推动技术在学校治理中的应用，这不仅包括教学技术，还包括管理信息系统、数据分析工具等，校长要确保技术的有效整合，并为教师和学生提供必要的培训和支持。

2. 教师的领导力

教师的领导力是指教师在教育实践中展现出的引导、激励和影响同事、学生以及其他教育利益相关者的能力，教师领导力体现在自我领导力、育人领导力、专业共同体领导力、信息化领导力、学校发展领导力和家庭教育领导力等方面，反映了教师在个人发展、教学实践、团队协作、信息化教学、学校文化建设以及家庭和社区参与等方面的领导作用。这一概念的出现使教师超越了传统的教学角色，更强调教师在专业领域内的影响力，包括非职务的影响力。在未来学校治理转型中，教师的领导力是一个关键因素，因为教育环境需要教师具备更高的适应性和创新性，这不仅关系到教师个人的专业成长，也是推动学校整体变革和提升教育质量的重要力量。

在未来学校中，教师需要具备强烈的自我发展意识，不断更新自己的专业知识和技能，以适应快速变化的教育技术环境，通过加强自身的育人能力、课程开发能力和教学设计能力等来促进学生的全面发展。教师在未来学校中更倾向于在专业共同体中协作和分享，形成学习型组织，共同推动教育实践的改进。未来学校需要教师参与到学校的战略规划和决策中，发挥教师的领导力在推动学校适应教育现代化和满足学生需求方面的关键作用。未来教育环境下，家庭在学校教育中的作用日益增强，教师需要具备与家长沟通和合作的能力，以共同促进学生的个性化发展。在未来学校的治理中，教师领导力的作用体现在以下几个方面。

（1）教学领导力

教学领导力是指教师在教学实践中，通过专业知识、技能和经验，对学生的学习过程、学习成果以及教学方法产生积极影响的能力。具体表现为：教师能够根据学生的需求和特点，设计创新且有效的教学方案；教师展现出高效的课堂管理能力，营造积极的学习氛围；教师能够运用多元化的评估方法，准确评价学生的学习进展和成就；教学创新，即教师不断探索和实践新的教学理念和方法，如项目式学习、探究式学习等。

（2）数字化领导力

数字化领导力是指教师在教育数字化背景下，运用数字技术改进教学方法、提升教学效果的能力，包括教师对技术的掌握、在教学中的有效应用，以及引导学生利用技术进行学习的能力。具体表现为：教师熟练使用各种教育技术工具，如智能教室系统、在线学习平台等；教师培养学生的信息素养，教导他们如何有效地搜索、评估和使用信息；教师能够整合线上和线下资源，为学生提供丰富的学习材料，实施翻转课堂、协作学习等新型教学模式。

（3）课程领导力

课程领导力是指教师在课程开发、实施和评估中的作用。教师不仅是课程的执行者，更是课程的设计者和改进者，能够根据教育目标和学生需求，对课程内容和结构进行优化。具体表现为：教师参与或主导新课程的开发，设计符合学生兴趣和需求的课程；教师不断更新教学内容，确保课程与时代发展同步；教师能够将不同学科的知识点进行整合，开展跨学科教学；教师收集和分析学生及同行的反馈，不断优化课程设置。

（4）专业发展领导力

专业发展领导力是指教师在个人和团队专业成长中的作用。教师通过持续学习和反思，提升自己的专业水平，并激励和引导同行进行专业发展。具体表现为：教师持续学习新的教育理念、知识和技能；教师定期进行教学反思，以改进教学实践；教师与同行进行专业交流，分享教学经验和策略；经验丰富的教师担任新教师的导师，促进其专业成长；优秀教师通过成立名师工作室等方式，引领和传播教师的专业智慧，带动学校和区域特定学科或教育领域的发展。

（5）家校社育人领导力

家校社育人领导力是指教师在教育过程中，与家庭、学校以及社会等多方合作，共同促进学生全面发展的能力。教师与家长、学校管理层、社区成员等进行有效沟通，确保学校的发展愿景能够被家长和社区理解和接受，并为之而努力。教师能够识别和利用家庭、学校和社会的资源，为学生创造更好的教育环境和学习机会。面对教育过程中出现的各种问题，教师能够积极思考，提出解决方案，并引导各方共同参与并解决问题。教师能够理解和关注学生的情感需求，通过情感教育引导学生形成正确的价值观和人生观。家校社育人领导力通常体现为：通过定期组织家长会，与家长共同探讨学生教育问题；开展社会实践活动，培养学生的社会责任感，丰富学生的课外生活；鼓励家长参与学校活动，增强家长对学校教育的理解和支持等。

内容链接

未来准备领导力链如图 5-8 所示。

图 5-8　未来准备领导力链

支持教师为学习者创造具有创新性的、以学习者为导向的学习体验，在课程教学和评估方面加强个性化教学策略，指导教师开发动态学习体验活动，并示范使用差异化教学策略来满足不同学习者的需求。倡导完备的基础设施建设，倡导所有学生能公平地获得数字设备、信息、资源和服务，支持课堂内外所有学习者公平获取工具和资源；支持教师缩小"数字使用鸿沟"，以确保高质量的教学使用，并最终确保机会公平。主张学校对资源进行财务优先排序，与管理员一起参与预算和规划流程，倡导面向不同学习者需求的人员和资源配置，以满足学校和社区所有成员的多样化需求；持续评估资源的使用情况，以支持决策者负责任地使用资金。积极寻求双向合作伙伴关系，使学校和社区能够相互支持和受益。在利用基于数据的实践的同时，继续致力于学习者的成长和发展，建立有效数据使用模型以帮助教师进行反思和教学改进，并确保教师使用数据进行个性化教学，能以有意义且易于理解的格式查看和显示数据。共同制定、沟通和维护学生学习的愿景，该愿景是个人的、真实的，并建立在信任文化的基础上。教师要与管理人员和其他教师合作，重新思考和重新设计支持个性化学习的传统学习空间。

从《教育信息化十年发展规划（2011—2020 年）》到《教育信息化 2.0 行动计划》再到"教育数字化战略行动"，我国教育信息化水平持续提高，进入教育活动的实质性环节。2019 年开始的"智慧教育示范区"建设标志着全国范围内的区域智慧教育建设和学校升级转型已经成为确定性趋势。从当前学校到未来学校的跨越并不是自然的进化过程，而是一项有明确目标指引和科学方法论的系统工程，涉及理念、实践、技术与管理等多个要素的深刻转变，因此我们需要将多要素协同推进，才能引领学校组织实现深层次、全方位、多维度的变化。

第一节　未来学校规划和设计的近未来视角

在以未来学校为目标实施学校升级改造或新建学校时，需要清晰地描绘出学校建设的图景。理想状态下，这幅图景既能够反映出对遥远前景的积极预测，又能合理地与当下教育状况产生连接。现实中，我们观察到很多未来学校在建设时，会在面向未来和符合现实之间摇摆：要么进入一种乌托邦式的理想主义，使得设计方案难以落实，或配置的设备主要用来展示而平时闲置；要么被质疑为"新瓶装旧酒"，甚至导致学校在建成之日就是落伍之时，造成浪费。

未来是用来描述时间的名词，未来有远近之分，祝智庭教授提出"近未来"的思维，它既包含"现实的未来性"，又包含"未来的现实性"。一方面，未来学校根据技术演化的内部逻辑、前进轨迹及其与教育融合的内在规律，对"近未来"可能的学校场景进行思想实验，形成科学可信的未来发展图景；另一方面，从未来的视角回溯当下教育问题，探讨当前技术影响未来的可塑性[84]。在"近未来"思维的指导下，未来学校的建设既要在新理念的驱动下，采用新的方法和技术手段进行系统全面的规划和设计，又应具有可操作、可复制的模式，从而持续为未来时代人才培育助力赋能。

一、未来学校在规划和设计中需要处理的关系

未来学校的设计并没有标准化的模板和路径，未来学校的运行也面临很多现实的制约因素。因此，学校在规划和设计中既不能照搬其他学校现成的方案，也不能基于某种教育理想纸上谈兵，而是需要对未来学校建设中可能遇到的瓶颈有比较清晰的认识和决策判断。

1. 技术快速进化和学校制度变革滞后性的矛盾

多年前，教育领域有一个流行的隐喻故事，其内容是：如果让一百年前的医生穿越到今天的手术室，这个医生肯定没有办法完成手术；然而让一百年前的教师穿越到今天的教室，这个教师完全可以给学生上课。当时，这个故事是隐喻各类现代技术对教育环境的影响远不如其他领域深刻。然而，随着教育信息化投资的力度加大及教育新基础设施建设的推进，我们的学校环境发生了巨大的变化，也许穿越来的教师会在第一时间对教室环境变化发出惊叹，不过在适应了以后，就会发现自己至少可以承担一部分教学任务。这说明，即便几乎以天为迭代周期的人工智能进入学校，学校相对滞后的教学和管理制度设计难以让技术的潜力充分地发挥出来，以教师为中心的学校制度文化依然有着很大的影响力。

2. 教育理念快速变化与人才培育长周期的矛盾

社会的发展变化对学校办学产生了巨大的冲击和影响，各种代表先进性、现代化、创新性的教育理念层出不穷，学校不断地倡导从某种流行的教学方法切换到另一种方法，很多方法之间缺少延续性和一致性[85]。学生的学习和成长具有内在的规律性，特别是在核心素养的发展方面，更是需要很长的周期才能获得比较显著和稳定的改变，一种教学方法是否可靠、有效，则需要严谨地论证，谨慎地实施，要以循证的科学范式进行评估。因此未来学校建设中，保持教育理念的科学性、稳定性、延续性，拥有办学定力，才能避免让学生沦为实验品的风险。

3. 学校办学特色化与设计趋同化的矛盾

目前未来学校的建设存在重视可见性强的技术装备和学习空间改造，忽视学校的课程、文化、管理、师生关系、家校关系等软环境建设的现象。智慧教室、创客空间、机器人、非正式学习空间等成为先进性和有成效的标志[86]，学校设计呈现出一种新的标准化、模板化的趋势，"抹杀"了学校的特色及其个性化发展的能动

性，也与未来学校本身个性化、特色化的教育理念相冲突。

案例

山东省聊城市茌平区杜郎口中学曾是一所要被撤并的农村学校，为扭转命运，学校于1998年开始构建"三三六"自主学习模式，实现从以教师为中心的课堂向以学生为中心的课堂转变。由于缺少资金，学校在教室的所有墙壁上安装了黑板，将课桌拼在一起进行小组学习，每个学生手边都有粉笔，可以随时在黑板和水泥地板上写写画画。简陋的办学条件并不影响学生的学习效果，课改后，这所农村学校取得100%的中考升学率。随着学校知名度的上升和办学条件的改善，学校通过信息化手段对"三三六"自主学习模式进行升级，形成了"互联网＋自主课堂"的范式，进一步提升了教育教学成效。2023年，杜郎口中学高中部首届毕业生本科上线率超过80%。在20多年时间里，学校吸引了来自全世界10多个国家和地区的国际友人到访交流，日本教育专家佐藤学评价道："杜郎口中学是中国第一所堪称世界级的学校，它绝不仅是中国的，一定是世界的！"[87]

二、未来学校规划和设计的方法论

方法论为学校规划和设计提供了一套科学的、系统的和反思性的实践框架，有助于学校在复杂多变的教育环境中做出明智的决策，实现教育目标，并促进学生、教师和社区的共同发展。未来学校规划和设计的方法论是多维度的，它不仅关注教育实践的改进，也关注教育系统的全面改革，以满足未来人才培养的需求。

1. 未来研究

未来研究的目的是发现或创造、检查和评估并提出可能的、很可能的和更可取的未来图景[88]，从而形成一套规范科学的方法体系，帮助政府、组织、个人对未来去往何处有清晰的认识并做好充分的准备。未来学校建设是为了推行面向未来的教育，未来研究的方法论给未来学校建设提供了预见未来教育的启示——要以历史性、敏锐性、系统性、计划性、过程性的视角预见未来教育，使新建的未来学校既能找到现实的基因，又能在正确预见未来的基础上部署未来教育的行动。未来学家

Voros 提出预见未来过程模型，包含输入—预见—输出—战略 / 策略 4 个阶段，如图 6-1 所示。实践证明，该模型被当作诊断与设计未来战略的工具使用 [89]。

输入阶段，要广泛收集对社会发展产生重要影响的信息，信息越多，越能在后面的预见过程中进行理性的分析、解释和预期未来。可用德尔菲法对领域权威专家的观点与想法进行征集，分析得出主流的核心观点，以审视事件对未来的影响；通过环境扫描法获取和使用有关组织外部环境中事件、趋势和关系的信息，助力管理层制定未来的规划与行动战略。

预见阶段，要基于对输入阶段信息的分析寻找一种具有解释性的逻辑，并以一种批判性思维通过解释来寻找更深层次的结构，最后在明确趋势和系统因素的基础上开发未来的替代性方案，即形成预期。

输出阶段，主要是指经过输入和预见阶段后对未来的认识将会更为客观、规范和理性，可以在此基础上进行决策，明确我们需要做什么。有形的输出是对未来能够努力和做出行动的实际选择范围，以确定能够采取的行动策略；无形的输出则是对未来预见的深刻且理性的思维。

战略 / 策略阶段，这是展望未来的阶段，是指统筹个人、组织和社会各个层次，从微观到宏观深入而广泛地思考我们将做些什么，我们将如何做。首先以战略思维提前分析和预测特殊事件可能造成的影响和带来的改变，生成可能选项；其次对未来做出更深入的思考和选择，做出应对变化的决策；最后是战略规划和策略制定，思考"我们将如何做？"的问题，采取切实的行动以迎接挑战与机遇。

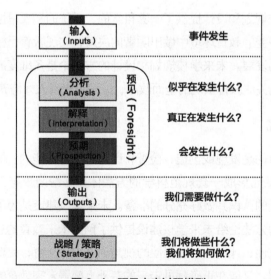

图 6-1　预见未来过程模型

2. 系统分析方法

系统分析方法源于系统科学，是把复杂项目看成系统工程，通过系统目标分析、系统要素分析、系统环境分析、系统资源分析和系统管理分析，准确地诊断问题，深刻地揭示问题成因，有效地提出解决方案的方法。系统分析方法主要用于在不确定的情况下，确定问题的本质和成因，明确咨询目标，找出各种可行方案，并通过一定标准对这些方案进行比较，帮助决策者在复杂的问题和环境中做出科学抉择。

根据系统分析方法，参考 PST 框架，可将未来学校规划和设计拓展成 I-PSTG 模型，如图 6-2 所示。办学理念（idiea）具有全局性、理想性、稳定性和实践性等特征，可以对整个学校办学起到统摄指导作用，确保学校各要素能够由表及里保持一致；教学法（pedagogy）是未来学校建设的核心任务，也是其他要素保障和支持的重点任务；空间（space）是未来学校开展教育活动的承载场所，承载和支持其他要素的创新与建设；技术（technology）是未来学校建设的激活因子，赋能增强其他要素的功能与效果；治理（governance）是未来学校建设的组织和制度保障，表现为学校的组织结构、资源分配、人员能力、管理模式、制度建设等。在此模型中，P、S、T 构成教育教学的业务面，I、G 构成统领－保障的主轴，协调各种要素的力量共同发挥作用。业务面与学校建设主轴的交叉凸显教师能力的重要性，教师能力是未来学校建设能否落实好教育规划的关键和要素，关系到单一要素能否发挥作用和要素之间是否能够协同一致。另外，各要素之间的组合也确保了课程、评价、教务与信息后勤等学校基础业务的顺利开展。

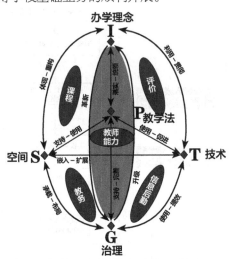

图 6-2　未来学校规划和设计 I-PSTG 模型

三、未来学校规划和设计的基本流程

未来学校规划和设计的基本流程如图 6-3 所示，主要包括 4 个工作阶段，分别是需求调研与分析、方案规划与设计、方案优化确认和方案实施与评价，整体形成闭环。参与规划和设计的主要有学校领导、业务负责人、设计团队和专家等，师生、家长代表等也会在整个规划、建设过程中阶段性参与。整体的工作思路就是要基于学校现状和未来发展愿景，汇聚多元利益主体意见，进行系统分析和提炼，明晰具有内生性的办学理念和实现路径，并将其在学校建设的各个阶段中予以体现，并评估其建设成本和效益。作为系统工程，未来学校的规划和设计不是一蹴而就的，而是应经过相关群体的讨论与审定以及学校实践的检验，在发现问题、解决问题的过程中不断更新迭代建设模型，最终建设成一所由内生发的兼具个性化、先进性的未来学校。

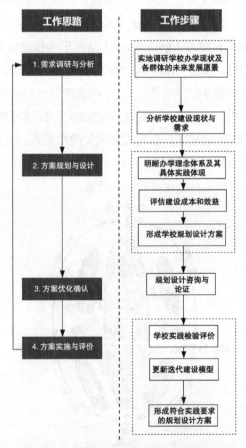

图 6-3　未来学校规划和设计的基本流程

第二节　未来学校规划和设计的主要工作内容

学校的规划和设计是一项重要的工作，它为后期学校的建设提供了蓝图和实施路线，可以说学校的规划和设计方案的质量影响着最终学校建成的质量。因而在未来学校的规划和设计过程中，要科学地应用方法论和设计工具，充分提炼学校的优势和特色，准确定位学校的发展方向和目标，系统刻画学校的办学策略和路径，形成一个独特、完备、自洽、可行的未来学校规划和设计方案。

一、学校需求调研

未来学校的建设主体是学校，现实条件与相关利益群体影响着学校组织成员对未来学校的愿景与建设行为，因此，未来学校的建设应从拟建校或改建校的现实基础上开展。学校发展条件的分析可从两个维度开展：一是时代、政策、区位等宏观情况分析；二是学校建设微观资源分析，包括人、财、物、事（课程、教学、评价、治理等）。可以使用 PEST-SWOT 矩阵进一步对结果进行综合性的分析和决策。

1. 宏观背景分析

学校是整个社会的有机组成部分，学校教育承担着国家的政治、社会功能，因此有关政治、经济、社会发展等方面的宏观背景和需求分析是未来学校办学所必需的。

（1）国内外未来学校发展政策和案例分析

未来学校办学要符合国家教育路线、方针和政策，以《中国教育现代化 2035》为学校的战略规划蓝图，以"更加注重以德为先，更加注重全面发展，更加注重面向人人，更加注重终身学习，更加注重因材施教，更加注重知行合一，更加注重融合发展，更加注重共建共享"为学校规划设计的基本理念。在办学领域规划中，应当深刻研习国务院、教育部以及相关部门和地区出台的重要政策（见表 6-1）并作为参考。

表 6-1　关于未来学校的国家和地区相关政策清单

类别	政策名称
国家	《中国教育现代化 2035》
	《深化新时代教育评价改革总体方案》
	《中华人民共和国国民经济和社会发展第十四个五年规划和 2035 年远景目标纲要》
	《教育部等六部门关于推进教育新型基础设施建设构建高质量教育支撑体系的指导意见》
	《义务教育课程方案和课程标准（2022 年版）》
	《基础教育课程教学改革深化行动方案》
	《教育部等十八部门关于加强新时代中小学科学教育工作的意见》
	《绿色低碳发展国民教育体系建设实施方案》
地方	《北京教育信息化"十四五"规划》
	《北京促进人工智能与教育融合发展行动计划》
	《上海市教育数字化转型实施方案（2021—2023）》
	《深圳市推进中小学人工智能教育工作方案》
	《北京市中小学智慧校园建设规范（试行）》
	《北京市高等学校智慧校园建设规范（试行）》

　　未来学校的建设也可以参考国际教育前沿动态，以及国内外有关未来学校的研究报告（见表 6-2）等，这些都可以提供有前瞻性的视角。

表 6-2　国内外发布的有影响力的未来学校相关研究报告

发布组织	报告名称
经济合作与发展组织	《回到教育的未来：OECD 关于学校教育的四种图景》
世界经济论坛	《未来学校：为第四次工业革命定义新的教育模式》
美国学校网络联合会	《基础教育创新驱动力报告（2024）：挑战、趋势、技术工具》
欧盟	《欧盟学校教育的未来图景：一项前瞻性研究》
教育部学校规划建设发展中心、未来学校研究院	《"未来路线图"实验学校发展指南 1.0》
中国教育科学研究院未来学校实验室	《中国未来学校创新计划 3.0》《中国未来学校 2.0：概念框架》《中国中小学学习空间调查报告》

发布组织	报告名称
北京师范大学未来教育高精尖创新中心	《未来学校学习空间蓝皮书》

（2）区位资源分析

未来学校办学要立足于学校所处的区域，进行区位资源分析，主要包括学校所处省、市、区、县的人口结构、产业结构、经济水平、教育规划、人文及自然资源等基本情况；还包括学校主要生源地所在社区情况的分析，具体包括适龄入学人口、学生家庭状况、社区对学校教育参与水平等。相关调研清单如表 6-3 所示。可以通过收集政府工作报告、实地考察、访谈等方式获取相关信息。

表6-3　可参考的调研清单

调研对象	调研内容
社会发展	1. 当地人口结构、产业结构、GDP 水平、教育规划、社会文化、自然资源 2. 学校附近配套的体育场馆、公园、博物馆、科技场馆等公共设施 3. 学校周边的其他高等院校、科研院所、高新企业等，学校和这些组织机构的合作关系 4. 学区内现有的学校布局和招生、升学情况，未来的教育资源规划，学校办学所具备的优势和不足
家校社协同	1. 学生家长的职业、学历，家庭经济情况，生育子女情况，户籍，流动性，等等 2. 学生生源素质、入校前情况、毕业的情况和主要去向等 3. 社区和学校的协同教育活动开展情况 4. 学校周边环境的卫生、安全情况，社区的管理力度，等等

2. 学校现状分析

未来学校的核心价值观之一就是尊重个性和主体性。要破除千校一面，破除学校设计中的形式化和表面化问题，关键是充分了解学校规划和设计的真实情况与需求，这需要对学校的现状进行深入和细致的分析。

（1）学校办学基础和条件分析

未来学校建设需要盘点和分析学校组织能够汇聚的人力资源、支持资金、物质资源，这是规划可落地的学校建设方案的重要基础和参考，可以通过访谈、问卷调研的方式获取相关信息。相关调研清单如表 6-4 所示。

表 6-4　学校办学情况调研清单

调研对象	调研内容	调研方式
学校办学基本情况	1. 学校办学性质、办学类型、占地面积、建筑面积等 2. 学校招生规模、班额、生源质量等 3. 学校教师总数，以及教师的年龄、教龄、毕业院校、主修专业、学历、职称 4. 学校网络接入情况，各类数字化应用配置和应用频率、体验，更新计划，经费支持 5. 教师的研修内容、研修方式和频率、研修的满意度和教学能力水平 6. 教师和学生的数字素养	编制问卷
学校办学和治理情况	1. 学校建校历史及标志性事件和人物 2. 学校办学理念、一训三风、学校文化建设情况 3. 学校当前的组织设置、职能、工作流程和重要管理制度及其执行情况	校长和相关部门负责人焦点小组访谈；资料查阅
全面育人情况	1. 学校课程建设和实施情况 2. 学校的课程资源建设情况，包括开放性的课程资源、社会课程资源 3. 学校是否有独特的课程建设思想和特色课程建设 4. 课堂教学主要方法和模式、学校推行的学习变革创新活动情况 5. 学生综合素质评价的主要方法和工具设计 6. 德育工作开展情况和特色德育活动情况 7. 数字化教学的落实情况	业务负责人、教师代表、学生代表焦点小组访谈；实际课堂观察和学生表现评估等
教师发展体系	1. 教师自我职业发展路径规划和学校支持情况 2. 教师日常工作内容、工作时间分配、工作满意度 3. 教师对于未来教师角色转型的认知和态度	教师代表焦点小组访谈
学校空间建设和应用情况	1. 学校的校园建筑设计、校园景观和校园内其他自然或文化资源 2. 校园周边环境和校园的开放、共享、共建情况 3. 学校特色空间建设和实际使用情况或改造需求 4. 学校数字化架构和应用场景及使用体验 5. 空间经费投入和更新维护成本	师生用户焦点小组访谈和实际考察

（2）相关利益群体分析

政府、学生和家长、非公办学校的投资方等是学校办学的相关利益群体，需要在前期的调研过程中了解清楚不同群体的权利并提出分类与应对策略，确保学校创新举措得到支持。对于民办学校的治理体系，要考虑实际投资方和学校内部组织在治理体系中的位置和职责等。相关利益群体调研提纲如表 6-5 所示。

表 6-5　相关利益群体调研提纲（参考）

调研对象	调研内容
政府主管部门	1. 本地教育的中长期规划内容，学校的社会责任和政府办学期望 2. 办学提供的各类资源支持和投入；区域内其他兄弟学校的关系和定位
学生和家长	1. 对学校的声誉、学习体验 / 期待的评价 2. 对学校的师资、教学水平、课程设计的具体建议 3. 对区域内学位、招生范围以及升学的期待
学校投资方	1. 对于办学的具体设想，如对办学特色的要求 2. 对于学校的组织架构和运营机制的想法 3. 对于学校经费投入方式和投入重点的考虑

3. PEST-SWOT 矩阵分析

基于不同维度的现状调研，学校可使用 PEST-SWOT 矩阵进行分析。PEST 是指政策（political）、经济（economic）、社会（social）、科技（technological）4 个环境因素，它们会间接影响学校的策略选择；SWOT 是指学校自身的优势（strengths）、劣势（weaknesses）、机会（opportunities）和威胁（threats）4 个因素。结合 PEST-SWOT 矩阵分析结果可以指导学校从自身所处的各类宏观、微观环境出发，综合分析自身优劣势，抓住机遇，规避可能的风险，形成独具特色的规划和建设策略。

案例

项目团队对某校提升所进行的 PEST-SWOT 矩阵分析如表 6-6 所示。

表 6-6　PEST-SWOT 矩阵分析示例

因素	S（优势）	W（劣势）	O（机会）	T（威胁）
P（政策）	区政府为学校发展提供良好的治理环境与基础条件		12 年一贯制办学，学校可以探索贯通式育人模式	
E（经济）		学校数字化建设二期经费未落实	学校"民转公"面临投资结构的转变	

因素	S（优势）	W（劣势）	O（机会）	T（威胁）
S(社会)	学校素质拓展课程和特色课程有良好的社会声誉	教师平均年龄偏小，青年教师教学能力有待提高	毗邻高校和科技园区，场馆建设完备，可共建共享；所属办学集团提供优质教育资源支持	优质生源在升学考试中流失；骨干教师队伍的发展不稳定
T(科技)	学校建筑设施完善，学习空间环境好	信息化建设需要升级，教育数字化转型力度不足		

二、未来学校办学要素规划和设计

基于现状分析，要将确定的设计思路在学校办学的各个具体要素中体现和落实。设计方案一方面要符合各办学要素自身的业务运行特点，另一方面要保证各办学要素设计理念的一致性和逻辑上的自洽。

1. 学校办学文化设计

未来学校的办学文化体系居于统领的地位，缺乏文化变革将阻碍其他方面的转型发展，而形成独特的办学文化体系也是破除千校一面的关键。学校办学文化可以通过学校的办学理念、育人目标、校训、校风、教风、学风以及学校的文化标识等具象化的形式表达。学校办学文化具有内生性和浸润性，其生发于学校的发展历史中，浸润在学校的事实情境中，体现在每个成员的行为举止中，因此对于学校办学文化的提炼，要经历叙述学校的发展历史与标志性事件，观察学校师生的精神面貌与具体行为，在厘清学校文化内核的基础上进行引申与提炼，并不断地和学校师生、家长、专家进行交流和论证，逐步达成共识。

可以用鱼骨图展示办学文化体系应用于具体办学实践领域的内在设计逻辑，如图 6-4 所示。将体现学校办学理念的总体目标绘制成鱼头，然后将总目标逐个分解到具体的实践领域中，并用一根"主骨"连接起来；在具体的实践领域旁边填写可观察的目标或可执行的策略，以作为"中骨"，确保执行系统和学校文化体系的内在一致性。

图6-4 相关鱼骨图

案例

  北京市海淀区向东小学（现已并入中国农业科学院附属小学）提出"蔚蓝教育"，旨在培养具有"自信、包容、奋斗、自由"精神的向东人。"蔚蓝教育"的提出来自对生源的考虑。学校生源以进城务工人员子女为主，学生之间差异较大，"蔚蓝教育"的提出强调学校要具有海洋般的包容性，包括对学生个性的尊重以及对差异的包容，实现有教无类。"蔚蓝教育"也契合了学校海洋教育的课程特色，校长致力于营造"海洋精神"的学校氛围，使学生都有尊重感、教师都有民主感、每一个人都有集体感。学校将"海洋"概念广泛运用于教学、校本课程、课程体系建构、学生活动等诸多方面，在教学领域形成了独具特色的"海洋课程"。"蔚蓝教育"在学校管理和课堂实践中体现为融通管理和自信课堂。融通管理是指要符合"海洋精神"特性和向东小学实际情况，促进管理上的融通，以及海洋知识与各个学科的整合；自信课堂是针对师生缺乏自信的现实，将"蔚蓝教育"引入课堂，将自信作为主题词和课堂文化的特征，从赏识的角度培养师生自信[90]。

2. 课程体系规划

  课程体系是教育内容、教育目标的重要载体，未来学校课程体系规划必须充分反映新时代在政治、社会、经济、文化等方面的新变化和新发展，并在"国家、地方、校本"三级课程框架下予以落实。学校进行课程体系规划时主要从"培养什么样的人"和"如何培养人"这两个基本问题出发，结合学校的师资、生源质量和区位条件等，考虑学校课程内容设置以及课程实施形态设置。

　　在课程内容设置方面，可以围绕本校学生培养目标生成主题式课程群，课程群之间相互联系和渗透，以打破国家、地方和校本课程间的管理界限和学科课程间的知识界限，实现课程的整合和体系化，推动国家课程的创造性实施并满足学生个性化学习需求。在课程实施形态设置方面，考虑所有课程在育人功能上的侧重点，根据校情或区域教育要求来具体构建。例如，深圳引导学校将课程分为学科、活动、探究和职业 4 种形态，各形态指向不同的课程功能。清华大学附属中学充分利用学校的传统优势、地域优势和周边的社会资源，将原有的国家课程中同一学科的模块内容进行了重组整合、压缩拓展，并加以开发，形成基础类、拓展类、研究类 3 个层次的立体化核心课程；围绕核心课程开发了综合课程、领导力课程以及学生自创课程等特色校本课程，为学生发展提供更为综合化、特色化的课程，以满足学生的多样化、个性化需求。该校课程体系如图 6-5 所示。对于学校的课程体系规划，还应当根据国家课程标准要求并结合学校实际，设置国家、地方和校本课程的合理比例和课时，使课程具有更好的操作性，更符合学生的学习规律。

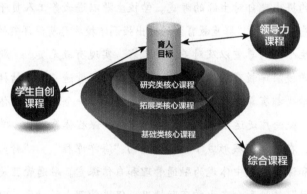

图 6-5　清华大学附属中学课程体系

案例

　　清华大学附属小学与家长共同将"为聪慧与高尚的人生奠基"的办学理念具体化为一流好人格、一身好体魄、一生好习惯、一个好兴趣、一种好思维、一手好汉字、一副好口才、一篇好文章、一项好才艺、一门好外语的"十个一"的培养目标。为达成培养目标，学校研发了"1+X 课程"体系。"1"指整合后的国家基础性课程，形成"品德与健康、语言与阅读、科学与技术、艺术与审美"四大门类，课程内容体现了"用教材教而不是教教材"的思想，既落实了国家规定的基础性课程，又超越了教材；"X"指体现"清华烙印"的校本课程及个性化拓展课程；"+"不是简单的加法，而是促进"1"与"X"相辅相成，促使"1"和"X"平衡的增量或变量。

学校在保证课时总量不变的前提下，将原来固定的每节课 40 分钟改变为长短不一的课时。"基础课时"35 分钟，主要安排数学、英语、体育等学科；"大课时"60 分钟，主要安排语文、美术、书法、音乐、科学等学科，使学生能够更好地运用自主、合作、探究的学习方式开展学习；"小课时"10 分钟或 15 分钟，比如 10 分钟的晨诵、15 分钟的习字等，使零散的时间也能够用于学生发展。"大课间"50 分钟，每天上下午各一次，集中时间供学生加餐、做眼操、开展各种体育健身活动等。根据学科与教学内容的不同，长短课时交错，张弛有度，时间安排合理。可以说，"1+X 课程"体系是学校办学重要的载体，是学校所有工作最终的物化体现，也是学校的核心竞争力所在。

3. 教学法设计

教学是师生以及教学内容之间的多元互动，很多未来学校在教学法的设计中倡导"为未来而教，为未知而学"的理念，其本质是强调在教学法的设计中，要超越知识和技能获取的基础目标，培养出学习者强烈的学习兴趣，激发出学习者主动探索世界的好奇心和渴望，从而达成知识的深度学习，乃至知识创生的高级目标。未来学校教学法的发展趋势是以培养学生高阶思维能力为出发点，以学生在学习过程中的主动建构、问题解决、创新创造为核心任务支持课堂教学创新，以数据驱动开展与学生学习过程相匹配的及时、精准的评价与反馈，进一步整合教育资源，以为师生提供有针对性的资源服务。

教学法的设计要充分适应学校的课程体系，不同性质和形态的课程适用的教学方法、评价方法各不相同；教学法的设计还受到教师和学生能力以及师生关系的影响。因此，设计教学法时应以某种教学范式变革为主，具体的教学方法则应当下放到教师、学科组或者年级组进行设计。教学法的落实不仅体现在课堂环节和要求上，还应当规划相应的环境、资源、评价体系，并系统化提升教师的教学能力等。

案例

　　北京十一学校基于新课程标准，提出"真实任务"情境下以发展学生核心素养为宗旨的高中生物单元教学模式。高中生物课程组、年级生物备课组的老师基于《普通高中生物学课程标准（2017年版）》，将课程标准细化分解为学习目标，并打破原有教材体系，从构建概念出发，从解决一个个生活实践或真实问题出发，设计一个个学习单位。一个学习单位包含真实情境的核心任务、完成该学习单位核心任务的诸多子任务、支撑学生学习的学习工具和脚手架、核心任务与子任务匹配对应学生表现的表现性评价量表等。评价量表包括纵向和横向的考查。纵向的考查，主要依据学习目标设置；横向的考查，主要是根据学生在学习中可能出现的问题、关键节点和希望学生达成的素养进行的不同层级的描述[91]。

4. 技术环境设计

　　技术的全面应用是未来学校的显著特征之一。由于学校教育和管理事务的复杂性、内在逻辑和流程的隐蔽性，以及教育技术产品研发的专用性不足等问题，技术的应用常常无法常态化，甚至有时候不仅不能提升效率，反而会被认为在添乱。因此，学校的技术环境设计的核心任务是能够明确用户需求、应用场景和服务功能，围绕学校"教、学、评、导"业务内容，指导教育科技企业逐步开发应用场景与平台功能，支持最终的数字化校园的交付。

　　在设计和规划过程中，要理顺学籍管理、教学班分班、选课选科、考勤、评教评学、财务管理、物资管理、人事管理、安全管理等关键和重要场景的工作需求，明晰责任主体、服务内容、场景功能、使用方式和业务流转，以及应用数据在系统之间的流通路径和使用权限等，形成责任清单、服务清单、业务流清单和数据清单，作为学校技术环境建设的需求和依据。

　　未来学校的技术环境设计还要根据人的培养路径进行整体设计，促进"教、学、评、导"的一体化，根据教与学的场景需求进行校园环境的功能迭代，加强网络和硬件基础的支撑能力；构建适应线上线下混合教学的数字化学习空间以及资源供给体系，以支持学生多模式、多场景的学习；以数据服务为中介贯通全面评价、精准教学、个性化学习、生涯规划引导等各个实践模块。

5. 学习空间规划

随着未来学习理念和方式的转变，人们对于学习空间的认识也发生了很大的转变。未来学校学习空间规划要参考学校课程、教学、管理、师生发展的实际需求，进行新建校的建筑规划设计或者空间改造设计，以及虚拟学习空间设计等。

学习空间规划主要包括对学校的地上、地下建筑楼宇进行数量、布局和功能的基本规划，包括教室、实验室、图书馆、体育场（馆）、艺术室、心理咨询室、行政办公区、会议室、食堂、医务室、停车场等，确定各个功能区的位置和相互关系，考虑空间的流动性和导向性，确保学生和教职工的便捷移动，考虑特殊需求，如无障碍设施、安全防护设施等；对不同功能区的使用场景和使用方式进行设计，在此基础上设计相应的设备和家具，如多媒体设备、课桌椅的配置和装修要求等，要体现出校园文化符号，使空间具备育人的功能；要对光照、温度等因素提出设计要求，保障师生学习的舒适度和体验性；对校园的建筑、景观、环境设计提出要求，包括校园建筑的外观、内部结构设计、校园绿化、景观设计、导视系统（如指示牌、地图等）；规划信息技术在校园空间设计中的应用，如智能教室、在线学习平台等。

案例

北京市海淀区教育科学研究院未来实验小学基于八大中心进行空间规划。一是学习中心，包括协作式学习空间、沉浸式学习空间、项目式学习空间、未来全科教室和未来学科教室；二是包含音乐舞蹈空间、影视戏剧空间、艺术创意空间的艺术中心；三是包含礼仪厅、围棋室、中医药堂和古琴室等的国学启智中心；四是创新中心，包括物联网生态空间、创客STEM空间和3D打印空间等；五是包括行走游学课堂、职业规划课堂和社会校外学堂等的社会践行中心；六是情绪行为中心，主要用于引导学生情绪、缓解学生压力等；七是体能中心，包括游戏体感空间、运动体测空间和游泳馆等；八是生活体验中心，包括烘焙空间、学生超市和家政学堂等。学校自2020年10月正式启动以来，陆续落成劳动教育基地、创客空间、人工智能实验室、融合教育课堂、电子阅读亭与绘画区、AI"双师"数字学习区、各种多功能教室和专业教室等，为未来教育提供智慧学习空间支持。该校的学习空间一角如图6-6所示。

图6-6　学习空间一角

6. 教师专业发展体系设计和学生学习能力提升

未来学校教师专业发展体系设计是在参考国内外教师专业能力结构和要求的基础上，从本校教师实际情况出发，制定学校各类教师的专业能力体系和发展路径，并予以制度上的支持，让每个教师都能成长，以胜任未来学校工作。教师专业发展体系包括教师的分类、分层能力提升；制定完备的教师职业发展路径；建设良好的专业发展制度，如建立教师发展研究院实体或虚拟的组织，以课题研究等任务驱动教师进行业务提升等。本书第三章已经比较详细地阐述了未来教师的能力要求和支持路径，限于篇幅，在此不再详细展开。

未来学校教育的核心宗旨是培育学生适应未来社会的核心素养，学生本身的学习力是决定自身素养水平的关键内因。学校要提升学生"为未来而学"的能力，学习力体系包括正确刻画学生画像、制定个性化学习方案与生涯规划；创建自主自驱学习的组织氛围，如提供学习方法、共享学习资源、创新学习方法等。

案例

天津市第十九中学面向全校教师采用专题论坛与分层分类的培训体系，提升教师的数字素养。学校开辟基于数据的诊断与改进的学科论坛，围绕发现问题、解决问题两个方面提升教师的数据素养。对处于不同发展阶段的教师开展分层培训，如针对新入职教师注重使用方法的培训，针对新手型教师注重规范策略的学习，等等；对不同类别的教师展开分类培训，如行政干部主要提升利用数据进行教学评估并做出决策的能力，教学干部则要具备利用学生的学业数据提高教学质量的能力；还有一些面向全员的软件使用的针对性培训以及面向特定学科的场景应用培训等。天津市第十九中学开发了专门指导学生学习方法的课程，基于学习记忆、错题本整理、费曼学习法、思维导图等方面，指导学生通过改进学习方法获得学习成就感，从而提升学生的学习意愿和学习能力。

7. 治理体系设计

未来学校的治理体系既要体现学校的办学理念，也要为课程、教学、技术环境、学习空间、师生发展等实践领域提供组织保障。学校治理体系的设计要考虑到师生参与的主动性、协同性，将学校内外相关群体都纳入学校治理行为中，从功能架构层面考虑多元主体的协同共治，尊重家长委员会、学生代表大会、教师代表大会、社区委员会等对学校事务的知情权和参与权。

对于学校治理体系设计，应结合未来学校对人才培养的要求，关注如何更好地服务于贯通式人才培养，围绕学生发展的阶段性和连续性，平衡好学部、年级自主管理与德育、科研等一体管理。关注通过家校社协同育人，促进学生全面成长，充分运用家庭、社会的资源，让学校从围墙内的"小教育"走向家校社共融的"大教育"。学校还应关注数字化治理体系的建设，从线上线下治理架构融合、数字治理机制完善、学校业务流程顺畅、校园管理精细化等方面入手实现学校治理的现代化。

案例

北京师范大学静海附属学校构建家校一体的德育体系。学校根据《中国学生发展核心素养》的具体要求，将学生的品德素养划分为 24 个既相互独立又协调统一的教育专题。学校充分利用现代通信方式，组建网上家校社区、班级师生家长群等，通过向家长推送相应的资源，建议家长根据要求、结合实际合理地加以运用，同时告诉家长怎样运用这些资源对孩子实施相应的教育。

三、设计方案的评审论证

未来学校设计方案完成后，应当组织校内外专家对方案进行评审论证，对其科学性、可行性等进行评估，保证方案能更好地指导学校的实际建设。

1. 论证专家组构成

由于设计工作囊括了学校办学的各个层次和各个要素，而且未来会和相关的专业机构对接以落实具体的建设工作，因此论证专家组成员的专业背景和实践工作领域应当能够覆盖方案中各个领域。在比较理想的状态下，论证专家组由区域教育主管部门相关负责人、学校校长、有未来学校办学经验的校长、课程和教学研究领域专家、教育技术专家、教育数字化产品设计专家、学校建筑设计专家、财务预算专家、学校教师代表、学生家长代表等构成。

2. 论证维度和标准

设计方案的评审论证主要从设计方案是否体现未来学校教育理念、是否有利于实现学校办学转型和取得社会价值、设计方案的一致性以及设计方案能否落地实施等方面开展，具体维度和标准如下。

（1）先进性

评审论证设计方案是否体现了未来教育的愿景和目标；是否有利于学校面向未来教育转型升级，在同类学校中起到示范引领作用，成为未来教育研究和实践的先锋；是否能够培养学生适应未来社会的关键能力；是否能促进教师的专业能力发展，激发其创新教学的潜力；是否在课程体系、教学方法、技术应用、资源配置、空间设计等方面合理地引入了新的教学理念或技术，尤其是在数字化技术解决方案方面，要有适度的超前设计。

（2）一致性

评审论证设计方案是否和预期设计的目标相吻合；方案中统摄全局的办学理念是否清晰、准确、突出，是否能够以其为主线贯穿到所有的办学要素设计之中；所有办学要素设计是否具有逻辑上的自洽性，检视可能会自相矛盾或相互掣肘、相互制约的设计上的不足。

（3）特色性

评审论证设计方案是否符合学校自身的情况，是否和学校的生源情况、区域定位相匹配，是否精准地提炼学校的办学特色并予以充分展示。

（4）灵活性

评审论证设计方案是否具有足够的灵活性以适应未来的变化；是否考虑到未来技术发展趋势，确保学校设施和空间的扩展与升级的可能性；是否包含有效的评价体系和持续改进机制，以灵活地应对不断变化的外部办学环境。

（5）可行性

评审论证设计方案的建设成本效益，确保方案的经济可行性，特别是未来学校在数字化技术方面投入比较多，而技术更新换代相对较快，要评估技术环境建设中的长期运营成本和维护成本，确保技术投资的合理性；评估方案在资源、时间、技术和人员等方面的可行性，以及方案实施中的潜在风险和挑战；是否有明确的执行步骤和时间表等。

（6）社会效益

评审论证设计方案对社会是否产生积极影响，如提升教育质量、促进教育公平和机会均等等公众关注的问题；是否能够促进社区参与和家长合作，成为社区的资源中心；是否符合绿色建筑和节能标准；是否在环境、社会和经济方面具有可持续性；是否有效地保护了学生、教师的个人隐私，促进他们精神和情感的积极成长等。

第三节　未来学校设计和规划的实施策略

未来学校设计和规划是跨学科、跨领域的工作，而且当前面向未来办学的很多路径都在探索和验证之中，因而其工作难度和复杂度都比较高，需要讲究一定的工作策略，保证设计方案的质量，并有效地减少时间和资源的浪费。

一、多元利益主体参与策略

未来学校建设事关学校举办人、教师、学生、家长的切身利益，因此前期关于学校的设计和规划工作需要充分吸纳多元利益主体进入，使其有表达意见和参与设计的权利。

1. 成立工作小组

学校的设计和规划是学校未来发展的主要纲领和方向指引，应由学校的书记和校长牵头，动员学校各个部门，成立专门的工作小组。工作小组的职责包括与专业团队协商项目学校规划方向、确定项目调研与深入了解活动的开展节奏、召集内部和外部评审、最终确定规划报告文本等。工作小组需要考虑国家政策引导、社区发展、家长期望等，在学校人、财、物可承受的范围内平衡各主体之间的矛盾关系，掌舵学校的发展方向。

工作小组中还包括相关利益群体的代表，一般由区域政府管理部门、教育管理部门、生源来源社区、家长代表等参与、监督学校规划活动，确保组织与个体利益不受到损害。区域政府管理部门将从区域发展的维度把握项目学校对满足人民群众享受优质教育的社会价值，结合区域人口结构、经济水平、教育需求等对学校规划进行监督，区域教育管理部门则要从当地教育优质均衡的角度把握学校的示范辐射范围等。

2. 建立工作沟通机制

在阶段性建设的过程中，要注重发展学校及师生的主动性，让师生参与到未来学校设计和规划的全过程中，加深师生对未来学校设计方案的深度理解，并掌握有效应用的能力。要注重发展不同相关利益群体之间的信任关系，使他们在设计和规划与建设的过程中进行有效互动，共同推进未来学校的建设工作。作为指导学校未来发展的纲领性文件，规划报告终稿完成之后，要由学校提交教师代表大会充分讨论，通过后向全体教职员工宣讲和组织学习。

二、外部智力资源引入策略

未来学校的设计和规划是一项兼具理论研究前沿和创新实践操作的综合性、跨领域的工作。以学校数字技术应用领域为例，由于技术产品的更新换代速度很快，加之教学业务的需求的复杂性和定制程度高，校园信息化系统建设又需要和建筑、空间紧密结合，其设计和规划的挑战性极大，学校的信息化部门配置的人员难以单独胜任这类工作。学校要突破传统的办学思维，考虑借鉴 UGSE（University-Government-School-Enterprises，大学－政府－学校－企业）合作模式，引入外部资源开展协同合作。合作团队由高等院校或教育研究机构的领域专家、学校建筑设计规划专家、教育科技服务机构等组成，具体构成视学校建设规划的需求而定。

合作团队接受学校委托，完成设计和规划相应的任务。合作团队提供的方案、产品或者服务要符合学校的期待，在与学校的不断磋商中逐步完善。各个合作团队也应该在学校设计目标的指引下进行必要的协同，提供具有内部一致性的综合解决方案，发挥"1+1>2"的优势增强效应。

　　美国费城未来学校管理方式的创新主要包括以下 3 个方面[1]。一是三方协同管理。从策划筹备未来学校的时候起，费城学区、微软公司和当地社区就开始建立三方协同管理的模式。例如，未来学校的校长、教师的招聘条件是由三方协商决定的，招聘小组也由三方的成员组成。在未来学校正式运作后，仍然沿用三方协同管理的模式，但各自的侧重点已有所不同：校长负责教育教学管理，微软公司常驻学校代表负责信息、技术、设备管理，社区代表重点负责家校沟通。二是微软知识注入。费城学区和微软公司一致认为，今天的中学是为明天的公司培养员工。既然如此，对学生成长发展的要求就不能脱离成熟公司对员工的期待。而要求学生具备的能力，校长、教师及其他学校员工当然应该首先具备。基于这样的认识，微软公司以自己长期用于员工招聘和员工发展的能力判别系统——"能力轮"为蓝本，开发了一个用于未来学校员工招聘、教师专业发展和学生学习成长的能力判别系统——"教育能力轮"（Education Competency Wheel），以"个人卓越""组织""鼓励""策略""操作""结果"等能力作为"教育能力轮"的 6 个轴心元素，并逐渐外推扩展为 37 项能力判别指标。费城学区人力主管托马斯·汉娜认为，"教育能力轮"至少在教师招聘中非常实用，"教育能力轮"也已被用于整个学区的员工招聘中。对于未来学校来说，"教育能力轮"的开发与运用意味着微软公司成熟管理知识的注入。三是多类专家介入。在费城学区、微软公司和当地社区三方协同管理的框架内，未来学校还拥有一支由多类型专家组成的管理保障队伍，其中包括环境设置、课程开发、科技整合、信息管理、组织领导等多个领域的专家。按照费城学区局长瓦拉斯的想法，借助这样一支由多领域的专家组成的管理保障队伍，未来学校不仅能保证自己的管理有效，而且能成为整个学区的管理研发中心。

三、阶段性建设策略

　　设计和规划完毕后，未来学校的建设也是一个系统性的大工程，后续的落地并非一蹴而就，学校可根据迫切程度，分步分期建设，不必追求一气呵成的效果。

1. 目标分解

学校应以目标为导向，根据实际建设中主客观条件，分清建设任务的轻重缓急，确定阶段性建设任务，并将之分解为阶段性目标。目标确定应遵循 SMART 原则，即目标具有明确性（specific）、可衡量性（measurable）、可实现性（attainable）、现实性（realistic）和时效性（time trackable）。基于阶段性目标，给出阶段性工作完成的时间节点、路线图和评估验收标准，按节点进行工作进度和质量的检查、验收等。

2. 阶段性评估

要构建用于持续改进的目标实现评估体系，建立周期性、动态化的效果评估工作机制，将之贯穿于规划实施的整体过程，确保规划设计、落地工作、阶段性成果与规划总体目标的一致性，及时调整和控制偏差，形成真正能够发挥作用的学校建设行动纲领。学校阶段性的评估一般分为内部评估和外部评估。内部评估由工作小组根据现实情况和阶段性目标的差距来分析工作的进展情况，找到实施中的问题，及时调整和优化；外部评估主要来自政府部门的教育督导，也可以邀请行业评估专家和家长代表等参加，对整体规划建设情况或者专项工作进行评估，给出改进建议。

第四节　未来学校规划设计案例

深圳市罗湖未来学校是罗湖为创新办学体制重点打造的九年一贯制新型公立学校。学校致力于让每个孩子都能发现自我、发挥个性、健康成长，具备适应未来社会的核心素养。该校以"习本课堂"作为核心理念，以"理念统摄、整体规划、落地建设"的方式完成了未来学校从设想到招生办学的整个过程。该校办学理念成果荣获国家级教学成果奖二等奖、广东省教育教学成果奖一等奖。深圳市、区主管领导在视察学校建设时给予高度评价，称其为"一所有灵魂的学校"。

一、理念提炼阶段

"习本"教育理念来自罗湖未来学校创办人刘荣青先生提出的"习本课堂"模式，他通过重新解读中国古典传统中的"习""行"论，结合现代学习理论的成果，提出"习得"新理念，以"习"改造课堂流程与学习过程。罗湖未来学校以"面向未来，对标国际，应对智能时代"为愿景，结合未来教育发展趋势和中国本土文化，致力于把"习本"教育理念进一步提炼、拓展，建成一所"习本"未来学校，打造"习本"教育理念的学校共同体，使"习本"未来学校成为中国本土办学创新的标杆。

1. 引入智力资源，组建专家团队

罗湖区政府及教育局和北京师范大学未来教育研究团队基于对教育现代化和 21 世纪教育发展趋势的一致判断，基于对探索智能化时代教育新形态的必要性的高度认可，通过合作，组建学校设计和规划团队。多方优势互补，丰富了"习本课堂"的理论内涵，完善了办学理论体系，实现了在办学理论和办学实践上具有内在贯一性的学校建设方案顶层设计。

双方团队以主题会议交流、实地调研、课堂观摩、师生访谈、高端专家论证等多种形式，就教育理念进行了深入全面的论证（见图 6-7）。

理念论证
· 2017 年召开"习本"专家研讨会，深入研讨了"习本"的教育理念

头脑风暴
· 2018 多次就"习本"未来学校建设进行磋商
· 组织阶段性专家咨询和研讨

实地调研
· 2018 年 1 月于深圳市罗湖区召开座谈会
· 现场观摩"习本课堂"

提炼思想
· 建立贯彻本土教育理念的未来学校
· 动手又动脑的学习方式进行贯一性学校设计

图 6-7　主要工作和重要节点

2. 教育理念的阐释

在双方交流和思想碰撞之下，基于中国文化对于"习"的认识以及现代学习

理论，得到关于"习本"教育理念的共识，即学习是手脑并用、知行合一的探索过程。"习"的最终实践结果是"习得"，包含了内化知识、培养习惯、塑造精神3个层次。知识的接收、内化和外化是"习得"的起点，是学习者可以深层次地掌握和应用知识的保证；反复应用知识，积淀优势行为并将其固化成个体的良性习惯，是"习得"的进一步发展，以培养学习者优良贯一的行为方式；良性行为方式在长期实践中形成学习者的品格气质，塑造其价值取向，进而升华其精神追求，是"习得"的终极目标。

二、整体规划阶段

在双方对教育理念的理解达成共识之后，进入学校的整体规划阶段。该阶段的主要任务是在学校各个办学要素的设计上渗透"习本"教育理念，并给出具体的实施方案和建设路径。

1. 理念统领和体现

通过多次现场考察办学地址，基于未来学校师资情况、学区学生情况等综合分析，在充分吸纳国内外关于未来学校各办学要素共识的基础上，设计团队投入最大的精力来思考"习本"的特色，以及如何在学校组织架构、运行机制、学习环境设计、学习理论、课程体系、学习评价、教师发展等各个要素上体现"习本"特色，从而打造一所内部自洽且具有超前探索性质的未来学校。设计团队最终将可见、可及、自主作为学校实践落实的重要特色和标准，如图6-8所示。

所谓可见，反映了对"习得"这种学习观的理解。学习追求"学"与"习"的知行合一的过程，以"学"为入口、"习"为过程，最后落脚在"得"上。整个过程需要自己可见、他人可见，互相研习、互相领悟，不断成长。因此，学校在建筑空间设计和各类活动制度的设计上都要体现可见性。比如，透明的教室就是为了让学生和教师的教学过程随时可见；学生的习惯养成也通过食育、净育等活动变得可见 [92]。

所谓可及，反映了"习本"教育理念重视真实生活中的实践活动，支持学生和教师随时发现问题，保证他们能便捷获取可以用来支持学习和探究的资源和工具等。因此，学校要通过文化建设、制度建设和环境建设等，让学校成为"处处有习场、时时能习得、人人在习学"的场域。比如学校采用分布式建筑布局；教室面积做了加大处理，方便随堂进行基本的科学实验；学校各处安置可供学生探索、体验的学习资源和装置等。

所谓自主，反映了"习本"的文化追求，以"习"来推动个体精神、品行、品位、气质的升华，以激活中国文化中"乐学""修炼"的理想，让人人都自觉、自愿、自发地投入学习和教学的自我主动成长之中。学校在宏观和微观治理体系上，赋予教师、学生，以及班级、年级组等更多的自主权。

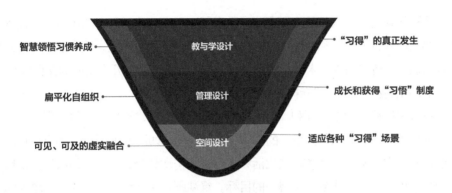

图 6-8　"习本"未来学校教育理念的落地

2. 治理体系设计

治理体系给学校提供了整体的组织架构和运作方式，它是将"习本"教育理念落地生根，使全校师生形成共同价值信念的基础。这部分主要考虑学校的宏观治理制度设计、微观治理制度设计以及支持体系 3 个方面。

（1）宏观治理制度设计

未来学校采用由党委统筹领导，政府及教育主管部门、校领导、教师、学生、家长和社会人士等多元主体共同参与治理的宏观治理模式，通过一定的制度安排进行合作互动，共同管理学校公共事务，共同目标指向是学校发展的最优化。

（2）微观治理制度设计

在班级和课程等微观治理制度上，主张激活教师和学生的自主性，在"习本"教育理念指引下，通过自身的探索、试错、相互研讨反思等过程不断地优化与改进，以推进"习本"的办学实践教育理念落地。

（3）支持体系

依托大数据等数字化手段，进行数字化治理转型。学校和其他教育服务提供者共同组成教育资源集散地，改变学校教育局限于校园围墙之内的办学传统。在信息安全的前提下，全程监控、管理学生的学习活动和学习行为，为学生提供个性化发展需要的环境、资源、活动、工具与服务，使学生能最大限度地按需获得教育服务；结合多元利益主体的诉求，在学校服务供给决策过程中引导学生、家长、社会人士等多元主体参与，扩大学校决策的公共基础。

3. 课程体系设计

课程体系是培养人的核心要素，它融合了学习内容体系和方法体系。课程体系设计要从课程育人功能和目标出发，应用未来学校的课程新理念整合国家、地方和校本课程，支持"习本"未来学校形成可以持续进化、持续开发生成的课程体系。

（1）围绕"习得"目标构建立体化课程体系

将国家课程、地方课程和"习本"教育理念相结合，形成"学科课程体系—跨学科课程体系—综合课程体系"的立体化课程结构，如图6-9所示。强调课程内容的改造和二次开发，使其和真实生活和校园空间密切结合，以知识为载体，发展学生的高阶思维，最终达到"习得"的目标。重视国际化课程体系的建设，培养学生面向未来的全球意识和国际视野。

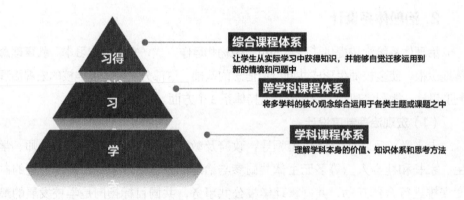

图6-9 "习本"未来学校立体化课程结构

（2）课程实施和评估

在课程活动实施方面，落实"习本"的课前习、课中习和课后习的基本框架，如图6-10所示。鼓励教师采取探究激励型的教学方式，组织以学习问题如何解决为建构逻辑的教学内容，依据学生的优势与能力开展深度探究学习活动。在了解学生个性特征和学习情况的基础上，在有限的空间和时间中创设多场景以适应多种活动设计，给学生有效的指导和帮助以完成教学目标任务，使学生感受到知识和真实生活的联系，能应用知识解决问题或创造新的产品。其核心教学思路如图 6-11 所示。

图 6-10 "习本"的基本实施框架

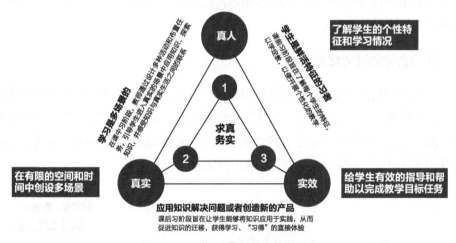

图 6-11 "习本"的核心教学思路

4. 教师发展体系设计

为了适应未来学校学生的培养要求和学校运营需要，学校可建立多元化的师资结构，如图 6-12 所示。其中包括指导学生健康发展的专业人士，软件专家 / 空间设计专家，团队管理专家，营养师 / 健康顾问 / 运动员，发展心理学专家，学科教师，项目学习专家，课程设计专家，学业、人生规划指导师，驻校、不驻校的各职业领域专家等专业人士。适当聘任在艺术、体育、科学探究活动、国际交往等方面有专长的兼职教师。教师应具备能整合教育技术的学科教学知识，能够充分利用大数据分析技术来解读和指导个体学生的学习活动，实现高质量的因材施教。

图 6-12　多元化的师资结构

在"习本"未来学校，教师的角色不只是知识的传授者，还是学生学习和成长的陪伴者与指导者，教师自身也是学习者，是践行"习本"教育理念的"习师"。学校针对不同教师制定一对一的发展规划，帮助教师在职业生涯上"习得"，使之充分融入学校办学文化之中。

5. 建筑空间文化设计

建筑空间是办学理念和教育方针的实体化表达。"习本"教育的内在理念将以建筑和空间布局的方式展现，"习本"未来学校因而被构建成"习得"文化发生和深化的场域。"习本"未来学校的建筑空间实施要点如图 6-13 所示。相关内容在办学理念部分已经有所提及，在此不再展开论述。

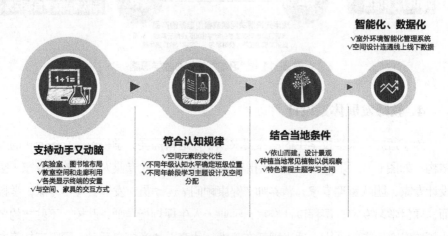

图 6-13　建筑空间实施要点

三、专家论证和后期建设

整体规划完毕后，邀请由国内知名教育管理专家、教育局相关人员、中小学知名校长、知名国际学校校长以及未来学校研究机构专家等构成的专家团队对设计方案进行评审，根据论证的修改意见进行优化，经过专家认可后，形成终稿，交由学校进行后续建设工作。其间，学校在建筑设计方面和数字校园建设方面进行招标等。招标完成后，邀请规划设计团队深度参与有关学校建设工作的讨论，并参与学校的师资培训、课程建设等工作。

四、办学情况

经过两年的建设，罗湖未来学校于 2021 年 9 月正式开学。目前学校已形成知行合一、全员全域全程育人的办学特色。2021—2023 年，学校教师获区级以上荣誉 140 余项，学生获区级以上荣誉 520 余项[93]。2023 年 4 月，以罗湖未来学校为牵头校的深圳市罗湖未来教育集团揭牌成立，这标志着罗湖未来学校开启新的办学篇章。学校在实际建设和运营中逐步落实和体现了最初的设计思想。

1. 治理体系

在治理方面，学校建构"尊重、平等、信任"的去中心化、扁平柔性的治理体系，形成"一校一院、两中心、五团队"的结构，如图 6-14 所示。"一校一院"是指罗湖未来教育研究院与罗湖未来学校同步成立、院校一体，实现研教互动，以适应个性化、弹性化的教学要求。"两中心"是指教与学服务中心和综合服务中心。"五团队"实施团队负责制，不严格区分年级和班级，团队下设若干主题团队，进行混龄或个性化教学和育人活动，各团队既独立又协同，形成自主生态系统。团队制下的各团队可实现便捷的跨团队活动，包括开展同龄混合和跨龄混合课程，以及项目制学习活动。

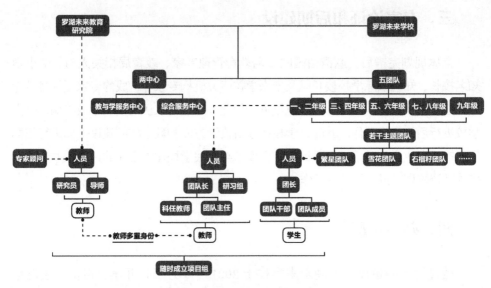

图 6-14　学校的治理体系结构

2. 课程体系

学校课程体系如图 6-15 所示，从课程功能出发，将国家课程、地方课程和校本课程进行整合，使其各有侧重，发挥不同的育人功能，同时通过综合性课程进行课程间有效的整合。课程的形式多样，突出了"习本"手脑并用的实践性、体验性特色，也体现了从知识习得到习惯养成（食育、寝育、净育）再到精神塑造的不同习得层次。

深圳市罗湖未来学校课程体系 V5.0						
核心素养	课程领域	语言与阅读	数理与科学	人文与历史	艺术与体育	综合与实践
文化基础 （人文底蕴＋科学精神）	学科性课程 （文化基础）	语文 英语	数学 物理 化学 生物 科学	历史 地理 道德与 法治 心理健康	音乐 体育 美术 书法	信息技术 劳动 综合实践
自主发展 （学会学习＋健康生活）	活动性课程 （重在实践）	课本剧 辩论赛 分级阅读 阅读与对话 特色小语种 学生作品集 绘本创作 图书漂流 主持与广播 阅读分享会 周末英语角 校长的棒棒糖主题课	航模 3D打印 全息和VR体验 机器人 超变战场 激光切割 脑力培训	学生讲坛 家长课堂 导师活动 未来大讲堂 大师进未来 文博 经天纬地	艺体节 阳光体育 戏曲与皮影 昆曲 民乐团 舞蹈 书法 黑白画 国画 藏书票 田径 篮球 足球 羽毛球 花样跳绳 围棋 象棋 国际象棋	食育 寝育 净育 科植 养殖 快乐厨房 国旗下演讲与展示 值日值周 星级团队评比 校外实践活动 职业体验 公益活动 志愿者与义工
社会参与 （责任担当＋实践创新）	探究性课程 （重在创新）	模拟联合国	科技创新发明 自然科学实验 编程、创客	社会公共问题 深圳人文历史 文明足迹	生活美育	习场搭建 创慧设计制作 职业生涯规划教育
	综合性课程	跨学科融合课程、项目式学习等				

图 6-15　学校课程体系

在学习方面，学校根据"习本"教学的要求，在教材的基础上进行了二次开发，融入拓展资源和实践活动设计等，形成了"习材"，教师借助技术手段设计"习案"，以更好地落实"课前习—课中习—课后习"。

案例

通过"习本"教学团队的常规课教学设计，直观地感受"习本课堂"（内容有节略）。

课　题	透镜			学　校	
学　科	物理	**年级**	八年级	设计者	
教材版本	人民教育出版社				
教材内容	八年级物理上册				
习得目标	1. 我能根据透镜的结构特点，找出生活中的凸透镜和凹透镜。 2. 我了解凸透镜对光线的会聚作用、凹透镜对光线的发散作用。 3. 我了解透镜的焦点和焦距。 4. 我会画经过透镜的三条特殊光线。				
工具准备	爱学堂智能教学平台（课前）、FEG 教学平台（课中）				
习之过程					
课前习 （学生）	一、自主学习 1. 认真阅读课本 90~92 页关于透镜的内容，写出主要疑惑点。 2. 观看微课视频：透镜的分类、凹透镜和凸透镜对光线的作用、焦点和焦距。 二、习题自测 1. 常言道，水火不相容，但用透明冰块磨制成的一个光学器件却可以取火，这个器件相当于（　　　）。 A. 平面镜　　　　B. 凸面镜　　　　C. 凸透镜　　　　D. 凹透镜 2. 如图所示，光线经过一个光学元件后传播方向发生了改变，则虚线框内的光学元件是（　　　）。 A. 凹透镜　　　　B. 凸透镜 C. 平面镜　　　　D. 潜望镜 ………… 三、动手作业 发现生活中的透镜或制作一个简易透镜，放在阳光下，仔细观察并拍照或录视频上传至云平台。				

一、微课视频学习数据反馈

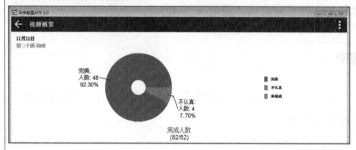

通过云平台反馈的数据，可以了解到全班学生全部完成了微课视频学习，但有 4 位学生完成得不认真，这样可有效了解学生的课前学习情况。

二、课前自测习题数据反馈

课前习（教师）

试题图	试题内容	试题类别	难易度	通过率	知识点
		单选题	易	80%	透镜分类
		单选题	易	70%	凹透镜的发散作用
		单选题	易	73%	凸透镜的会聚作用
		单选题	难	72%	焦点和焦距
		单选题	难	50%	透镜的光路图

作答的平均正确率为 74%，错误率最高的是第 5 题，对应的知识点是透镜的光路图。可以在课堂上直接从云平台里将这道题调取出来进行讲解，还可以在课中自测环节选取对应知识点的题目进行有针对性的教学。

本节课的难点确定为：在理解透镜对光线作用的基础上，准确画出光路图。

三、主要疑惑点的数据收集

疑惑点

1. 为什么过焦点的光线，其传播方向变平行？

2. 为什么凹透镜对光线有发散作用？

3. 为什么把放大镜放在阳光下找到亮斑后，很快就能点燃枯叶？

课中习	一、学生展示分享课前作品 （1）游戏"我猜猜猜"：请一位学生闭着眼睛，说出手中的透镜是凹透镜还是凸透镜，并说说是如何区分的。（凸透镜中间厚两边薄，凹透镜中间薄两边厚。） （2）活动：学生展示课前收集的透镜。  二、课中探 1.透镜对光的作用 （1）活动。学生展示课前拍摄的视频：①把自制凸透镜放在阳光下研究现象；②将放大镜放在阳光下，点燃枯叶。 （2）小组合作实验。学生利用实验仪器分别探究凸透镜、凹透镜对光的作用，并把实验结果拍照上传，再分享展示小组实验结果。要求学生描述出光线的路径发生怎样的变化（指出光心、主光轴、焦点和焦距），并总结凸透镜和凹透镜对光线的作用。 2.焦点和焦距 学生画出能展现凸透镜和凹透镜对光线作用的光路图，并拍照上传，指出焦点和焦距，说出自己的作图步骤。 三、课中测（略） 图中画出了光线通过透镜（图中未画出）的情形，其中凸透镜是（　　　） 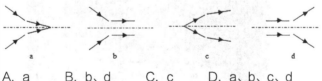 A. a　　　B. b、d　　　C. c　　　D. a、b、c、d
课后习	一、通过云平台进行有针对性的错题推送（略） 二、个性化作业（二选一） 1.拍摄一则提倡"不在森林里扔剩有液体的饮料瓶"的公益视频。 2.利用阳光测量凸透镜的焦距。

3. 建筑空间文化

灵活开放、虚实融合、环境感知是罗湖未来学校空间的特征。学校顺应山势，依山而建，仿佛"隐身"于山林之中；学校的层层退台设计（见图6-16），以及教室两面的全玻璃落地窗，使学生在教室中上课时仿佛置身于大自然中。学校每间教室的前面均设有与教室宽度大致相同的走廊，称为"公共习场"。"公共习场"中配备探究实验套件，支持师生开展开放式、探究式学习，如图6-17所示。在学校的屋顶建有生态种植园，学生可以在屋顶种植花草树木和蔬菜。屋顶还铺设可透视太阳能电池板，不仅可以创能节电，还能收集雨水，用于灌溉及洗手间冲水。学校保留了很多原始山体、岩石等（见图6-18），并塑造了主题学习的资源和场地；校园与山体由走廊相连，学生甚至可以到山上上课[93]。

图6-16　罗湖未来学校的层层退台设计　　　**图6-17　"公共习场"中的学习活动**

图6-18　学校保留的天然岩石

4. 信息化建设

学校致力于构建虚实融通、情境感知、沉浸体验、数据驱动、普适计算的智慧校园。学校集成各类应用系统，以遍布校园的传感器作为"触手"，汇聚收集教学与管理各个环节的环境、人群、业务的数据，构建教育教学全流程数据库、校园环境数据库等，以服务学生的学习为核心，通过发出与接收指令的各种终端识别需求与危险因素，调度支撑数据以供决策，智能推荐学习资源，高效管理以数据驱动为基础的场景式、体验式的校园建设。在信息技术的支持下，学校使看不见、摸不着的知识习得、习惯养成、习性培育显化，让"习"可见、可记录、可分析、可提高。例如，学生每日进行"心情打卡"，如图 6-19 所示，学校可基于学生每日的打卡数据研究其成长规律。

图 6-19　学生每日的"心情打卡"

在课堂中，学生上课的注意力、课堂参与情况、同学间的交互合作等信息将被真实记录，生成针对每位学生的"数字画像"。在学校的"公共习场"，学生的探究数据将被记录并汇聚到"校园大脑"进行分析。学校通过大数据等智能技术，让学生的"习"可见，并针对"习"中展现的差异，有针对性地给每位学生推荐适合的教育资源及教育方案。

参考文献

[1] 冯大鸣. 21 世纪先锋学校的创新及预示：对美国费城"未来学校"的考察与评析 [J]. 全球教育展望, 2007(6):67-71.

[2] 孔苏, 于金申. 未来学校研究的本体审视与方法追问 [J]. 电化教育研究, 2023,44(10):24-31.

[3] 张明霞. 乐学教室：学科实践场景化的新探索 [J]. 人民教育, 2023(Z3):100-102.

[4] 韩志明. 从粗放式管理到精细化治理：迈向复杂社会的治理转型 [J]. 云南大学学报 (社会科学版), 2019,18(1):107-114.

[5] 教育部学校规划建设发展中心. 未来学校研究与实验计划 [EB/OL].(2017-10-10).[2024-07-17].

[6] 张治, 李永智. 迈进学校 3.0 时代：未来学校进化的趋势及动力探析 [J]. 开放教育研究, 2017,23(4):40-49.

[7] Ministry of Education Singapore More Support for Schools and Students to Shape the Future of Learning[EB/OL].(2023-09-20)[2024-07-28].

[8] 顾小清, 卢琳萌, 宛平. 教育数字化转型下的教育研究范式变革 [J]. 中国远程教育, 2024,44(2):36-46.

[9] 胡航, 梁佳柔. 学习空间：在线学习力的环境影响因子与设计之道 [J]. 西南大学学报 (自然科学版), 2022,44(6):2-13.

[10] 朱婕. 中小学课程标准修订的国际比较研究 [D]. 上海：华东师范大学, 2019.

[11] 王一岩, 郑永和. 智能时代的人机协同学习：价值内涵、表征形态与实践进路 [J]. 中国电化教育, 2022(9):90-97.

[12] 蒋鑫龙, 陈益强, 刘军发, 等. 面向自闭症患者社交距离认知的可穿戴系统 [J]. 浙江大学学报 (工学版), 2017,51(4):637-647.

[13] 中华人民共和国教育部. 教育部关于印发《中小学综合实践活动课程指导纲要》的通知 [EB/OL].(2017-09-27)[2024-07-17].

[14] 朱雁, 倪明, 孔令志, 等. 数字时代中的数学教材研究与开发及使用：第三届国际数学教材研究和发展会议综述 [J]. 数学教育学报, 2020,29(2):94-99.

[15] 王志刚.让数字化教学为教育赋能 [J].中小学数字化教学,2019(1):1.

[16] 宋武全,李正福.日本数字教材建设:政策演进、实施路径和问题启示 [J].全球教育展望,2023,52(6):89-99.

[17] 钟柏昌,刘晓凡.人工智能教育教什么和如何教:兼论相关概念的关系与区别 [J].中国教育科学 (中英文), 2022, 5(3): 22-40.

[18] 黄志成.全纳教育:关注所有学生的学习和参与 [M].上海:上海教育出版社,2004.

[19] 王天平,李珍.智能时代在线课程的应然样态、实然困境与实践路向 [J].教育与教学研究,2024,38(4):20-31.

[20] 祝智庭,赵晓伟,沈书生.技能本位的学习范式:教育数字化转型的认识论新见解 [J].电化教育研究,2023,44(2):36-46.

[21] 李政涛.当教师遇上人工智能…… [J].人民教育,2017(Z3):20-23.

[22] 代蕊华,皇甫林晓.UNESCO 教师 ICT 能力框架的演进、特征及启示 [J].教师教育研究,2021,33(5):109-121.

[23] 兰国帅,黄春雨,杜水莲,等.数字化转型助推欧盟公民终身学习能力框架:要素、实践与思考 [J].开放教育研究,2023,29(3):47-58.

[24] 胡睿,刘彬.培养更加称职和积极的未来教师:来自爱沙尼亚的经验 [J].教育国际交流,2023(6):59-62.

[25] 赵瑞斌,范文翔,杨现民,等.具身型混合现实学习环境(EMRLE)的构建与学习活动设计 [J].远程教育杂志,2020,38(5):44-51.

[26] MANDINACH E B, GUMMER E S, MALLER R D. The complexities of integrating data-driven decision making into professional preparation in schools of education [EB/OL].[2024-07-17].

[27] 王大伟,吕立杰.教师数据素养的内涵、发展困境及提升策略 [J].中国教育学刊,2023(7):21-27.

[28] LINDGREN R, TSCHOLL M, WANG S, et al. Enhancing learning and engagement through embodied interaction within a mixed reality simulation[J]. Computers in Education, 2016,95: 174-187.

[29] 李岩,李芒,蔡旻君.信息技术环境下课堂教学的"管弦乐"隐喻:CSCL 研究的新进展 [J].现代教育技术,2016,26(2):33-38.

[30] LOOI C K , SONG Y J. Orchestration in a networked classroom: where the teacher's real-time enactment matters. Computers & Education , 2013(69):510-513.

[31] 余胜泉,王琦."AI+ 教师"的协作路径发展分析 [J].电化教育研究,2019,40(4):14-22.

[32] 吴茵荷，蔡连玉，周跃良．教育的人机协同化与未来教师核心素养：基于智能结构三维模型的分析 [J]．电化教育研究，2021,42(9):27-34.

[33] 孔利华，谭思远．信息生态场域中的 AI 双师课堂：内涵、构建与评价 [J]．远程教育杂志，2021,39(3):104-112.

[34] 冯永刚，吕鑫源．数据驱动精准教学的实然困境与应然进路 [J]．现代远距离教育，2023(3):30-38.

[35] 万力勇，黄志芳，黄焕．大数据驱动的精准教学：操作框架与实施路径 [J]．现代教育技术，2019,29(1):31-37.

[36] 黄昌勤，涂雅欣，俞建慧，等．数据驱动的在线学习倦怠预警模型研究与实现 [J]．电化教育研究，2021,42(2):47-54.

[37] 李葆萍，杨翘楚，冯雨涵，等．学科大观念视角下数字化赋能基础教育课程改革的路径研究 [J]．中国教师，2023(10):6-10.

[38] 张鸿儒．人工智能背景下对教师"主体性"的反思 [J]．教学与管理，2024(12):10-15.

[39] 张航飞，冯启高，陈锋正．人工智能视角下中小学教师角色研究 [J]．河南科技学院学报，2024,44(4):26-32.

[40] 余胜泉．人工智能教师的未来角色 [J]．开放教育研究，2018,24(1):16-28.

[41] 李葆萍，仁青草，桑国元，等．"双师教学"模式下乡村教师能动性与教学专长的关系研究 [J]．电化教育研究，2022,43(7):114-121.

[42] 王小根，谢兴．教师研修数字化转型：基于技术支持教师研修的分析 [J]．当代教育与文化，2023,15(5):40-47.

[43] 景玉慧，沈书生．理解学习空间：概念内涵、本质属性与结构要素 [J]．电化教育研究，2021,42(4):5-11.

[44] 叶青．以场馆为锚点的 STEM 学习空间构建研究 [D]．哈尔滨：哈尔滨师范大学，2023.

[45] BARRETT P, DAVIES F, ZHANG Y F, et al. The impact of classroom design on pupils' learning: final results of a holistic, multi-level analysis[J]. Building and Environment, 2015(89):118-133.

[46] 严永红，晏宁，关杨，等．光源色温对脑波节律及学习效率的影响 [J]．土木建筑与环境工程，2012,34(1):76-79.

[47] ROSEN R, WICHERT G V, LO G, et al. About the importance of autonomy and digital twins for the future of manufacturing[J]. IFAC-Papers OnLine, 2015,48(3):567-572.

[48] 庄存波，刘检华，熊辉，等．产品数字孪生体的内涵、体系结构及其发展趋势 [J]．计算机集成制

造系统 , 2017,23(4): 753−768.

[49] 周瑜 , 刘春成 . 雄安新区建设数字孪生城市的逻辑与创新 [J]. 城市发展研究 , 2018,25(10):60−67.

[50] 董紫君 , 孙飞云 , 苏栋 , 等 . 基于数字孪生技术的智慧教学模式创新研究 [J]. 高教学刊 ,

  2024,10(6):73−76.

[51] 刘宝存 , 岑宇 . 世界教育数字化转型的动因、趋势及镜鉴 [J]. 现代远程教育研究 ,

  2022,34(6):12−23.

[52] 上海开放大学 . 上海开放大学"构建开放大学 5G 元宇宙学习环境 , 打造混合弹性沉浸式学习

  体验"实践项目获多项表彰 [EB/OL].(2023−12−18)[2024−07−30].

[53] CHAN H C B, DOU Y, JIANG Y, et al. A 4C model for hyflex classrooms[C]//2022 IEEE 46th

  Annual Computers, Software, and Applications Conference (COMPSAC). IEEE, 2022:145−150.

[54] WISECARVER C, FRANCO C. Building the Portable Hybrid Classroom [EB/

  OL].(2022−04−04)[2024−01−30].

[55] LIU H X, NONG H F, REN H, et al. The effect of nature exposure, nature connectedness

  on mental well−being and ill−being in a general chinese population[J].Landscape and Urban

  Planning,2022,222:104397.

[56] 王轶男 . 人工智能技术在智慧校园中的应用 [J]. 集成电路应用 , 2023,40(12):258−259.

[57] 余胜泉 , 陈璠 , 房子源 . 以服务为中心推进教育新基建 [J]. 开放教育研究 , 2022,28(2):34−44.

[58] 张博 , 董瑞海 . 自然语言处理技术赋能教育智能发展：人工智能科学家的视角 [J]. 华东师范大

  学学报 (教育科学版) , 2022,40(9):19−31.

[59] 蔡士林 , 杨磊 .ChatGPT 智能机器人应用的风险与协同治理研究 [J]. 情报理论与实践 ,

  2023,46(5):14−22.

[60] 郑吉平 , 王美静 , 冷端杰 . 图像识别技术在线上教学中的研究与应用 [J]. 工业和信息化教育 ,

  2023(12):85−88.

[61] 每日经济新闻 . 四大维度深度体验多模态性能 , GPT-4o 为何被称作"最强大模型"？ [EB/

  OL].(2024−05−18)[2024−07−30].

[62] 刘清堂 , 毛刚 , 杨琳 , 等 . 智能教学技术的发展与展望 [J]. 中国电化教育 , 2016(6):8−15.

[63] 陈凯泉 , 沙俊宏 , 何瑶 , 等 . 人工智能 2.0 重塑学习的技术路径与实践探索：兼论智能教学系统

  的功能升级 [J]. 远程教育杂志 ,2017,35(5):40−53.

[64] 黄荣怀 , 刘德建 , 徐晶晶 , 等 . 教育机器人的发展现状与趋势 [J]. 现代教育技术 , 2017,27(1):13−

  20.

[65] 黄荣怀,张进宝,胡永斌,等.智慧校园:数字校园发展的必然趋势[J].开放教育研究,2012,18(4):12-17.

[66] 徐增林,盛泳潘,贺丽荣,等.知识图谱技术综述[J].电子科技大学学报,2016,45(4):589-606.

[67] 祝智庭,胡姣.教育数字化转型的本质探析与研究展望[J].中国电化教育,2022(4):1-8,25.

[68] 叶澜.世纪初中国教育理论发展的断想[J].华东师范大学学报（教育科学版）,2001(1):1-6.

[69] 左鹏.中国式教育现代化背景下学校治理的解构与重构[J].新课程评论,2023(2):19-28.

[70] 王建新.构建赋能型治理体系:办一所"不是校长全说了算的学校"[J].中小学管理,2020(1):36-38.

[71] 高鑫.智能时代的学校治理:内在逻辑、价值意蕴与实现路径[J].教育探索,2023(12):89-93.

[72] 张冬云.变革学校组织结构 促进教育回归本真:北京市育英学校的实践[J].教学月刊·中学版（教学管理）.2022(9):11-13.

[73] 北京市东城区史家教育集团.构建"教师领导型治理结构"激发集团办学活力[J].人民教育,2021(19):44-46.

[74] 李晓辉.构建数字生态 赋能学校治理[J].中小学信息技术教育,2023(7):8-10.

[75] 赵晓伟,沈书生.促进个性化学习:美国"未来准备学校"的经验与启示[J].比较教育学报,2020(5):162-176.

[76] 麦克里斯特尔,科林斯,西尔弗,等.赋能:打造应对不确定性的敏捷团队[M].林爽喆,译.北京:中信出版社,2017.

[77] 韩连庆.技术意向性的含义与功能[J].哲学研究,2012(10):97-103,129.

[78] 澎湃新闻.上海市学分银行成立10年,20%常住人口拥有个人学习档案[EB/OL].(2022-12-15)[2024-05-28].

[79] 李占军,周亚文,覃川.基于"学分银行"的区块链微证书制度:要素分析与实施路径[J].中国职业技术教育,2020(3):28-33.

[80] 余胜泉.互联网+教育:未来学校[M].北京:电子工业出版社,2019.

[81] 余胜泉.在线教育与未来学校新生态[J].中小学数字化教学,2020(4):5-8.

[82] 潍坊市教育信息化研究院.数字化转型 | 2023潍坊校园优秀案例来啦②[EB/OL].(2023-05-06)[2024-05-28].

[83] 曹培杰.面向教育数字化转型的校长领导力重构[J].中小学管理,2023(1):9-12.

[84] 祝智庭,戴岭,赵晓伟."近未来"人机协同教育发展新思路[J].开放教育研究,2023,29(5):4-13.

[85] 李瑾瑜. 教师培训的"学用之困"及其破解之策 [J]. 中国教育学刊, 2023(11):7−13.

[86] 姬冰澌. 时代转型与未来学校研究 [M]. 武汉：华中科技大学出版社, 2023.

[87] 金锐. 杜郎口中学走出自己的课改之路 [N/OL]. 中国教师报, (2023−07−23)[2024−07−17].

[88] BELL W. The purposes of futures studies[J]. Futurist, 1997(6):42−45.

[89] 郝祥军, 顾小清. 何以理性预见未来教育：未来研究方法的启示 [J]. 现代教育技术, 2021,31(8):5−14.

[90] 张东娇. 学校文化管理 [M]. 北京：教育科学出版社有限公司, 2013.

[91] 李斌. 深度目击：十一学校为什么 [M]. 北京：光明日报出版社, 2023.

[92] 刘荣青. 可以建设什么样的未来学校 [N]. 中国教师报, 2020−08−19(4).

[93] 名师说. "透明"教室, 林中上课……一所与山相融的未来学校, 来了! [EB/OL].(2020−12−29) [2021−04−25].